专利管理工程师任职资格考试丛书

上海市知识产权局组织编写

程永顺 ○著

[第2版]

专利纠纷与处理

ZHUANLI JIUFEN YU CHULI

知识产权出版社

全国百佳图书出版单位

图书在版编目（CIP）数据

专利纠纷与处理/程永顺著；上海市知识产权局编. —2 版. —北京：知识产权出版社，2011.7
(2013.5 重印)(2015.11 重印)

ISBN 978 - 7 - 5130 - 0656 - 9

Ⅰ.①专… Ⅱ.①程…②上… Ⅲ.①专利—民事纠纷—处理—中国 Ⅳ.①D923.425

中国版本图书馆 CIP 数据核字（2011）第 127822 号

内容提要

本书是"专利管理工程师任职资格考试丛书"（中级本）的一册，其从专利纠纷的概述、专利行政纠纷、专利权属纠纷、侵权纠纷、应对策略等方面，结合具体案例，对企业在管理经营过程中可能遇到的知识产权法律纠纷进行了详细的阐述，具有很强的实际操作指导性。

读者对象： 企业知识产权管理人员。

责任编辑： 卢海鹰 孙 昕	**责任校对：** 董志英
文字编辑： 徐施峰	**责任出版：** 卢运霞
版式设计： 卢海鹰	

专利管理工程师任职资格考试丛书（中级本）

专利纠纷与处理（第 2 版）

上海市知识产权局 组织编写

程永顺 著

出版发行： 知识产权出版社有限责任公司	**网 址：** http://www.ipph.cn	
社 址： 北京市海淀区马甸南村 1 号（邮编：100088）	**天猫旗舰店：** http://zscqcbs.tmall.com	
责编电话： 010 - 82000860 转 8122		
发行电话： 010 - 82000860 转 8101/8102	**发 行 传 真：** 010 - 82000893/82005070/82000270	
印 刷： 保定市中画美凯印刷有限公司	**经 销：** 各大网上书店、新华书店及相关专业书店	
开 本： 787mm×1092mm 1/16	**印 张：** 16.5	
版 次： 2011 年 7 月第 2 版	**印 次：** 2015 年 11 月第 5 次印刷	
字 数： 283 千字	**定 价：** 36.00 元	

ISBN 978 -7 -5130 -0656 -9/D · 1260（3562）

序　言

　　当今世界，随着知识经济和经济全球化不断发展，知识产权在自主创新和经济发展中的地位日益重要。大力提高知识产权创造、管理、保护、运用能力，已成为我国科技进步、经济发展和增强国家核心竞争力的必然选择，成为我国增强自主创新能力、建设创新型国家的迫切需要。

　　提高对知识产权的创造、管理、保护、运用能力，关键在人才，培养和造就一大批知识产权人才是赢得未来知识产权国际竞争的关键所在。胡锦涛总书记在中共中央政治局第31次集体学习时指出，要加强知识产权专门人才的培养，加强对企事业管理人员的知识产权工作的培训，提高他们做好知识产权工作的能力和水平。这是对我们知识产权管理部门提出的明确要求和光荣任务，我们一定要身体力行，做好这项工作。

　　上海市知识产权局会同上海市人事局在全国率先推出专利管理工程师制度，这是上海市知识产权局响应胡总书记号召、加强专利管理专业人才队伍建设的一个创举。此举对提高专利管理工作人员的素质和业务水平、促进知识产权战略的实施、为知识产权事业的发展和提高自主创新能力提供重要的人才保障具有主要意义；同时对全国各地知识产权局系统，也具有积极的借鉴意义。

　　"专利管理工程师任职资格考试丛书"，面向企事业单位，立足于专利管理实际应用，结合上海和我国专利管理工作的具体实践，辅之以专利管理和专利案例，以案说法，深入浅出，针对企事业专利管理工作中面临的实际问题，生动翔实地提出切实可行的解决办法、建议和法律依据。这一丛书的编写和出版，有利于企事业单位广大专利管理人员掌握专利管理工作所必需的基本理论、法律知识、实务技能，提高运用有关知识分析问题、解决问题的能力，是一套学有所得的实用教材。

　　希望专利管理工程师培训这项工作以点带面，深入持久、持之以恒地开展下去，为广大企事业单位培养一大批专利管理人才，响应胡锦涛总书记的号召，把我国知识产权创造、管理、保护、运用能力提高到一个新水平。

二〇〇六年八月

编写说明

近几年来，随着知识产权事业的快速发展和全社会知识产权意识的不断提高，社会各界迫切需要一大批知识产权管理人才。胡锦涛总书记在中共中央政治局第 31 次集体学习会上指出：要加强知识产权专门人才的培养，特别是要加大知识产权高层次人才培养的力度。要加强对党政领导干部、行政执法和司法人员、企事业管理人员的知识产权工作培训，提高他们做好知识产权工作的能力和水平。上海市知识产权局高度重视知识产权人才培养工作。近年来，会同上海市委组织部、市委党校连续举办四期领导干部知识产权战略研讨班；会同上海市教委在上海大学、同济大学、华东政法学院三所大学的知识产权学院，复旦大学、上海交通大学等六所大学的知识产权研究中心培养了一批知识产权法学本科生、硕士生；自 2005 年起，又会同美国教育基金会启动上海知识产权高级人才培养"650"工程（即在 6 年内选送 50 名优秀人才赴美国相关大学培养和深造）。但是，这些举措还远远不能满足上海社会各界对知识产权人才日益增长的需求。

企事业单位最为迫切需求的是专利管理人才。为此，上海市知识产权局在最近六年，委托上海市知识产权服务中心培养了 6000 多名专利工作者。加上前十五年原上海市专利管理局（上海市知识产权局前身）培养的近 6000 名专利工作者，上海已有 12000 多名专利工作者。这些专利工作者经过每期 44 学时专利基础知识的培训，考试合格者，发给上海市知识产权局颁发的专利工作者证书，持证上岗，走上专利管理工作岗位。从人数上看，12000 多名专利工作者只占到上海企业数的 1/50，数量上远远不能满足需要。从培训课时上看，44 学时只能上一些专利基础知识课，企事业单位需要的许多专利课程和知识不可能讲全、讲深、讲透。此外，从事专利管理工作的同志，由于没有对应职称可评，许多专利工作者又改行从事其他工作，专利管理人才相继流失。

为了改变这种状况，上海市知识产权局领导和有关处室同志和上海市人事局沟通，得到了上海市人事局领导和有关处室同志的大力支持。两局经反复磋商和研究，决定在全国率先建立专利管理工程师制度，把专利管理专业人员纳入工程技术人员职称系列，2006 年 2 月 24 日联合发文出台了《上海市专利管理专业工程技术人员任职资格暂行办法》（沪人〔2006〕

20 号，以下简称《办法》）。《办法》将专利管理专业工程技术人员任职资格分为专利管理助理工程师、专利管理工程师和专利管理高级工程师三个级别。其中，专利管理助理工程师资格采取用人单位经考核直接聘任的办法获得；专利管理工程师资格必须通过考试方式取得，考试合格者，颁发上海市人事局统一印制的"中级专业技术职务资格证书"；专利管理高级工程师资格必须通过考试和评审相结合的方式取得，考试合格并经评审通过者，颁发上海市人事局统一印制的"高级专业技术职务资格证书"。《办法》出台后，引起了国家知识产权局的高度重视和兄弟省市知识产权局的普遍关注。国家知识产权局向全国各省市知识产权局转发了上海市人事局和上海市知识产权局联合颁发的《办法》。

为了实施《办法》，上海市知识产权局制订了专利管理工程师培训计划，在"十一五"期间，计划培养和造就 1 万名专利管理工程师，以满足上海市企事业单位对专利管理工程师的迫切需求。

实施专利管理工程师培训，首先要有一套适合专利管理工程师工作要求的教材。虽说目前专利教材不少，但有的偏重于基础理论，有的偏重于法律知识，相对于专利管理工程师培养目标——既掌握专利法律知识，又具备专利操作技能，既懂得专利基础理论，又熟悉专利相关实务的复合型、实用型专利管理人才来说，目前国内还缺少一套理论联系实际、以案说法、实用性、操作性的专利管理工程师教材。为此，上海市知识产权局在知识产权出版社的大力支持下，组织北京和上海的知识产权专家，编写了《专利管理工程师任职资格考试丛书》（中级本）。该丛书坚持理论与实际相结合，采用最新素材，选取典型性案例，从专利管理工程师应该掌握的专利相关基础理论、法律基础知识和实务操作技能出发，包括一套四本培训教材：《知识产权基础》、《专利信息与利用》、《专利申请与审查》、《专利纠纷与处理》，分别由相关领域中实践经验丰富、理论水平较高的专家领衔组织编写。其中《知识产权基础》由上海大学知识产权学院院长陶鑫良教授组织编写、《专利信息与利用》由国家知识产权局专利局文献部李建蓉部长组织编写、《专利申请与审查》由北京金之桥知识产权代理有限公司林建军总经理组织编写、《专利纠纷与处理》由北京市高级人民法院知识产权庭原副庭长程永顺组织编写。

开展专利管理工程师培训是知识产权事业发展迫切需要的一项重要工作，编写《专利管理工程师任职资格考试丛书》（中级本）是我们开展专利管理工程师培训的初步尝试，不足之处，在所难免。使用本丛书的教师

　　和读者若有好的意见和建议，希望与我们及时联系，以利于我们再版时改进，同时便于我们编好"专利管理工程师任职资格考试丛书"（高级本）。

　　《专利管理工程师任职资格考试丛书》（中级本）的编写工作得到了国家知识产权局领导及有关部门和许多专家学者的热情关心和大力支持，在此一并表示衷心的感谢。

上海市知识产权局

二〇〇六年九月三日

关于转发《上海市专利管理专业工程技术人员
任职资格暂行办法》的通知

国知发管函字〔2006〕61 号

各省、自治区、直辖市及计划单列市、副省级城市、新疆生产建设兵团知识产权局，各知识产权示范城市创建市、试点城市知识产权局：

现将上海市人事局、上海市知识产权局联合印发的《关于印发〈上海市专利管理专业工程技术人员任职资格暂行办法〉的通知》（沪人〔2006〕20 号）转发给你们，请根据本地实际，研究借鉴上海市的做法，从多层面、多渠道和多方式培养知识产权人才，进一步加强知识产权人才队伍建设。

特此通知。

国家知识产权局

二〇〇六年三月三十一日

关于印发《上海市专利管理专业工程技术人员任职资格暂行办法》的通知

沪人〔2006〕20号

各委、办、局（集团公司），各区县人事局、知识产权局，各有关单位：

为提高本市专利管理工程技术人员的专业素质和工作能力，加强专利管理专业人才队伍建设，促进上海知识产权战略的实施，现将《上海市专利管理专业工程技术人员任职资格暂行办法》印发给你们，请遵照执行。

本通知相关文件可在上海市人事局网站（www. 21cnhr. gov. cn）和上海市知识产权局网站（www. sipa. gov. cn）查询下载。

特此通知。

上海市人事局

上海市知识产权局

二〇〇六年二月二十四日

上海市专利管理专业工程技术人员任职资格暂行办法

第一条 为了实施知识产权战略，提高本市专利管理工程技术人员的素质和业务水平，促进创造发明，规范专利管理，增强自主创新能力，决定对在本市企事业单位从事专利管理的工程技术人员，实行本办法。

第二条 专利管理专业工程技术人员任职资格分为助理工程师、工程师和高级工程师三个级别。

专利管理助理工程师采取直接聘任的办法，用人单位可以根据受聘人员的学历、资历、工作能力及工作需要，经考核聘任专利管理助理工程师专业技术职务。

专利管理工程师资格通过考试方式取得。

专利管理高级工程师资格通过考试和评审相结合的方式取得。

第三条 专利管理助理工程师应具备从事专利管理工作的基本能力。

专利管理工程师应具备独立承担专利管理岗位工作的能力，能制定专利工作计划和管理办法并组织实施，承担与专利相关的管理工作。

专利管理高级工程师应具备专利信息分析、专利资产评估运作、专利战略制订与运用、专利预警及涉外纠纷应对等高级专利管理岗位工作的能力。除了可以承担专利管理工程师相应工作外，还应指导专利管理工程师开展工作。

第四条 凡上海市户籍（含取得《上海市居住证》1 年以上）从事专利管理工作的在职在岗人员，遵纪守法，完成相应的继续教育科目，并具备以下条件之一者，可申请参加专利管理工程师资格考试：

1. 理工科及相关专业大学专科毕业，从事专业技术或专利管理工作满 6 年或聘任助理工程师满 4 年；

2. 理工科及相关专业大学本科毕业，从事专业技术或专利管理工作满 5 年或聘任助理工程师满 4 年；

3. 理工科及相关专业硕士研究生毕业，从事专业技术或专利管理工作满 2 年；

4. 理工科及相关专业博士研究生毕业，从事专业技术或专利管理工作。

第五条 凡上海市户籍（含取得《上海市居住证》1 年以上）从事专利管理工作的在职在岗人员，遵纪守法，完成相应的继续教育科目，并具备以下条件之一者，可申请参加专利管理高级工程师资格考试：

1. 理工科及相关专业大学本科毕业及以上学历，并按规定评聘工程师职务满 5 年；

2. 理工科及相关专业博士研究生毕业，评聘工程师职务满 2 年。

考试合格者，可在两年内申请参加高级工程师资格的评审（评审办法另行公布）。

第六条 专利管理专业工程技术人员任职资格考试和评审工作由上海市人事局和上海市知识产权局共同负责。

上海市知识产权局负责拟定考试科目、编制考试大纲、编写教材等有关工作。上海市人事局确定考试科目、组织专家制定考试大纲，建立试题库，并对考试进行监督、检查和指导。上海市职业能力考试院负责实施考务工作。

第七条 专利管理工程师资格考试合格者，颁发上海市人事局统一印制的《中级专业技术职务资格证书》；专利管理高级工程师资格考试合格者，发给相应的考试合格通知；并经评审通过者，颁发上海市人事局统一印制的《高级专业技术职务资格证书》。

第八条 专利管理专业工程技术人员取得《中级专业技术职务资格证书》，即取得工程师任职资格；取得《高级专业技术职务资格证书》，即取得高级工程师任职资格。用人单位可以根据工作需要，对取得证书的专利管理专业工程技术人员聘任工程师和高级工程师专业技术职务。

第九条 本办法由上海市人事局、上海市知识产权局按照职责分工负责解释。

第十条 本办法自发布之日起施行。

目　　录

第1章 专利纠纷处理概述

本章学习要点

1. 专利民事及行政纠纷的种类与处理途径
2. 法院的组织机构及基本审判制度
3. 专利案件的管辖权

申请专利保护，是使技术在实施及许可的过程中获得法律保护的有效方式之一。《中华人民共和国专利法》（以下简称《专利法》）的立法目的是"为了保护专利权人的合法权益，鼓励发明创造，推动发明创造的应用，提高创新能力，促进科学技术进步和经济社会发展"。❶ 专利权实际上是权利人以其公开技术方案换取的在一定时期内垄断实施其专利技术方案的权利。企业或者个人进行技术研究开发进而申请专利保护的目的是使技术更好地商品化，使权利人通过自己实施或者许可他人实施其专利而获得经济上的补偿和收益，从而使权利人及发明人获得继续进行研究开发的经济动力，使新技术推广并服务于整个社会，也使社会从新技术的使用中受益。

可以说，有关专利权的纠纷是伴随专利权的孪生姐妹，有专利权就必然会有专利权纠纷发生。对专利权纠纷的处理，一方面涉及公平，既要合理地保护专利权人的利益，又不能将属于公有财富的公知技术等写入权利要求中去；另一方面又涉及效率，只有当公众明确无误地理解了权利要求的范围，才能在不侵犯专利权的前提下进行相关技术的研究开发，从而提高技术创新的效率。法院或者专利管理机关对专利纠纷的处理，实际上体现了国家在权衡专利权人与公众之间的利益时的价值取向。

有关专利权的纠纷可以分为行政纠纷和民事纠纷两大类。

---

❶ 参见《专利法》第1条。

1.1 专利行政纠纷

1.1.1 行政诉讼

《中华人民共和国行政诉讼法》（以下简称《行政诉讼法》）第 2 条规定，公民、法人或者其他组织认为行政机关和行政机关工作人员的具体行政行为侵犯其合法权益，有权依照本法向人民法院提起诉讼。具体行政行为是指具有国家行政职权的机关和组织及其工作人员在实施行政管理活动、行使行政职权中就特定事项对特定的公民、法人和其他组织的权利、义务作出的单方行政职权行为。也就是说，行政诉讼是公民、法人或者其他组织认为行政机关和行政机关工作人员的具体行政行为侵犯其合法权益，而向人民法院提起的以行政机关为被告的诉讼。因此，行政纠纷也就是我们通常所说的"民告官"的行政诉讼案件。

行政诉讼同民事诉讼相比有较大的不同，二者的区别主要体现在：

第一，诉讼的前提不同。提起民事诉讼是基于一方当事人的民事实体权利受到侵害或与另一方当事人就实体权利义务关系发生争议；而提起行政诉讼则是基于原告对行政机关的具体行政行为有异议。

第二，诉讼的主体不同。行政诉讼中的原告只能是认为具体行政行为侵犯其合法权益的行政管理相对人（包括公民、法人或其他组织），而被告也只能是实施该具体行政行为的行政机关或法律、法规授权行使行政职权的组织；而民事诉讼中的主体无此特点，民事诉讼发生于平等的民事主体之间。

第三，举证责任规则不同。行政诉讼中的举证责任一律由被告承担，被告对作出的具体行政行为负有举证责任，应当提供作出该具体行政行为的证据和所依据的规范性文件；原告只需要提供在行政程序中曾经提出过的申请材料以及被诉具体行政行为造成损害的证据。民事诉讼中，当事人不论是原告还是被告，对自己提出的主张都有责任提供证据，也就是"谁主张，谁举证"；只有在个别情况下，实行举证责任倒置，如新产品制造方法发明专利侵权，制造同样产品的单位或个人对其产品制造方法不同于专利方法承担举证责任。

第四，适用的程序法律规范不同。民事诉讼适用民事诉讼法律规范，行政诉讼适用行政诉讼法律规范。因此，在程序上，两种程序存在不同，如是否适用调解。通过调解解决争议，是民事诉讼的结案方式之一；而法院审理行政案件，是对行政机关的具体行政行为的合法性进行审查，不能通过被告与原告相互妥协来解决争议。

1.1.2　专利行政诉讼种类及特点

专利行政案件，是指当事人不服专利主管机关所作出的具体行政行为，以专利主管机关作为被告而起诉到人民法院要求撤销、变更行政决定的纠纷案件。

《专利法》第 3 条第 1 款规定，国务院专利行政部门负责管理全国的专利工作；统一受理和审查专利申请，依法授予专利权。目前，我国主管专利的国家机关是国家知识产权局专利局。国家知识产权局专利局的主要任务是受理和审查专利申请，对符合《专利法》规定条件的发明创造授予专利权。

《专利法》第 41 条规定，国务院专利行政部门设立专利复审委员会，即国家知识产权局专利复审委员会。专利复审委员会的主要任务是就专利申请人对国务院专利行政部门驳回申请的决定不服而提出的复审请求、对授予专利权的发明创造提出的无效宣告请求进行审查，并分别作出复审请求审查决定和无效宣告请求审查决定。

《专利法》第 3 条第 2 款规定，省、自治区、直辖市人民政府管理专利工作的部门负责本行政区域内的专利管理工作，并可以根据当事人的申请，责令侵权人立即停止侵权行为，对假冒他人专利及冒充专利行为作出处罚决定。

根据上述法律规定，国家知识产权局专利局和专利复审委员会以及地方管理专利工作的部门依法作出的行政决定，主要是代表国家和地方政府行使管理职能。当被管理者对行政决定不服时，就可能引发与管理者之间的纠纷。当事人对国家知识产权局专利局和专利复审委员会以及地方管理专利工作的部门所作出的行政决定不服，而起诉到人民法院要求撤销、变更行政决定的专利纠纷案件，统称为专利行政纠纷案件。

根据作出行政决定的机关不同、决定的内容不同，专利行政案件可以分为以下三类：

（1）以专利复审委员会作为被告的专利行政案件

① 不服专利复审委员会维持驳回申请复审决定的案件

根据《专利法》第 41 条的规定，专利申请人对国务院专利行政部门驳回申请的决定不服的，可以自收到通知之日起 3 个月内，向专利复审委员会申请复审。专利复审委员会复审后，作出决定，并通知专利申请人。专利申请人对专利复审委员会的复审决定不服的，可以自收到通知之日起3个月内向人民法院起诉。

具体说，这类案件是指专利申请人作为原告，对国家知识产权局专利局作出的驳回其专利申请、不授予其专利权的决定不服，经过申请，由专利复审委员会审查后，专利复审委员会仍作出维持国家知识产权局专利局的驳回决定，这时，专利申请人以专利复审委员会作为被告，向人民法院提起的专利行政诉讼。

这类纠纷主要有以下两种情况：

第一种情况是对形式审查阶段驳回发明、实用新型、外观设计专利申请人的复审决定不服而发生的纠纷。

我国对发明专利的审查采取形式审查（初步审查）加实质审查的全面审查制，而对实用新型和外观设计则实行初步审查制。

初步审查主要是进行明显缺陷审查和格式审查。

对发明专利申请的初步审查，主要内容是审查发明专利申请是否明显属于《专利法》第5条或者第25条规定的情形，是否不符合《专利法》第18条、第19条第1款、第20条第1款的规定，是否明显不符合《专利法》第2条第2款、第26条第5款、第31条第1款、第33条或者《中华人民共和国专利法实施细则》（以下简称）《专利法实施细则》第17条、第19条的规定。

对实用新型专利申请的初步审查，主要内容是审查实用新型专利申请是否明显属于《专利法》第5条、第25条规定的情形，是否不符合《专利法》第18条、第19条第1款、第20条第1款的规定，是否明显不符合《专利法》第2条第3款、第22条第2款或第4款、第26条第3款或第4款、第31条第1款、第33条或《专利法实施细则》第17条至第22条、第43条第1款的规定，是否依照《专利法》第9条规定不能取得专利权。

对外观设计专利申请的初步审查，主要内容是审查外观设计专利申请是否明显属于《专利法》第5条第1款、第25条第1款第（6）项规定的情形，是否不符合《专利法》第18条、第19条第1款的规定，是否明显不符合《专利法》第2条第4款、第23条第1款、第27条第2款、第31条第2款、第33条和《专利法实施细则》第43条第1款的规定，是否依照《专利法》第9条规定不能取得专利权。

对发明、实用新型和外观设计专利申请，不符合上述规定的，国家知识产权局将向申请人发出审查意见通知书，要求申请人在指定期限内陈述意见或者补正。申请人陈述意见或者补正后，国家知识产权局仍然认为明显不符合《专利法》及《专利法实施细则》规定的，则作出驳回专利申请的决定。

专利申请人对国家知识产权局驳回专利申请的决定不服的，可以在收到通知之日起 3 个月内，向专利复审委员会请求复审。专利复审委员会经过复审审查，作出复审决定，并通知申请人。

专利复审委员会作出的复审决定结果有两种：一种是撤销国家知识产权局的驳回决定。那么，专利申请将恢复到国家知识产权局作出驳回决定前的状态，审查程序继续进行。另一种是维持国家知识产权局的驳回决定。在这种情况下，专利申请人对专利复审委员会驳回复审请求的决定不服的，可以在法定期限内向人民法院起诉，由人民法院按照行政诉讼程序经过审理后作出最终裁决。

在专利行政纠纷案件中，由于判断一项发明专利申请在内容上是否有明显缺陷、在格式上是否符合法律要求比较容易，因此，人民法院审判这类专利行政案件的难度不是很大，一般可以不聘请技术专家担任陪审员，而只是在查清事实的基础上从法律上作出判断。

第二种情况是对实质审查阶段驳回发明专利申请的复审决定不服而发生的纠纷。

根据《专利法》的规定，授予专利权的发明专利，应当具备新颖性、创造性和实用性。也就是说，要具备专利性。

我国对发明专利的审查，是由国家知识产权局根据申请人提出的实质审查请求，对其申请进行实质审查。当然，国家知识产权局认为必要的时候，也可以自行对发明专利申请进行实质审查。这就是说，一项发明专利申请经过初步审查后，即便公布了申请的技术内容，也还不能算得到了专利权，还须按程序进行实质审查。如果申请人无正当理由，逾期不请求实质审查，该发明专利申请即被视为撤回。

国家知识产权局对于发明专利申请"三性"的审查是按照新颖性、创造性和实用性逐一进行的，审查中对某一项实质性条件产生疑问时，便会及时向专利申请人发出审查意见通知书，要求申请人限期答复。申请人及时作了答复并符合要求时，专利审查将继续进行；如专利申请人的答复不符合要求，该发明专利申请将会被驳回。在发明专利申请被驳回的情况下，发明专利申请人对国家知识产权局驳回申请的决定不服的，可以在收到通知之日起 3 个月内，向专利复审委员会请求复审。专利复审委员会接受发明专利申请人的复审请求后，经过复审审查，作出复审决定。

复审决定的内容也会出现两种情况：一种是撤销国家知识产权局的驳回决定。这时，国家知识产权局应当按照复审决定的结果执行，继续将后续审查工作完成。另一种是维持国家知识产权局的驳回决定。发明专利申请人对专利复审委员会作出的维持国家知识产权局的驳回决定即驳回发明专利申请人复审请求的决定不服的，可以在收到通知书后的法定期限内向人民法院提起行政诉讼。

发明专利申请在实质审查阶段被驳回，情况比较复杂：可能是遇到了新颖性障碍，也可能是遇到了创造性或者实用性等其他问题。人民法院审判这类案件一般应当根据案情的需要，聘请有关技术专家做陪审员或者技术顾问，以便更好地对有争议的发明创造的技术内容进行分析，作出公正合法的判断。

② 不服专利复审委员会专利权无效宣告请求决定案件

专利权被授予后，任何单位或者个人认为该专利权的授予不符合专利法规定的，都可以请求专利复审委员会宣告该专利权无效。请求人应当向专利复审委员会提交请求书，说明理由，必要时应当附具有关文件。在进行无效宣告审查过程中，专利复审委员会应当将专利权无效宣告请求书的副本和有关文件的副本送交专利权人，要求其在指定的期限内陈述意见。专利权人无正当理由期满不答复的，被视为无反对意见。对作出意见陈述的，专利复审委员会将进行审查。如果认为专利权人的陈述意见不能驳倒无效请求理由，专利复审委员会将同对待被视为无反对意见一样，便有可能作出宣告该专利权无效或者部分无效的决定。

根据《专利法》第 46 条的规定，专利复审委员会对宣告专利权无效的请求应当及时审查和作出决定，并通知请求人和专利权人。宣告专利权无效的决定，由国务院专利行政部门登记和公告。专利权人或者无效宣告请求人对专利复审委员会宣告专利权无效或者维持专利权的决定不服的，可以自收到通知之日起 3 个月内向人民法院起诉。人民法院应当通知无效宣告请求程序的对方当事人作为第三人参加诉讼。

具体说，这类案件是指专利权人或者无效宣告请求人作为原告，对专利复审委员会作出的宣告专利权无效或者维持专利权有效的决定不服，以专利复审委员会作为被告，向人民法院提起的专利行政诉讼。

实践中，这类专利行政案件主要有三种情况：

第一种，专利权人作为原告，对专利复审委员会作出的宣告专利权无效或者部分无效的决定不服提起的专利行政诉讼；

第二种，无效宣告请求人作为原告，对专利复审委员会作出的宣告专利权有效或者部分有效的决定不服，提起的专利行政诉讼；

第三种，专利权人和无效宣告请求人分别作为原告，均对专利复审委员会作出的专利权部分有效、部分无效的决定不服，提起的专利行政诉讼。

在前两种情况下，无效宣告请求人或者专利权人作为专利无效决定的相对人，应当以第三人的身份参加专利行政诉讼。

（2）以国家知识产权局为被告的专利行政案件

① 不服国家知识产权局作出的实施强制许可决定的案件

《专利法》第六章专门规定了专利实施的强制许可。

② 不服国家知识产权局作出的实施强制许可使用费裁决的案件

《专利法》第 57 条规定，取得实施强制许可的单位或者个人应当付给专利权人合理的使用费，其数额由双方协商；双方不能达成协议的，由国务院专利行政部门裁决。

《专利法》第 58 条规定，专利权人和取得实施强制许可的单位或者个人对国务院专利行政部门关于实施强制许可的使用费的裁决不服的，可以自收到通知之日起 3 个月内向人民法院起诉。

提起这类专利行政诉讼的前提，是国务院专利行政部门已作出实施强制许可的决定，而当事人之间仅仅因强制许可使用费数额不能达成协议，由国务院专利行政部门作出裁决，当事人又不服该裁决。

③ 不服国务院专利行政部门行政复议决定案件

国家知识产权局作为一个国家行政机关，在行使行政管理职权过程中，会作出许多具体行政行为。根据国家知识产权局《行政复议规程》的规定，当事人对其具体行政行为不服或产生争议，可以向国家知识产权局申请行政复议。国家知识产权局设立复议机构审理复议案件。复议机构应当在收到复议申请书之日起 2 个月内作出复议决定。复议申请人或者第三人对复议决定不服的，可以在收到复议决定书之日起 15 日内向北京市第一中级人民法院起诉。

（3）以管理专利工作的部门为被告的专利行政案件

管理专利工作的部门可以处理以下民事纠纷：责令停止专利侵权行

为纠纷、调解侵权损害赔偿数额纠纷、调解临时保护期间的费用纠纷、调解专利申请权纠纷、调解专利权归属纠纷、调解职务发明创造的发明人或者设计人与单位之间发生的奖金或者报酬纠纷、调解发明人或者设计人资格纠纷。

此外，管理专利工作的部门还可以处理下列纠纷：

① 处罚假冒专利行为。根据《专利法》第 63 条的规定，假冒专利的，除依法承担民事责任外，由管理专利工作的部门责令改正并予公告，没收违法所得，可以并处违法所得 4 倍以下的罚款；没有违法所得的，可以处 20 万元以下的罚款；构成犯罪的，依法追究刑事责任。

管理专利工作的部门处罚假冒他人专利行为是专利法授予的权利，有权依法主动查处。当事人对处罚决定不服的，可以自收到通知书之日起 15 日内向有管辖权的人民法院提起行政诉讼。

② 对专利代理机构或者专利代理人的惩戒行为。根据《专利代理惩戒规则（试行）》的规定，各省、自治区、直辖市知识产权局分别设立专利代理惩戒委员会，对专利代理机构及专利代理人的违纪违法行为予以惩戒。对专利代理机构的惩戒包括警告、通报批评、停止承接新代理业务 3 至 6 个月。对专利代理人的惩戒分为警告、通报批评、收回专利代理人执业证书等。当事人对惩戒委员会作出的决定不服的，可以在收到惩戒决定书之日起 2 个月内依法申请复议。对复议决定仍不服的，可以向人民法院提起行政诉讼。

当事人对管理专利工作的部门所作的上述各类案件处理决定不服的，可以以管理专利工作的部门为被告，向法院提起行政诉讼。

1.2 专利民事纠纷

1.2.1 专利民事纠纷的特点和类型

民事纠纷是指公民之间、法人之间、其他组织之间以及他们相互之间因财产关系和人身关系发生的纠纷，是平等民事主体之间的民事纠纷；因该类纠纷提起的诉讼是民事诉讼。

专利民事纠纷有多种类型，包括：专利申请权纠纷案件；专利权权属纠纷案件；专利权、专利申请权转让合同纠纷案件；专利实施许可合同纠纷案件；侵犯专利权纠纷案件；假冒他人专利纠纷案件；发明专利申请公布后、专利权授予前使用费纠纷案件；职务发明创造发明人、设计人奖励、报酬纠纷案件；诉前申请停止侵权、财产保全、证据保全案件；请求确认不侵犯专利权纠纷案件；发明人、设计人资格纠纷案件。

1.2.2　专利民事纠纷的处理途径

对未经专利权人许可，实施其专利即侵犯其专利权，引起纠纷的，当事人可以协商解决；不愿协商或者协商不成的，专利权人或者利害关系人可以向人民法院起诉，也可以请求管理专利工作的部门处理。当事人可以选择通过行政途径或者司法途径对其权利进行救济；或者两种救济途径同时使用，即先请求行政调处以迅速制止侵权行为，再向法院提起诉讼以彻底制止侵权行为并获得赔偿。也就是说，行政机关依职权或者依当事人申请作出行政处理决定的过程中，不影响当事人向人民法院提起相关的民事诉讼。行政机关对侵权行为进行行政处罚之后权利人仍然可以向人民法院提起民事诉讼，请求民事赔偿。但法院在审理民事赔偿案件中，并不以行政机关已经作出的认定侵权结论为前提，法院对是否侵权可以依法重新作出认定。

1.2.2.1　行政途径

依照现行《专利法》及《专利法实施细则》的规定，发生了专利民事纠纷，当事人也可以选择向管理专利工作的部门申请进行调处。

（1）管理专利工作的部门及其职能

① 管理专利工作的部门

《专利法实施细则》第 79 条明确规定，管理专利工作的部门，是指由各省、自治区、直辖市人民政府以及专利管理工作量大又有实际处理能力的设区的市人民政府设立的管理专利工作的部门。只有各省、自治区、直辖市人民政府以及一些符合法定条件的人民政府设立的专利管理机关，简称地方专利管理机关，才是专利法意义上的管理专利工作的部门，有的称为地方知识产权局。

② 管理专利工作的部门的职能

《专利法》及《专利法实施细则》明确规定了管理专利工作的部门是地方政府机关的职能部门，负责本行政区域内的专利管理工作，它应当是各级政府的组成部分。从法律规定的权限看，它具有专利管理和专利执法的双重职能。

（2）管理专利工作的部门的执法职能及范围

依照《专利法》及《专利法实施细则》的规定，地方管理专利工作的部门具有执法职能，它们可以根据当事人的申请或者依职权解决以下民事纠纷：

① 责令停止专利侵权行为

依照《专利法》第60条的规定，未经专利权人许可，实施其专利即侵犯其专利权，引起纠纷的，专利权人或者利害关系人可以请求管理专利工作的部门处理。管理专利工作的部门处理时，认定侵权行为成立的，可以责令侵权人立即停止侵权行为。当事人不服的，可以自收到通知之日起15日内向法院提起行政诉讼。侵权人期满不起诉又不停止侵权行为的，管理专利工作的部门可以申请人民法院强制执行。

② 调解侵权损害赔偿数额

依照《专利法》第60条的规定，管理专利工作的部门根据受到侵害的专利权人或者利害关系人的请求，可以在对专利侵权纠纷进行处理的过程中，就侵犯专利权的行为给专利权人或者利害关系人造成损失的数额进行调解。调解达成协议的，当事人应当自觉履行。调解不成的，管理专利工作的部门不能作出行政决定，当事人可以向人民法院提起民事诉讼。

③ 调解临时保护期间的费用纠纷

依照《专利法实施细则》第85条的规定，专利权授予后，管理专利工作的部门根据专利权人的请求，可以对发明专利申请公布后、专利权授予前他人使用其发明应当向专利权人支付适当的费用引发的纠纷进行调解。

④ 调解专利申请权纠纷

依照《专利法实施细则》第85条的规定，管理专利工作的部门根据发明人或者设计人或其单位的请求，可以对发明人或者设计人与其所属单位对其发明创造是否属于职务发明的争议进行调解；也可以依当事人的申请，对因履行技术开发合同完成的发明创造产生的专利申请权纠纷进行调解，包括职务发明创造是否申请专利的纠纷。

⑤ 调解专利权归属纠纷

专利权归属纠纷是在专利申请权纠纷的基础上产生的，是指引起专利申请权纠纷的另一种情况，这种纠纷一般发生在专利权授权之后。根据《专利法实施细则》第85条的规定，地方管理专利工作的部门有权依当事人的申请对专利权归属纠纷进行调解。

⑥ 调解职务发明创造的发明人或者设计人与单位之间发生的奖金或者报酬纠纷

《专利法实施细则》第85条规定，单位对职务发明创造的发明人或者设计人没有依法发给奖金或者支付报酬的，发明人或者设计人可请求管理专利工作的部门进行调解。这种争议实际上是一种因奖金、报酬而发生的争议。

⑦ 调解发明人、设计人资格纠纷

根据《专利法实施细则》第85条的规定，发明人或者设计人在专利申请过程中或者在获得专利权之后，因该发明创造的发明人或者设计人的资格发生纠纷，争议谁是真正的发明人或者设计人，可以申请由地方管理专利工作的部门进行调解。

当事人请求处理或者调解专利纠纷的，由被请求人所在地或者侵权行为地的管理专利工作的部门管辖。

两个以上管理专利工作的部门都有管辖权的专利纠纷，当事人可以向其中一个管理专利工作的部门提出请求；当事人向两个以上有管辖权的管理专利工作的部门提出请求的，由最先受理的管理专利工作的部门管辖。管理专利工作的部门对管辖权发生争议的，由其共同的上级人民政府管理专利工作的部门指定管辖；无共同上级人民政府管理专利工作的部门的，由国务院专利行政部门指定管辖。

行政程序的程序启动手续及案件处理程序相对简单，立案、结案速度比较快，行政机关对违法行为可迅速作出处罚决定，对侵权纠纷可快速作出停止侵权的处理决定。另外，申请人无须缴纳费用，行政执法成本主要由政府承担。因此，申请人几乎无败诉的风险。

行政机关可以对侵权人处以罚款，罚款上缴国库，而不归权利人所有。因此，除非对方当事人接受调解，否则权利人不能得到侵权赔偿。行政机关的执法手段相对于司法显得缺乏。行政执法尤其是专利和著作权行政执法人员少、手段少。执法带有突击性、间歇性和反复性。

如前所述，当事人对管理专利工作的部门所作的上述各类案件处理决定不服的，可以以管理专利工作的部门作为被告，提起行政诉讼。

1.2.2.2　司法途径

如果当事人协商不成或者不愿意协商解决纠纷，可以向法院提起民事诉讼。法院审理专利民事纠纷依照《中华人民共和国民事诉讼法》（以下简称《民事诉讼法》），并依照其他民事程序及实体法律、法规、司法解释进行。

对于侵权事实复杂或者所涉及的技术复杂的专利侵权纠纷，利用司法途径解决纠纷有利于权利人更彻底地制止侵权行为，并得到侵权赔偿。到法院起诉与要求行政机关查处案件不同，需要交纳案件受理费，专利民事案件的受理费根据诉讼标的递减收取。在民事诉讼中,法院应当按照《民事诉讼法》及民事诉讼的证据规则来审理案件,有严格的程序及证据要求。另外,法院审理案件应当遵守法律规定的审理期限:一审民事案件的审理期限是 6 个月;二审民事案件的审理期限是 3 个月;对于一方或者双方是外国当事人的,没有关于审理期限的规定。

1.2.2.3　仲裁

解决专利纠纷还有一种途径,就是仲裁。

仲裁是解决专利纠纷的一种有效途径。仲裁的前提是双方当事人自愿,并在订立的合同中约定仲裁的途径、仲裁的机构、仲裁的事项。这种约定和选择是对诉讼途径的一种排斥,也就是说,当事人只要在合同中约定了仲裁方式,在发生纠纷后,就不能再寻找司法诉讼途径,除非双方当事人在合同中对仲裁机构的约定不清楚或者约定无效。

根据《中华人民共和国仲裁法》的规定,目前我国实行的是"一裁终局",当事人可以在合同中约定的仲裁机构选择仲裁员,组成仲裁庭,仲裁庭作出的仲裁裁决为终审裁决,当事人必须履行。否则,对方当事人可以申请法院强制执行。

1.3　法院概述

发生了专利民事或者行政纠纷,权利人可以选择向法院提起诉讼。可以说,法院是解决纠纷从而保护权利人合法权益的最后一道屏障。

《中华人民共和国宪法》(以下简称《宪法》)规定,人民法院是国家的审判机关,依照法律规定独立行使审判权,不受行政机关、社会团体和个人的干涉。最高人民法院对全国人民代表大会和全国人民代表大会常务委员会负责。地方各级人民法院对产生它的国家权力机关负责。

1.3.1　法院组织机构

我国法院的组织体系分为四级,即基层、中级、高级和最高人民法院,并设军事、铁路、海事、水运等专门人民法院。基层人民法院包括县人民法院和市人民法院、自治县人民法院和市辖区的人民法院;中级人民法院包括省、自治区内按地区设立的中级人民法院,直辖市内设立的中级人民法院,省、自治区所辖市的中级人民法院和自治州人民法院;高级人民法院包括省高级人民法院、自治区高级人民法院和直辖市高级人民法院。基层、中级和高级法院称为地方各级法院。最高人民法院是国家最高审判机关。

1.3.2 审判人员

各法院设立案庭、民事审判庭、行政审判庭、刑事审判庭、执行庭、审判监督庭等不同庭室。

法院审判第一审案件，由审判员组成合议庭或者由审判员和人民陪审员共同组成合议庭进行，合议庭成员应当是三人以上的单数，通常为三人；简单的民事案件，可以由审判员一人独任审判。民事上诉案件即二审案件则必须由审判员组成合议庭进行。与审理民事案件不同，合议庭是法院审理行政案件唯一的组织形式。

合议制是指：合议庭成员共同参加案件的审理，开庭时，由审判长主持开庭；开庭后，合议庭对案件进行评议，合议庭评议案件实行少数服从多数的原则。

合议制是法院审理案件的基本组织形式，而知识产权民事案件由于其案件的复杂性、技术性，一般不实行独任审判制，无论一审、二审案件，均由审判员与人民陪审员或者由审判员组成合议庭审理。

法院审判案件，实行两审终审制。对地方各级人民法院第一审案件的判决和裁定，当事人不服的，可以按照法律规定的程序向上一级人民法院上诉。地方各级人民法院第一审案件的判决和裁定，如果在上诉期限内当事人不上诉，就是发生法律效力的判决和裁定。

中级人民法院、高级人民法院和最高人民法院审判的第二审案件的判决和裁定，最高人民法院审判的第一审案件的判决和裁定，都是终审的判决和裁定，也就是发生法律效力的判决和裁定。

1.3.3 专利案件管辖权

专利行政及民事案件不同于其他的普通行政或者民事案件，除地域及级别管辖的限制以外，专利案件都具有专属的管辖权。

1.3.3.1 行政案件管辖权

（1）以专利复审委员会作为被告的专利行政案件的诉讼管辖

根据相关法律及最高人民法院有关司法解释的规定，以专利复审委员会作为被告的专利行政案件均由北京市中级人民法院作为第一审法院，北京市高级人民法院作为第二审法院。

由于北京市有两个中级人民法院，国家知识产权局地处北京市海淀区，从地域上属于第一中级人民法院管辖，因此，北京市高级人民法院在2002年8月作出规定，当事人不服专利复审委员会的复审决定提起行政诉讼的专利行政案件，目前均由北京市第一中级人民法院管辖。

（2）以国家知识产权局专利局为被告的专利行政案件的诉讼管辖

这类行政案件根据相关法律和有关司法解释的规定，均由北京市第一中级人民法院管辖，北京市高级人民法院作为第二审法院，案件由行政审判庭审理。

（3）以管理专利工作的部门为被告的专利行政案件的诉讼管辖

2001 年 6 月 19 日《最高人民法院关于审理专利案件适用法律问题的若干规定》第 1 条明确规定，不服管理专利工作的部门行政决定的案件属于人民法院受理的专利纠纷案件。第 2 条规定，专利纠纷第一审案件，由各省、自治区、直辖市人民政府所在地的中级人民法院和最高人民法院指定的中级人民法院管辖。该司法解释的这一规定，明确了这类案件的性质及诉讼管辖，即这类案件属于专利行政纠纷案件，应当由行政审判庭审理。但是，并非所有的法院或者作为被告的管理专利工作的部门所在地的法院均有管辖权，而是应当由有专利纠纷案件管辖权的中级人民法院作为一审管辖法院。

1.3.3.2 民事案件管辖权

在地域管辖上，实行"原告就被告"原则，即被告所在地的人民法院对案件有管辖权。同时，因专利或技术合同发生的纠纷，合同履行地的人民法院有管辖权；因侵犯专利权行为发生的纠纷，侵权行为地人民法院有管辖权。因此，因侵权纠纷提起的诉讼，被告所在地及侵权行为地法院均有管辖权；因合同纠纷提起的诉讼，被告所在地及合同履行地法院均有管辖权。

根据最高人民法院的相关司法解释，侵权行为地是指：被控侵犯发明、实用新型专利权的产品的制造、使用、许诺销售、销售、进口等行为的实施地；专利方法使用行为的实施地，依照该专利方法直接获得的产品的使用、许诺销售、销售、进口等行为的实施地；外观设计专利产品的制造、销售、进口等行为的实施地；假冒他人专利的行为实施地；上述侵权行为的侵权结果发生地。原告仅对侵权产品制造者提起诉讼，未起诉销售者，侵权产品制造地与销售地不一致的，制造地人民法院有管辖权；以制造者与销售者为共同被告起诉的，销售地人民法院有管辖权。销售者是制造者分支机构，原告在销售地起诉侵权产品制造者制造、销售行为的，销售地人民法院有管辖权。

专利民事纠纷案件在级别管辖上均由中级以上的人民法院管辖，而且专利民事纠纷案件与专利行政纠纷案件一样实行的是特别指定管辖。目前，全国共有近 80 个中级人民法院有专利案件的管辖权，包括 8 个直辖市中级法院：北京市第一中级人民法院、第二中级人民法院，上海市第一中级人民法院、第二中级人民法院，天津市第一中级人民法院、第二中级人民法院，重庆市第一中级人民法院、第五中级人民法院；27 个省、自治区人民政府所在地的中级人民法院：石家庄市、太原市、呼和浩特市、沈阳市、长春市、哈尔滨市、南京市、杭州市、合肥市、福州市、南昌市、济南市、郑州市、武汉市、长沙市、广州市、南宁市、海口市、成都市、贵阳市、昆明市、拉萨市、西安市、兰州市、银川市、西宁市、乌鲁木齐市；4 个经济特区人民政府所在地的中级人民法院：深圳市、珠海市、汕头市、厦门市；还有若干个最高人民法院指定的计划单列城市的中级人民法院：大连市、青岛市、烟台市、温州市、佛山市、潍坊市、苏州市、葫芦岛市、宁波市、景德镇市、泉州市、金华市、南通市等。各省、自治区、直辖市的高级人民法院及最高人民法院对专利案件均具有管辖权。

各地的中级及高级人民法院受理专利一审案件的标的额有所不同，因此，在立案之前，应当对当地法院的收案标准进行了解，以便准确确定案件的管辖法院。

本章思考与练习

1. 什么是专利行政纠纷案件？包括哪些种类？

2. 什么是专利民事纠纷案件？包括哪些种类？

3. 专利民事纠纷的处理途径有哪些？民事案件的诉讼管辖权有什么规定？

4. 简述管理专利工作的部门及其职能范围。

5. 专利行政案件的诉讼管辖权是如何规定的？

第 2 章   专利行政诉讼

本章学习要点

1. 法院审理专利行政案件的原则和法律依据
2. 外观设计不相同与不近似的判断

2.1   专利行政诉讼中应注意的几个问题

专利行政诉讼与民事诉讼不同，从而在诉讼程序及实体上有其特殊性，在行政诉讼中应当注意以下几个问题。

2.1.1   法院审理专利行政案件的原则

2.1.1.1   专利行政案件审理范围应以行政决定范围为限的原则

专利行政案件的起因是当事人对国家知识产权局专利局或者专利复审委员会所作出的具体行政行为不服，而国家知识产权局专利局或者专利复审委员会的具体行政行为是根据当事人的申请和依据法定程序作出的。比如，关于一项专利申请是否符合专利法的形式要件、是否符合专利性条件、无效宣告请求理由是否成立等，都要经过专利复审委员会进行审查，作出决定。当事人如果对复审决定或者无效宣告请求审查决定不服向人民法院起诉，人民法院在审查专利复审委员会作出的这些决定正确与否时，应审查该决定的作出有无事实作为根据；适用法律、法规是否正确；有无违反法定程序；有无超越职权。对行政处理决定未涉及的问题，即使原告人请求人民法院一并审理，人民法院也不能审理，更不能一揽子作出判决。对行政机关尚未审查的问题，法院当然不能对其审查正确与否表态。

例如，国家知识产权局专利局认为，根据《专利法》第 25 条的规定某项专利申请不属于专利法的保护范围而驳回该发明专利申请，申请人请求复审，专利复审委员会经审查作出维持驳回决定，申请人不服便可以向人民法院提起行政诉讼。人民法院在审理这件专利行政案件时，只能围绕专利复审委员会作出的维持驳回决定是否正确进行审查，审查该发明申请是否属于专利法的保护范围。如果法院经审理认为该专利申请不属于《专利法》第25条的内容，即属于专利法的保护范围，但明显不符合专利性要求，这时，人民法院也不能以该发明专利申请不符合专利性为由，认定专利复审委员会所作出的复审决定正确，判决维持该行政决定；而应当认定专利复审委员会的复审决定错误，予以撤销，使该申请重新进入审查程序。因为，根据当事人的申请，在专利复审委员会的复审决定中，只涉及《专利法》第25条即专利法保护范围问题，而未涉及专利性审查问题。法院如果直接以该发明申请明显不符合"三性"要求而判决维持专利复审委员会的驳回申请决定，显然超出了专利复审委员会所作出的具体行政行为的界限。

又如，无效宣告请求人仅以某项专利申请无新颖性而要求专利复审委员会宣告该发明专利权无效，专利复审委员会经过审查，认为该发明专利具备新颖性，从而作出驳回请求人的无效宣告请求，维持该发明专利权有效的决定。这时，请求人如果不服无效宣告审查决定，可以向人民法院提起行政诉讼。假如该原告起诉时，将该发明专利权无新颖性、创造性和实用性均作为无效理由，并提供相应证据，要求人民法院宣告该发明专利权无效，撤销专利复审委员会的无效决定，那么，人民法院也只能审查专利复审委员会作出的行政决定是否正确，即只审查该发明专利权是否具备新颖性，而不能同时审查创造性和实用性。因为创造性和实用性问题，请求人在进行无效宣告请求时并未提出，专利复审委员会也未进行审查，人民法院不应代替专利复审委员会履行职责，就此作出结论。人民法院经过审理，只要该发明专利权具备新颖性，就应当维持专利复审委员会的决定。如果当事人不满，其应当以该发明专利权缺乏创造性和实用性为理由，另行请求宣告该专利权无效，由专利复审委员会重新就其创造性和实用性问题作出无效决定。

当然，专利复审委员会作出行政决定，一般是以当事人请求为准，请求人请求的范围就是专利复审委员会行政审查的范围。少数情况下，专利复审委员会也可以依职权进行审查。不论哪种情况，专利复审委员会作出审查决定后，就确定了专利行政案件的审理范围。但是，如果专利复审委员会漏掉了请求人请求审查的事项，则是得不到司法判决支持的。即在行政决定中是否缺少了请求人请求专利复审委员会进行审查的内容，也是人民法院专利行政案件负责的范围。例如，无效宣告请求人提出三条无效理由，而专利复审委员会只审查了其中两条就认定专利权有效，驳回了无效宣告请求人的申请。在行政诉讼中，法院将对三个理由全部进行审查，以确定无效决定的理由是否正确。

有一种情况值得注意，即无效宣告请求人以某一项专利权缺乏"三性"为由，请求宣告该专利权无效，而专利复审委员会经过审查，认为仅凭该专利无新颖性一项就可以宣告该专利权无效，并以此作出行政决定。法院经过审理，如果认为该专利确实不具有新颖性，可以判定维持无效决定，这时，创造性和实用性可以不再进行审查。因为，该专利必须同时具备新颖性、创造性和实用性三个条件，只要缺少"三性"中的一项，即可宣告该专利权无效。而如果法院经过审理，认为该专利已具备新颖性条件，无效决定认为其不具备新颖性是错误的，这时，法院应当判决撤销专利复审委员会的无效决定，令专利复审委员会在该专利有新颖性的条件下，继续审查其是否具备创造性和实用性条件，并重新作出无效审查决定。

2.1.1.2　对具体行政行为合法性进行审查的原则

这一原则是处理行政诉讼中人民法院与行政机关的相互关系、确定人民法院行政审判职能的基本准则。

行政审判职能要受行政诉讼法立法目的的制约。人民法院处理行政案件，既要保护公民、法人和其他组织的合法权益，又要维护和监督行政机关依法行使职权。在什么范围内处理行政机关的职权行为，法院应当首先考虑公民、法人和其他组织的意志。行政审判必须以诉讼请求为前提，以权利救济为出发点。如果当事人提出请求，人民法院就应当在当事人请求的范围内，运用国家行政审判权为当事人提供法律保护。这种保护必须通过正确处理与行政机关职权行为的关系来实现。

确定人民法院与行政机关的关系，要考虑立法目的所要求的维护与监督的统一。维护就是运用国家司法权力使行政机关的具体行政行为获得肯定和最终的法律效力，使行政争议得到最终的解决；监督的含义就是对违法的具体行政行为予以撤销，使其不具有或者丧失法律效力，或者要求行政机关在法定期限内履行法定职责或重新作出具体行政行为。实现维护和监督统一的前提和基础，就是对行政机关具体行政行为的合法性进行审查。

所谓合法性审查就是依据法律对具体行政行为进行检查核实并作出法律评价。《行政诉讼法》第 5 条规定："人民法院审理行政案件，对具体行政行为是否合法进行审查。"这里讲的合法性审查，主要包括以下三个方面：

（1）司法审查的对象是具体行政行为

人民法院在对具体行政行为的审查过程中，应当对具体行政行为所依据的行政规章与法律、法规是否一致进行审查。如果行政规章与法律、法规不相抵触，同其他行政规章也没有矛盾，人民法院即予以适用，作为判断具体行政行为是否合法的根据；如果行政规章与法律、法规相抵触，则不予适用；如果地方人民政府制定、发布的规章与国务院部委制定发布的规章不一致以及国务院部委制定发布的规章之间不一致，应当由最高人民法院送请国务院作出解释或者裁决。

（2）人民法院的审查原则上限于合法性问题

对于判断具体行政行为合法性的条件，《行政诉讼法》第54条作了规定：主要证据是否充分；适用法律、法规是否错误；是否违反法定程序；是否超越职权；是否滥用职权。由此可见，立法者认为合法性审查不等于法律审查。有一种观点认为，行政审判主要是进行法律审查，或者主要是进行程序审查。这种认识是不全面的。实际上这里既包括事实审，也包括法律审，事实认定问题与法律适用问题都应当纳入司法审查。

（3）司法审查的表达方式是判断性评价

人民法院的司法审查必须作出能够对行政机关产生法律后果的决定。根据《行政诉讼法》的规定，人民法院的行政审判是对具体行政行为进行合法性审查。法院对违法的行政行为不能进行制裁，也不能直接规定行政机关怎样进行行政管理。一个不可违背的规则是：人民法院不能代替行政机关行使国家行政管理权。一般地说，人民法院只能对具体行政行为作出是否合法的评价：合法的，予以维持；违法的，予以撤销；不作为违法的，要求行政机关依照法律行使职权。只有在法定的例外情况下，才能对行政决定进行变更。变更的条件是，具体行政行为属于行政处罚和显失公平的情况。除此之外，人民法院不能对具体行政行为作变更判决。对专利行政主管机关作出的具体行政行为的审查更是如此。对于有些在程序或者事实认定上有错误的，还可以判决行政机关重新作出行政决定，而不是代替行政机关进行审查。

《行政诉讼法》自1990年10月1日实施以来，对规范行政审判起到了积极作用，但是也有许多实践证明了该法存在漏洞及不足之处。在行政纠纷案件审判结果上规范过死、形式简单便属于一个方面；尤其是对专利行政案件而言，在法院无变更权的情况下，有些案件久拖不决，使专利权长期处于不稳定的状态，不利于科技创新与经济发展。这个问题已在司法实践中引起重视。

2.1.1.3　保障当事人诉讼权利平衡的原则

行政诉讼当事人的诉讼权利是不对等的。这种诉讼权利的不对等，主要是由行政法律关系中双方权利义务的不对等造成的。行政机关为了实现公共利益、行使国家权力，需要遵循依法行政的原则办事。在行政诉讼中，它们既代表国家行政机关又以当事人的身份参加诉讼。这既与刑事诉讼中的检察机关的公诉人不同，又与一般的民事诉讼当事人不同。公民、法人和其他组织则是为了保护个人或单位的利益参加诉讼，有权处分自己的权益，身份比较单一清楚。行政诉讼法要根据实体法的性质规定其应有的诉讼权利，行政机关与公民、法人和其他组织的诉讼权利义务必定是不对等的；但为了实现法律地位平等原则的要求，使双方的诉讼力量具有可对抗性，行政诉讼法有必要在诉讼权利义务的分配上作些特别的处理，我们称之为诉讼权利的平衡原则。

诉讼权利的平衡原则是支配行政诉讼当事人诉讼权利义务的基本因素。在行政诉讼中，行政机关不再对对方当事人提出什么实体法的要求，行政机关要求对方所作的已经在具体行政行为中提出了，行政机关在行政诉讼中所希望达到的是人民法院依法维持合法的具体行政行为、强制执行某些具体行政行为。所以，行政机关没有起诉、反诉的权利。但是，行政机关作为被告，有委托代理权、提供证据权、答辩权、申请回避权、辩论权、上诉权和申请执行权。原告是原行政管理关系中的被管理者或者受到具体行政行为不利影响的当事人，相对于行政机关是较弱的一方，很可能会慑于或者屈于行政压力改变或收回自己的真实意志。为了防止这种情况的发生，切实保护他们的合法权利，行政诉讼法使用让被告承担特殊义务和强化原告权利的方法，巩固和支持原告的诉讼地位。例如，被告承担举证责任，不得在诉讼中自行向原告和证人收集证据等。

这里有一个观念问题值得重视。在我国，非常流行的观点认为，个人与国家两者总是处于不平等的地位，国家永远高高在上，个人则永远附属于国家，国家有权支配个人的一切行为，而个人则要无条件地服从国家。这种观点深入人心，几乎为所有人所接受。个人与国家地位不平等的观念深深地影响着人们的思维方式和行为方法，隐约制约着我国法制尤其是行政法制的发展。

在专利授权、专利权无效等程序中，专利复审委员会的具体行政行为代表着国家，而具体行政行为的相对人是个人或者单位；二者是不平等的，是管理者与被管理者的关系。但是，在行政诉讼中，尤其是在法庭上，专利复审委员会与原告的诉讼权利应当是平衡的，双方必须依据行政诉讼法的规定享受诉讼权利，承担诉讼义务。这时，代表国家的专利复审委员会不能因为自己代表国家而产生高原告一等的思想，更不能因此而产生不愿参加诉讼接受监督的想法。

2.1.2 法院审理专利行政案件的法律依据

同其他类型的行政案件一样，法院审理专利行政案件应当依据《行政诉讼法》的有关规定。《行政诉讼法》第52条规定，法院审理行政案件，以法律和行政法规、地方性法规为依据。地方法规适用于本行政区域内发生的行政案件。法院审理民族自治区地方的行政案件，应以该民族自治地方的自治条例和单行条例为依据。该法第53条规定，法院审理行政案件，参照国务院部、委根据法律和国务院的行政法规、决定、命令制定、发布的规章以及省、自治区、直辖市和省、自治区的人民政府所在地的和经国务院批准的较大的市的人民政府根据法律和国务院的行政法规制定、发布的规章。法院认为地方人民政府制定、发布的规章与国务院部、委制定、发布的规章不一的，以及国务院部、委制定、发布的规章之间不一致的，由最高人民法院送请国务院作出解释或者裁决。

作为判决依据的法律、行政法规、地方性法规应当在审理行政案件判决书中直接引用。

人民法院审理行政案件适用最高人民法院司法解释的，应当在裁判文书中援引。最高人民法院的司法解释是法的渊源，应当在裁判文书中引用。司法解释权为法律授予最高人民法院的一项权力，司法解释虽不属于创制性立法，但具有执行立法的性质。既然司法解释也是一种法的渊源，那么，自然也可以成为行政审判的法律依据。

人民法院审理行政案件，可以在裁判文书中引用合法有效的规章及其他规范性文件。

规章包括中央部委规章和地方性政府规章。它是有权行政机关依据《宪法》、法律赋予的职权规定发布的行政管理规范，是我国行政法的法律渊源之一。

应当怎样理解《行政诉讼法》第53条的规定，"参照"一词应如何解释？"参照"是人民法院审理行政案件适用法律的形式之一，是与"依据"相对而言并应与之相区别的。"参照"是我国行政诉讼法律适用的独特规则。"参照"的直观含义是参考和作为仿照，它的法律含义比直观含义要宽泛。

首先，参照与依据不同。参照不是简单的参考或者依照，而是参考之后决定是否遵照办理；而依据是指人民法院审理行政案件时，对法律法规非经法定程序，不得否认其法律效力，不容许怀疑和否定，必须照着办。

由此看来，参照意味着行政规章对人民法院不具有绝对的约束力。它不仅要求人民法院对符合法律、法规原则精神的规章要"参照"适用，而且还赋予人民法院对不符合或者不完全符合法律、法规原则精神的规章以灵活处理不予适用的权力。所以在实质意义上，人民法院由此获得了对规章合法性的一种司法核查权，这种核查权是通过适用规章的取舍实现的。在司法实践上，"参照"的意义是：如果行政机关的具体行政行为是根据正确规章作出的，人民法院应当确认具体行政行为适用法律、法规正确，作出肯定判决；如果行政机关的具体行政行为所依据的规章是不正确的，人民法院应当判决具体行政行为适用法律、法规错误。如果规章与法律法规规定不一致时，法院有权只根据法律法规的规定作出判决。

其次，参照绝不意味着法院在适用的规章问题上可以任意裁量。人民法院对于合法有效的规章必须适用。规章属于法的渊源，虽然其效力层次相对较低，但是效力层次这一标准的有用性主要还是体现在法律冲突的领域，如果没有法律冲突的存在，具体说，就是规章与上位法并不冲突，则规章与整个法律体系具有统一性，其规定也就成为必须遵守的法律规范，这一点是没有裁量余地的。换言之，不但行政机关作出具体行政行为时应当以合法有效的规章作为依据，而且法院在行政审判的过程中同样要以合法有效的规章作为裁判的依据。

目前，由于我国仍然是以部门立法为主，全国人大审议通过，因此，有些部门将在全国人大审议法律中不能得到支持的法律条文内容写在部门规章中，忽视了法律对部门规章的制约功能，形成了部门规章架空甚至"修改"法律的现象。那么，部门规章是否违反了法律、法规，是否与法律相冲突，人民法院在行政诉讼中就应当进行审查，并决定是否参照。

在专利行政诉讼中，需要"参照"最多的就是国家知识产权局发布的《专利审查指南》。它既是专利复审委员会复审审查和无效审查的依据，也是专利行政诉讼中人民法院"参照"的规范性文件。

在参照规章时，应当对规章的规定是否合法有效进行判断，对于合法有效的规章应当适用。法院可以在裁判理由中对具体应用解释和其他规范性文件是否合法、有效、合理或适当进行评述。

此外，《行政诉讼法》关于法律适用的规定中只规定了适用法律法规和参照规章，而没有规定可以适用规章以下的规范性文件。发布规范性文件即作出抽象行政行为是《宪法》赋予行政机关的一项职权；而抽象行政行为对于不特定的对象能够反复适用，具有立法的性质。如果该规范性文件是合法有效的，则行政机关应当甚至必须作为执法的规范依据，这对法院的行政审判有着同样的拘束力。

2.1.3 专利行政诉讼中的第三人

2.1.3.1 行政诉讼中的第三人

行政诉讼中的第三人，是指同被诉具体行政行为有利害关系，经申请或者法院通知，参加到业已开始的诉讼进程中来的公民、法人或其他组织。《行政诉讼法》第 27 条规定："同提起行政诉讼的具体行政行为有利害关系的其他公民、法人或其他组织，可以作为第三人申请参加诉讼，或者由人民法院通知参加诉讼。"

由此可见，可以作为行政案件第三人的并不像民事诉讼第三人那样具有广泛性。行政诉讼第三人的构成条件是：

第一，实质条件，是指同提起诉讼的具体行政行为有利害关系，即与本诉的诉讼标的有利害关系。因此，第三人有权提出与本案有关的诉讼请求；对人民法院的一审判决不服的，有权提出上诉。

第二，程序条件，是指经申请或者法院通知，在本诉开始后、审理终结前参加诉讼。第三人参加诉讼，必须以本诉正在进行为程序前提。本诉尚未开始或者已经结束，都不存在第三人的问题。第三人参加诉讼，可以是提出申请经法院同意，或者由法院依职权决定。

2.1.3.2 专利行政诉讼中的第三人

一般行政案件中能否作为第三人，要看行政机关的具体行政行为是否直接涉及第三人的利益，是否产生了直接的利害关系。但在专利权无效行政案件中情况发生了变化：由于专利权是否宣告无效对请求人或者专利权人至关重要，因此，无效宣告请求人和专利权人都不愿袖手旁观，当一方作为原告时，另一方便急于作为第三人，希望参加到诉讼中来。在专利行政案件中是否允许有第三人、谁可以作为第三人的问题一直有争论。

2000 年修改的《专利法》，专门规定了专利无效行政诉讼中第三人的问题。《专利法》第 46 条规定：专利复审委员会对宣告专利权无效的请求应当及时审查和作出决定，并通知请求人和专利权人。宣告专利权无效的决定，由国务院专利行政部门登记和公告。对专利复审委员会宣告专利权无效或者维持专利权的决定不服的，可以自收到通知之日起 3 个月内向人民法院起诉。人民法院应当通知无效请求程序的对方当事人作为第三人参加诉讼。

《专利法》的这一规定源于司法实践，但对人民法院在程序上提出了更高的要求，即第三人参加诉讼要由人民法院通知，而不是由当事人主动申请。

强制第三人参加专利权无效行政诉讼，使专利权人和无效宣告请求人同样具有在司法诉讼中陈述意见的权利，有利于人民法院全面地分析判断专利复审委员会作出的行政决定依据的事实和理由是否充分，也保障了双方当事人的合法权利。

2.1.4　关于实用新型专利创造性水平的判断

根据《专利法》第 22 条的规定，新颖性、创造性和实用性是授予发明和实用新型专利权的实质条件。然而，在专利授权审查中，对发明专利申请而言，专利局的审查员在进行实质审查过程中要进行"三性"审查。而对实用新型专利申请而言，由于审查中不进行实质审查，因此，审查员不会考虑它的"三性"问题；只有在无效程序中，审查员才会根据无效宣告请求人的请求，对实用新型的"三性"问题进行审查。

从《专利法》第 22 条的规定可以看出，判断发明和实用新型专利的新颖性和实用性的标准是完全相同的，区别在于创造性标准不同。发明专利的创造性要求是，同申请日以前已有的技术相比，该发明有突出的实质性特点和显著的进步；实用新型专利的创造性要求是，同申请日以前已有的技术相比，该实用新型有实质性特点和进步。仅从字面理解，实用新型的创造性水平要比发明的创造性水平低，即二者在创造性高度上水平不一。

原本发明专利的创造性标准就是一个十分复杂、主观性较强的问题，如今，在司法实践中又涉及对实用新型专利的创造性标准审查问题，就显得更加复杂。

《专利审查指南》对实际审查中如何把握发明与实用新型专利创造性问题作了规定。《专利审查指南》第二部分第四章 2.2 规定："发明有突出的实质性特点，是指对所属技术领域的技术人员来说，发明相对于现有技术是非显而易见的。如果发明是其所属技术领域的技术人员在现有技术的基础上通过逻辑分析、推理或者有限的试验可以得到的，则该发明是显而易见的，也就不具备突出的实质性特点。"

《专利审查指南》第二部分第四章 2.3 规定："发明有显著的进步，是指发明与最接近的现有技术相比，能够产生有益的技术效果。例如，发明克服了现有技术中存在的缺点和不足，或者为解决某一技术问题提供了一种不同构思的技术方案，或者代表某种新的技术发展趋势。"

上述解释主要是针对发明专利的创造性而言，而对于实用新型的创造性要求《专利审查指南》并没有给出独立的判断标准。

在 2000 年修改《专利法》之后的 2001 年 11 月 5 日，北京市第一中级人民法院公开审理了第一件实用新型专利权无效行政纠纷案。原告为 4 人，他们于 1997 年 9 月 25 日申请了一项名称为"载机变矩器机油冷却器"的实用新型专利，于 1999 年 3 月 17 日被授予专利权。2000 年 4 月 3 日，该项专利被某工厂请求宣告专利权无效。2001 年 7 月 23 日，专利复审委员会以该专利不具备创造性为理由，宣告其无效。该行政决定作出后，4 名原告不服，提起行政诉讼，主张其拥有专利权的技术方案与现有技术相比具有创造性。但复审委员会坚持认为该专利不具备创造性。

自此，实用新型专利权无效行政案件开始大量上升，其无效理由也多集中在创造性条件上。虽然法院已审结一大批实用新型专利权无效行政案件，但仍不能摸索总结出对实用新型创造性条件规定的统一标准。而观察总结已终审的司法判例可以看出，法院在认定一项实用新型是否具备创造性条件时，较多考虑的是该实用新型专利能否带来更好的或者意想不到的效果这一因素。或者说，法院至少应当将实用新型带来的效果作为实用新型是否具有创造性的首要因素来考虑的；尤其是当实用新型与已有技术在技术特征上变化并不大、在技术方案上的进步并不显见或者不易查明时，以技术效果作为创造性的判定标准似乎更加客观。

2.2 外观设计无效行政案件

根据《专利法》的规定，我国对外观设计授权审查实行初审制，只进行形式审查，不进行实体审查。因此，很少发生外观设计复审行政纠纷案件。而当外观设计专利被授权后，对该专利权效力的审查只能通过专利权无效程序。

在外观设计专利无效审查程序中，启动无效程序理由最多的就是依据《专利法》第 23 条的规定。

《专利法》第 23 条规定了授予外观设计专利权的三个条件。

第一个条件是，授予专利权的外观设计，应当不属于现有设计；也没有任何单位或者个人就同样的外观设计在申请日以前向国务院专利行政部门提出过申请，并记载在申请日以后公告的专利文件中。一般认为这是外观设计的新颖性条件。第二个条件是，授予专利权的外观设计与现有设计或者现有设计特征的组合相比，应当具有明显区别。一般认为这是外观设计的创造性条件。第三个条件是，授予专利权的外观设计不得与他人在申请日以前已经取得的合法权利相冲突。

虽然这几个条件是外观设计专利的授权条件，但是，这一规定真正发挥作用是在外观设计专利无效程序中。

发明是对产品、方法或者其改进所提出的新的技术方案。从发明的定义就可以看出，它与外观设计保护的内容、范围完全不同，二者无可比性。而实用新型是发明的一部分，它是对产品的形状、构造或者其结合所提出的适于实用的新的技术方案。也就是说，实用新型是技术构思方面的创造，虽然也有形状方面的创新，但产品的形状、构造或其组合是在新的技术方案下确定的，所以，实用新型的技术思想方面的创作与外观设计中对美的外观方面的创作有着根本的差异。同时，外观设计基本上不包括结构设计，只是赋予产品一个装饰性外表；实用新型的设计对象不包括图案、色彩。所以，两者的区别是明显的。加之实用新型和外观设计申请专利时递交的申请文件不同、授权条件不同，因此，有必要对外观设计无效行政案件的审查标准作一单独介绍。

2.2.1　外观设计的无效审查

2.2.1.1　关于新颖性

专利法对外观设计的新颖性要求，包含了"不相同"和"实质相同"两方面。关于不相同和不相近似这一条件，在第二次修改前的《专利法》第 23 条中规定的是"不相同或者不相近似"，原来的规定是不科学的。因为，不相近似必然不相同，而不相同则不一定不相近似。第二次修改前的《专利法》的规定容易使人得出不相同与不相近似两者中只要满足任何一个条件，就符合授予外观设计专利权条件的结论。而在国家知识产权局授予外观设计专利权时，实际采用的表达方式使公众对此存在不同的见解，有必要予以澄清。因此，第二次修改《专利法》时对本条作出了修改，将"不相同或者不相近似"修改为"不相同和不相近似"。第三次修改《专利法》之后，这一标准进一步明确为不相同和实质相同。

《专利法》对外观设计的新颖性以前是采用混合新颖性标准。新修改的《专利法》改为绝对新颖性标准，即授予专利权的外观设计，应当不属于现有设计；也没有任何单位或者个人就同样的外观设计在申请日以前提出过专利申请并记载在申请日以后公告的专利文件中。

2.2.1.2 关于创造性

以前《专利法》对外观设计专利并没有创造性的要求；新《专利法》则作了规定，即授予专利权的外观设计与现有设计或者设计特征的组合相比，应当具有明显区别。这是对外观设计专利的创造性要求。《专利法》之所以作出如此修改，意在提高外观设计的整体水平，是符合《专利法》保护发明创造的立法宗旨的。

2.2.1.3 新颖性和创造性的判断

（1）判断主体—— 一般消费者

《专利审查指南》规定，在判断外观设计是否符合《专利法》规定的新颖性、创造性条件时，应当基于涉案专利产品的一般消费者的知识水平和认知能力进行评判。

所谓一般消费者是指一种假想的人，他具有下列特点：

第一，一般消费者具有一般的知识水平和认知能力，能够辨认产品的形状、图案以及色彩，他对被比外观设计产品的同类或者相近类产品的外观设计状况有常识性的了解。

第二，一般消费者在购买被比外观设计产品时，仅以被比外观设计产品具有的要素作为辨认是否为同一产品的因素，不会注意和分辨其他产品包含的其他要素，不会注意和分辨产品的大小、材料、功能、技术性能和内部结构等因素。设计的构思方法、设计者的观念以及产品的图案中所使用的题材和文字的含义都不是一般消费者所考虑的因素。

第三，一般消费者以一般注意力分辨产品的外观设计，使用时不易见到的部位的外观以及不具有一般美学意义的部位的外观和要素设计不会给其留下视觉印象，他不会注意到产品的形状、图案以及色彩的微小变化。

（2）关于判断的方式——整体观察、综合判断

对于一般产品，对其外观设计应当采用综合判断的方式进行相同和相

近似性判断。所谓综合判断的方式是指：由被比外观设计的整体来确定是否与在先设计相同和相近似，而不是从外观设计的部分或者局部出发得出与在先设计是否相同和相近似的结论。

整体观察、综合判断是指：对产品的外观设计与在先外观设计是否相同和相近似作出判断，要从整体观察，不要着眼于细微的局部的差别。也就是说，不能从一件产品外观设计的局部出发，更不能把一件产品外观设计的各个部分分割开来；而要从整体出发，要从一件产品外观设计的全部或其主要构成上来确定是否不相同和不相近似。相同点越多，则新颖性越少；完全相同或者基本相同就没有新颖性。只有细小的差别不足以构成新颖性，这就是整体观察、综合判断的基本含义。

经过对产品进行整体观察，仍难以确定该产品中容易引起一般消费者注意的部位的，对其外观设计可以使用综合判断的方式进行相同和相近似性判断。所谓综合判断的方式是指：由被比外观设计的全部来确定是否与在先外观设计相同和相近似，而不从外观设计的部分或局部出发得出与在先外观设计是否相同和相近似的结论，也不把外观设计的各个部分分割开来与在先设计进行对比判断。

【实例 2 -1】本田株式会社于 1993 年 7 月 1 日向国家知识产权局提出名称为"小型摩托车"的外观设计专利申请，优先权日是 1993 年 5 月 14 日，1994 年 6 月 1 日被授予外观设计专利权，专利号为 93303569.1。该专利授权公告文本包括主视图、左视图、后视图、右视图、俯视图、仰视图和 4 幅立体图（见下文"专利文件附图"）。❶

主视图　　　　　　　　　　　　左视图

❶　详见程永顺. 中国专利诉讼［M］. 北京：知识产权出版社，2005：第四章之二（四）。

后视图

右视图

俯视图

左前立体图

仰视图

左后立体图

右前立体图

右后立体图

专利文件附图

　　1998 年至 2001 年，上海飞羚公司、浙江华日公司、新乡摩托车公司等以"小型摩托车"外观设计专利申请日之前已有与之相近似的外观设计在出版物上公开发表过为由，提出宣告该专利权无效的请求，并各自提交了证据。其中证据 1 为第 92307683.2 号外观设计专利的公报文本复印件（见下文"对比文件附图"）。

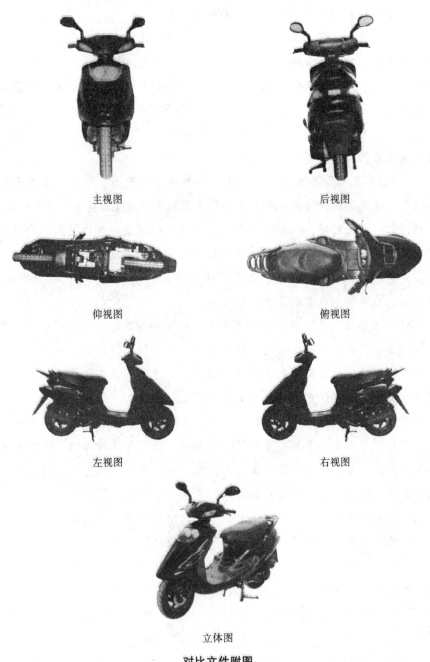

主视图　　　　　　　　　　　　后视图

仰视图　　　　　　　　　　　　俯视图

左视图　　　　　　　　　　　　右视图

立体图

对比文件附图

专利复审委员会对上述三个无效请求人针对"小型摩托车"外观设计专利权提出的无效宣告请求进行了合并审理，于 2001 年 9 月 11 日作出无效决定，宣告"小型摩托车"外观设计专利权无效。专利复审委员会认为：作为在先申请证据的第 92307683.2 号外观设计专利文本复印件，其申请日是 1992 年 11 月 8 日，确系在"小型摩托车"外观设计专利申请日前，属于《专利法》第 9 条规定的在先申请。

对比文件为"踏板式车型"，车头转向部形状为类似三角形的圆滑曲面；车前罩形状为类似楔形的圆滑曲面，下端较尖，上部凸起一个大灯罩，内含双灯，大灯罩下有两条凸沿；车前部、踏板部与坐垫间的内弧线围成不规则的折线形；坐垫形状呈阶梯状；车尾部前倾为近似梯形，车后灯处凸出；轮辐为肋条型；其他另有消音器、转向灯、车把、后视镜、仪表板、后支架、后挡板及脚架等结构。

"小型摩托车"外观设计专利也是一种踏板式车型，车头转向部形状为类似三角形的圆滑曲面；车前罩形状为类似楔形的圆滑曲面，下端较尖，上部凸起一个大灯罩，内含一个大灯；车前部、踏板部与坐垫间的内弧线围成不规则的折线形；坐垫形状呈阶梯状；车尾部上扬为近似鸭尾形，车后灯处内收，轮辐为肋条型；其他另有消音器、转向灯、车把、后视镜、仪表板、后支架、后挡板及脚架等结构。

将"小型摩托车"外观设计专利与对比文件相比较，其不同点为：车尾部、消音器和后视镜的形状不同，大灯罩内灯的数量不同，另有其他细微结构的形状有所不同。从整体视觉观察，上述不同点在整体形状中均属于局部的变化，在视觉上均处于非醒目明显的部位。"小型摩托车"外观设计专利和对比文件无论是在整体车身、车架的形状上，还是在大部分主要组成部件如车头转向部、车前罩、脚踏板、坐垫等结构形状、连接及布局等方面，均采用了相同和相近似的设计，使二者的整体外观形状产生了同样的视觉效果，尤其是在异时异地、间接对比的情况下，足以导致一般购买者从单纯外观设计的角度上对二者产生混淆和误认，因此，二者属于相近似的外观设计，即"小型摩托车"外观设计专利与对比文件属于同样的发明创造。在"小型摩托车"外观设计专利申请日前已有他人就同样的发明创造向国家知识产权局提出过外观设计专利申请并被授予专利权，"小型摩托车"外观设计专利属于在后申请，不符合《专利法》第 9 条的规定。基于以上理由，专利复审委员会作出第 3669 号无效决定。

本田株式会社向法院提起行政诉讼。一审法院认为，将"小型摩托车"外观设计专利采用整体观察、综合判断的方式与专利复审委员会采用的对比文件进行对比，该专利与对比文件中记载的已有外观设计相近似，故"小型摩托车"外观设计专利属于在后申请，不符合《专利法》的规定，判决维持专利复审委员会第 3669 号无效决定。

本田株式会社不服一审判决，提起上诉。理由是：一审法院采用的判断"小型摩托车"外观设计专利与对比文件记载的已有外观设计是否相同和相近似的方法错误；一审法院关于外观设计相同和相近似性判断的主体错误；"小型摩托车"外观设计专利与对比文件记载的已有外观设计相比有多处不同，因此，不属于相近似的外观设计。请求二审法院撤销一审判决；撤销专利复审委员会第 3669 号无效决定；确认"小型摩托车"外观设计专利权有效。

二审法院认为，根据《专利法》的规定，两个以上的申请人分别就同样的发明创造申请专利的，专利权授予最先申请的人，在后的申请不能被授予专利权。如果在后的申请已经被授予专利权的，在无效宣告请求审查程序中应当依据先申请原则宣告其无效。

判断两个外观设计是否属于同样的发明创造，应当对两个外观设计是否相同和相近似作出判断。根据外观设计的具体对象，采用要部判断或者整体观察、综合判断的方法。但是，这两种判断方法并非互相排斥。对于外观设计产品简单、消费者关注的设计要部明显的，一般可以采用要部判断的方法；对于外观设计产品复杂、消费者关注的设计要部较多的，一般可以先进行要部比较，再进行整体观察、综合判断。

本案中，争议的外观设计为"小型摩托车"，作为对比文件的"证据1"也是一种摩托车。将"小型摩托车"外观设计专利与"证据1"记载的摩托车进行对比，可以得出以下结论：第一，两者均为小型摩托车产品，属于相同类产品；第二，两种摩托车产品的组成部分相同；第三，相对应的组成部分有所区别，具体是：

a. "小型摩托车"外观设计专利记载的摩托车车头转向部形状为类似椭圆形的圆滑曲面，两侧各有一呈长方形的转向灯，转向灯之间有一近似长方形的装饰条；证据记载的摩托车车头转向部形状为类似椭圆形，比"小型摩托车"外观设计专利略扁的圆滑曲面，两侧各有一呈椭圆形的转向灯。

b. "小型摩托车"外观设计专利记载的摩托车车前罩为圆滑的表面，上部正面凸出一个大灯罩，内含一个大灯。证据记载的摩托车车前罩上部凸起一个大灯罩，内含双灯，大灯罩下有两条比灯罩横向宽度略窄的平行凸缘。

  c. "小型摩托车"外观设计专利记载的摩托车坐垫与脚踏板之间的后车体盖比较光滑,车后灯在后车体盖部两侧并向内收。证据记载的摩托车在座垫与脚踏板延伸部分之间的后车体盖凹凸不平,车后灯在后车体盖后部两侧,比后车体盖后部凸出。

  d. "小型摩托车"外观设计专利记载的摩托车脚踏板从车前罩下部一直延伸到车体的后端部。证据记载的摩托车脚踏板从车前罩延伸到后车体盖下端的中部。

  从车前方观察,证据记载的摩托车椭圆形车头转向部比"小型摩托车"外观设计专利记载的摩托车车头转向部略扁,转向灯之间的部分也有所区别;"小型摩托车"外观设计专利记载的摩托车车前罩为光滑曲面,证据记载的摩托车车前罩有两条凸缘;大灯罩内的灯数量不同。

  从车后方观察,"小型摩托车"外观设计专利记载的摩托车后车体盖比证据记载的摩托车后车体盖光滑;另有其他细微结构的形状有所不同。

  由上可见,"小型摩托车"外观设计专利消费者关注的要部较多,在进行要部对比之后,采用整体观察、综合判断的方法,将"小型摩托车"外观设计专利的各个视图所记载的摩托车各个组成部分一一进行观察后得出的整体印象,与对证据记载的在先摩托车外观设计专利各个组成部分一一进行观察后得出的整体印象进行对比,可以得到"小型摩托车"外观设计专利比证据记载的在先摩托车外观设计更加简洁明快、富有与证据记载的在先摩托车外观设计所不同的美感,而且,在进行整体观察时,通过要部对比二者呈现出的区别并不会在视觉中消失。由于二者之间的区别在视觉上多数处于明显位置,不论是采用要部判断,还是整体观察、综合判断,均足以使对摩托车产品具有一般知识水平和认知能力的消费者将"小型摩托车"外观设计专利与证据记载的在先摩托车外观设计专利区别开,不会产生美感上的混淆,因此,"小型摩托车"外观设计专利与证据记载的在先摩托车外观设计专利相比,虽然两者属相同类产品,但两者的外观设计并不相同,也不相近似,两者不属于同样的发明创造。

  综上,二审法院判决如下:撤销一审行政判决;撤销专利复审委员会无效宣告请求审查决定。❶

2.2.1.3 关于不得与他人在先取得的合法权利相冲突

  为了防止申请外观设计专利或者获得专利权的外观设计与他人在先权

---

❶ 北京市高级人民法院〔2003〕高行终字第15号行政判决书。

利相冲突，《专利法》第 23 条增加了阻止权利冲突的内容。由于这一规定是第二次修改《专利法》时新增加的内容，在实践中对它的理解与适用还有待进一步探讨。

（1）对权利冲突的理解

①"合法权利"包括什么

合法权利应当是依法产生或获得的民事权利。至于合法权利包括哪些权利内容，《最高人民法院关于审理专利纠纷案件适用法律问题的若干规定》第 16 条指出，《专利法》第 23 条所称的在先取得的合法权利包括：商标权、著作权、企业名称权、肖像权、知名商品特有包装或者装潢使用权等。可见，这里指的在先权利的范围是很广泛的：只要可能作为产品外观设计或者外观设计素材的合法民事权利，均可能成为在先合法权利受到保护，不允许他人用来申请外观设计专利。将与他人合法的在先权利相冲突的设计通过申请专利，已取得外观设计专利的，在先权利人一旦提出，应当将在后取得的外观设计专利权宣告无效，以保护他人在先取得的合法权利。

②"在先取得"指什么

所谓在先取得，是指该合法民事权利的产生之日早于外观设计专利的申请日或者优先权日，❶ 这是一个重要的时间界限。如果商标权、著作权等权利的取得之日晚于外观设计的申请日或者优先权日，则不影响外观设计专利权的授予，并维持其继续有效。

根据不同法律的规定，各种民事权利的取得条件是不同的。商标权需要通过注册取得；企业名称权需要通过登记取得；著作权权利自动产生，作品完成之日权利即自然取得；肖像权权利自人出生即取得；知名商品特有的包装、装潢使用权权利因该商品在相关消费者中成为知名商品，其包装、装潢成为该知名商品的显著区别性标志时即产生，这虽然是一个事实，但有时还需要经过有关行政机关或者人民法院在具体案件中作出认定。

在这些权利中，对商标权和企业名称权是否属于在先取得判断起来比较容易，只要权利人取得了商标局的商标注册证或工商局企业登记证即可证明权利产生时间。对著作权和肖像权判断起来则有些难度，需要对当事人提供的权利证据进行分析判断。知名商品特有的包装、装潢使用权判断

---

❶ 国家知识产权局条法司.新专利法详解［M］.北京：知识产权出版社，2001：158.

较难，有时需要根据当事人提供的证据作出一些主观性判定。

③ 什么是权利冲突

何为权利冲突？权利冲突是否指构成侵权？这些问题需要认真加以分析。有人认为，专利法中讲的权利冲突是指两个以上权利之间发生侵害。商标权和外观设计专利权之间的冲突，应是商标的使用与外观设计的实施相同；著作权和外观设计专利权之间的冲突，是著作权的复制和外观设计的实施相同。依此观点，似乎只有在对各项知识产权权利的实施中才会产生冲突，而在获得权利的程序中不会产生权利冲突。也有人认为，"相冲突"是指正在申请的外观设计中含有他人的注册商标、作品、姓名、名称等，并且申请人未获得他人许可。如果申请人获得他人许可在其外观设计中使用他人的作品、姓名或者名称，则可以授予外观设计专利。此外，如果获得专利的外观设计是专利权人自己独自设计的，而且该外观设计在完成设计之前，他人的注册商标、作品、名称、姓名等尚未公开，即使该外观设计与他人的注册商标或者美术作品、姓名或者名称等非常近似，尽管在一定意义上可以认为该专利权与他人在先取得的合法权利"相冲突"，但这种"冲突"的存在是合理的，不能作为拒绝授予外观设计专利或者宣告该外观设计专利权无效的理由。因为该外观设计在申请专利之前就是一个可以获得著作权保护的作品，外观设计专利权人对该设计享有著作权和专利权双重权利。

从语法上讲，"相冲突"的说法有待完善。因为在授权之前，外观设计专利权尚未产生，就谈不上与其他权利的冲突问题。而且"冲突"到底是什么含义，可能会引起争议。❶

实际上，构成侵权不一定构成权利冲突，构成权利冲突也不一定构成侵权。一个企业名称、字号、文字商标在产品外观设计中出现了，并不一定构成两者之间的权利冲突或者侵权。如果这些因素在外观设计中处于不显著地位，可能根本引不起消费者注意；如果这些因素在外观设计中属于合理使用，也不一定会引来权利上的冲突。

《专利法》规定，授予专利权的外观设计不得与他人在先取得的合法权利相冲突。这应当理解为，获得专利权的外观设计不能与他人的在先取得的合法权利在标识美感方面相混淆，使相关消费者对两者难以区分，产生联想，或者可能造成相关公众的误认、误解。

❶ 苏丹洲. 维护公共利益，完善专利权的取得及行使条件 [N]. 中国知识产权报，2001-09-29.

（2）解决权利冲突的途径

2000 年《专利法》修改之后，与之相对应的实施细则也作了修改。2002 年《专利法实施细则》第 65 条中新增加了一款，规定：以授予专利权的外观设计与他人在先取得的合法权利相冲突为理由请求宣告外观设计专利权无效，但是未提交生效的能够证明权利冲突的处理决定或者判决的，专利复审委员会不予受理。其后修改的 2006 年《审查指南》中也规定：以授予专利权的外观设计与他人在先取得的合法权利相冲突为理由请求宣告外观设计专利权无效的，请求人有责任提供能够证明外观设计专利权与在先的商标权、著作权等在先权利相冲突的生效的处理决定或者判决。

根据立法专家所作的解释，当以外观设计专利权与他人在先取得的合法权利相冲突为理由提出无效宣告时，专利复审委员会将面临两方面困难：

第一，如何确认有关在先权利的主体资格。当以与他人在先取得的著作权相冲突为理由请求宣告一项外观设计专利权无效时，首先必须确认有关作品是什么时候完成的，外观设计的设计方案是不是剽窃、盗用了著作权人的作品。这些问题与关于主体资格的异议理由带来的问题性质相似，专利复审委员会很难作出判断。另一方面，证明上述问题的证据只有真正的权利人才能提供，因此，不宜由实际权利人之外的其他人以此为理由提出无效宣告请求。这一点与以缺乏新颖性为理由提出无效宣告请求的情况很不一样。但是，倘若如此规定，则受理以与在先取得的著作权相冲突为理由而提出的无效宣告请求时，就必须首先确认请求人的资格，也就是判断请求人是否为有关作品的作者。对于专利复审委员会来讲，这也相当困难。

第二，如何认定是否构成冲突。"与他人在先取得的合法权利相冲突"是指外观设计与商标权、著作权相冲突，而不是指商标权、著作权与外观设计相冲突。因此，要认定是否构成冲突，就必须以商标法、著作权法为依据。这就是说，当以权利冲突为理由而请求宣告一项外观设计专利权无效时，专利复审委员会实际上要判断是否侵犯商标专用权、著作权的问题。这涉及专利复审委员会是否有法定资格进行这种判断的问题。❶

正是基于上述理由，为了克服这两方面的困难，2002 年《专利法实施细则》和 2006 年《审查指南》在关于外观设计权利冲突的问题上作出了令人费解的规定，使《专利法》的相关规定在实际中难以得到执行。

❶ 谢小勇. 外观设计与在先权利的冲突［N］. 中国知识产权报, 2001 – 08 – 10.

2008 年《专利法》进行第三次修改之后，《专利法实施细则》也作了相应修改，删除了原第 65 条第 3 款的相应内容。也就是说，当事人以权利冲突为理由请求宣告一项外观设计专利权无效，应当由专利复审委员会受理，而不是不受理。专利复审委员会受理后，根据无效宣告请求人提供的证据作出是否构成权利冲突的判断，并根据判断的结果作出专利权是否应当被宣告无效的行政决定。当事人对无效行政决定的结果不服的，可以向人民法院提起行政诉讼，由司法机关作最终审查。

有人认为，专利复审委员会的审查员只精通专利法，对是否构成权利冲突的审查，因为会涉及其他相关法律，专利复审委员会的审查员不熟悉其他法律，审查不了；也有人认为，法律没有直接授予专利复审委员会这项职权。这两种观点是说不通的。首先，这种对权利冲突的审查不会比专利"三性"审查更困难，与权利主体的审查也不相关，按照与其他专利权无效审查相同的程序进行审查是完全可行的。不存在审查人员不熟悉其他法律就审查不了的问题。其次，《专利法》第 23 条的规定就是法律授予国务院专利行政部门及专利复审委员会的职权，这一点也是无可非议的。

2.2.2 在无效审查中，外观设计与实用新型可否相互作为对比文件

虽然，在实践中外观设计和实用新型是容易划分的，但是，实用新型和外观设计在获得专利权的过程中，从授权程序、保护期限等方面是相同的，尤其是当实用新型和外观设计都以产品的形状为设计要点时，会出现相似的设计，这时，对相同产品的相同或者相近似的形状设计，既可以作为实用新型进行专利申请，也可以作为外观设计进行专利申请。而且，从现代工业设计的发展看，外观设计与实用新型的交叉会越来越多。这种情况下，发明人将一个产品的形状也可以同时申请实用新型专利和外观设计专利。

外观设计可以保护单纯的产品形状，而实用新型保护的是产品的形状、构造或者其结合形成的新的技术方案。虽然在形状上，外观设计与实用新型有重合之处，但是由于保护的内容各不相同，因此，在是否可以作为对比文件宣告对方专利权无效时，要作具体分析。

一般说来，如果将在先的外观设计专利作为对比文件，宣告实用新型专利权无效，成功的可能性较小；因为，外观设计并不披露产品的具体结构内容、部件之间的连接关系等。但反过来，如果将在先的实用新型专利作为对比文件，宣告外观设计专利权无效，成功的可能性较大。这是因为，实用新型专利在说明书中一般有附图，而产品的附图外部经常可以反映出

产品的外观设计的全部，当将专利说明书作为公开出版物时，就可以作为宣告外观设计专利无效的对比文件。

【实例 2 – 2】韩国人韩甲、韩乙于 1997 年 5 月 15 日向国家知识产权局申请了名称为"印章"的外观设计专利，1999 年 8 月 4 日被授予专利权，专利号为 97313181.0。专利保护的外观设计为：主视图的整体形状为矩形，一端的外边缘为弧形，上边缘中间部位有一平行凹陷；俯视图的整体为矩形，其中一端外边缘为弧状，中间部位有一矩形设计，即主视图中的凹陷；右视图为印章的刻字面，整体形状为椭圆形，中部自上而下贯穿一平面，该平面沿长轴方向延伸至椭圆形边缘，其左右两侧各有一月牙形凹陷。

针对本案专利，朴某于 2001 年 7 月 27 日向专利复审委员会提出无效宣告请求，并提交了两份证据：证据 1. 韩国专利公告复印件；证据 2. 韩国"印章面截取形成沟的椭圆形木图章料"实用专利公报复印件，公开日为 1996 年 10 月 22 日，其附图公开了一种木章的图形，该木章的整体形状为椭圆柱体，在椭圆柱体中部有一矩形凹陷，刻字面为椭圆形，中部自上而下贯穿一平面，平面沿长轴方向延伸至椭圆形边缘，其左右两侧各有一月牙形凹陷。

专利复审委员会将证据 2 中的附图作为对比文件与本案专利进行了对比，并且作出了无效宣告请求审查决定，宣告"印章"外观设计专利权无效。理由是：证据 2 公开日期早于本案专利申请日，属于《专利法》第 23 条规定的出版物，适用于本案。外观设计保护的内容仅以图片所表示的内容为准，而不以文字记载的内容为准。故本案专利与对比文件进行比较判断时，应仅以对比文件中的图片作为比较对象进行比较。经过比较，二者均为印章，属于同种类产品。整体形状相同，印章面形状相同，椭圆柱体中部的凹陷设计相同。对于一般消费者而言，在视觉上很难区分二者。因此，二者属于相同的外观设计。

专利权人提起专利行政诉讼。一审法院认为，对比文件中公开的木图章与本案专利属于同一种类，虽然该外观设计仅有一个视图，但完全可以清楚地显示出其基本外观形态。一般的消费者以普通注意力是无法注意到二者之间存在的差异的，很容易对二者产生混淆。因此，专利复审委员会对二者构成相同的外观设计的认定是正确的，判决维持了无效宣告请求审查决定。

韩甲、韩乙不服原审判决，提出上诉，请求撤销原审判决和专利复审委员会无效宣告请求审查决定。理由之一是：实用新型专利文件不能作为外观设计专利权无效的对比文件。

二审法院认为，本案专利的保护范围只涉及印章产品的形状，所以，只要能够体现相同产品的形状即可作为对比文件。朴某提交的证据 2 为韩国实用专利公报，属于公开出版物，且公开日期在本案专利申请日之前，虽然该公报涉及的专利本身不是外观设计专利，但是其附图清楚地公开了印章产品的外观设计形状，属于在先设计，专利复审委员会认为外观设计保护的内容仅以图片所表示的内容为准，而不以文字记载的内容为准，将证据 2 中的附图作为本案"印章"外观设计的对比文件并无不当。

本案专利所保护的外观设计的产品为"印章"，而对比文件所涉及的产品也是印章，属于同一种类。将本案专利与对比文件相比较，可以看出，对比文件虽然只有一个视图，但完全能够体现产品的整体形状特征：其整体形状为椭圆柱体，在椭圆柱体中部有一矩形凹陷，其刻字面为椭圆形，中部自上而下贯穿一平面，该平面沿长轴方向延伸至椭圆形边缘，其左右两侧各有一月牙形凹陷。韩甲、韩乙上诉提出，对比文件中的木图章形状与本案专利不同，是圆柱体，而本案外观设计专利产品是椭圆柱体。对上诉人提出的这一理由，不足以得出本案外观设计专利与对比文件不相同的结论。据此，二审法院判决：驳回上诉，维持原判。❶

可见，实用新型专利中附图披露的形状是可以作为相同或者相近似外观设计专利权无效的对比文件的。但是，如果使用新型没有附图，仅依靠文字披露的技术方案不可以作为外观设计的对比文件。

本章思考与练习

1. 专利行政案件审理范围确定的基本原则是什么？

2. 人民法院对专利行政案件合法性审查的内容包括哪些方面？

3. 如何理解专利法对外观设计的新颖性（创造性）要求？

---

❶ 北京市高级人民法院〔2003〕高行终字第 72 号民事判决书。

第 3 章　专利权归属纠纷

本章学习要点

1. 专利申请权纠纷、专利权属纠纷以及其他相关纠纷的概念和特点
2. 职务发明创造与非职务发明创造的判断
3. 发明人或者设计人的判断及其奖励与报酬的确定
4. 专利权的共有的法律特征及其形式

3.1　概述

本章主要介绍涉及专利申请权纠纷、专利权归属纠纷以及其他与发明人、设计人资格、奖励与报酬有关的纠纷。

3.1.1　专利申请权纠纷

3.1.1.1　专利申请权

专利申请权是指一项发明创造产生之后，享有该发明创造的单位或者个人向国务院专利行政部门提出专利申请，请求依法保护其独占该发明创造的权利。

根据《宪法》第 47 条的规定，中华人民共和国公民有进行科学研究的自由。但是，具备了申请专利条件的发明创造产生后，并不是任何人都可以向国务院专利行政部门提出专利申请。根据《专利法》的规定，执行本单位的任务或者主要是利用本单位的物质技术条件所完成的发明创造为职务发明创造，职务发明创造申请专利的权利属于该单位；非职务发明创造，申请专利的权利属于发明人或者设计人。两个以上单位或者个人合作完成的发明创造、一个单位或者个人接受其他单位或者个人委托所完成的发明创造，除另有协议的以外，申请专利的权利属于完成或者共同完成的单位或者个人。

根据上述规定，任何单位或者个人要获得申请专利的权利，其将要申

请专利的发明创造必须是合法取得的。只有这样，其才有权实施申请专利的行为，从而进入专利申请的法律程序。这种特定的发明创造申请专利的权利称为专利申请权。

3.1.1.2 专利申请权的特点

（1）相对性

特定主体就特定发明创造的专利申请权不能排斥就同样主题的发明创造申请专利的权利，也就是说，专利申请权尚不具备排他的、独占的性质，它是一种相对性的权利，其权利和义务只能发生在特定的法律主体之间。根据《专利法》和《中华人民共和国合同法》的规定，主要有两种情形：其一是单位与职工个人之间发生的职务发明创造以及非职务发明创造的专利申请权，它的归属主要依法律而定；其二是合同当事人之间履行合同所完成的发明创造的专利申请权，它的归属主要依合同约定而定。但是，这两种情况下产生的权利和义务关系，只对特定的当事人具有约束力，不能对抗善意的第三者。

（2）暂时性

专利申请权的有效性仅存在于一定的阶段。从这个意义上说，专利申请权具有暂时性：该发明创造申请专利后，一旦被批准，获得了专利权，专利申请程序就宣告结束，取代专利申请权的是专利权。专利申请未被批准，专利申请权也就随之自动消失。如果此时专利申请已公开，该发明创造已转为公知技术，专利申请权即失去实际意义。

（3）相关性

专利申请权实质上是一种请求权，即请求国家依法确认其在未来独占特定发明创造的权利。有了专利申请权，才有可能获得专利权。因此，专利申请权和专利权是相联系的（当然，不是所有的专利申请权最终都会转变成专利权）。许多专利权所具备的特性，专利申请权也同时具备，如专利申请权同专利权一样可以继承、转让和放弃。

3.1.1.3 专利申请权纠纷

专利申请权纠纷，是指一项发明创造在申请专利之前或者申请专利之后、授予专利权以前，当事人之间就谁应当有申请专利的权利而发生的纠纷。严格地说，专利申请权纠纷实际上就是指就申请专利的权利发生的争议。

涉及专利申请权的纠纷主要有以下情形：

（1）关于是职务发明创造还是非职务发明创造的纠纷

　　一项发明创造产生后，应当由发明人或者设计人申请专利，还是由发明人或者设计人所在单位申请专利，为此发生的争议属于职务发明创造还是非职务发明创造的争议。

　　《专利法》第 6 条对单位内部工作人员作出的发明创造的专利申请权和专利权作了明确规定，其目的就是调整单位和个人之间在发明创造过程中的利益关系，它通过确定发明创造权益的归属、发明人应当取得的奖励和报酬来明确单位和个人间因发明创造而获得的利益。能否处理好单位与发明人个人的这层利益关系，直接影响到单位进行发明创造的热情以及个人发明创造的积极性，直接关系到能否把我国的发明创造活动引入正常、健康的轨道。

　　我国关于职务发明创造的规定主要遵循以下原则：

　　第一，鼓励发明创造原则。

　　我国的专利制度从产生到发展始终贯穿和体现了鼓励发明创造的原则。它通过赋予发明人以技术垄断权来鼓励发明人创造新产品，研究新技术、新工艺，并尽早向社会公开。

　　随着科学技术水平提高、发明本身的技术复杂程度增加和生产社会化及分工细化，许多发明创造成为集体劳动的成果。发明创造除了创造性工作外，还需要有大量的辅助性工作。尤其是随着社会生产力的发展，要进行具有现代意义的发明创造，远不是单个发明者力所能及的事。这时就要考虑，怎样做才有利于更多发明创造的产生。

　　第二，有利于发明创造的推广应用原则。

　　鼓励技术创新、鼓励发明创造产生的目的在于将这些发明创造推广应用，使之尽快转化为生产力，造福于全人类。在确定一项发明创造权利归属时，这也是一条必须遵循的主要原则。如果一项发明创造权利归属的结果是使之弃之不用或无法实施，则不符合《专利法》立法之目的。

　　第三，促进科学技术进步与创新原则。

　　促进科学技术进步与创新是我国一切科技活动追求的目标，是制定科技法规、科技政策的宗旨，也是检验现行科技体制的标准。专利制度和其他发明创造奖励制度一样，它的基本作用在于通过发明创造来促进科学技术进步与创新。这一原则被明确写入《专利法》第 1 条。

　　我国的企业、科研部门和大专院校是发明创造的源泉，无论从资金、设备还是科技人员力量上都占有绝对优势。因此，真正技术先进、经济效益高、社会效益好的发明创造应当主要来自于单位的职务发明创造，这是促进我国科学技术进步所不可缺少的。但从目前的实践看，职务发明创造与非职务发明创造制度没有很好地引导科技人员进行职务发明创造：国内职务发明创造比非职务发明创造少得多；而在这些非职务发明创造中有一部分明显属于职务发明，却以个人的名义申请了专利。这一方面反映了单位技术权益受到侵犯的情况较普遍，另一方面也说明了许多人对职务发明创造的兴趣不高。造成这种现象的主要原因是因职务发明与非职务发明之间的个人收入相差悬殊；所以不少科技人员把智力劳动的重心移到非职务发明创造上，有的甚至侵夺单位的技术权益而擅自以个人名义申请专利。近年来，这一状况正在转变，但仍然是专利保护中值得重视的问题。

第四，单位、个人责权利相一致原则。

提倡重视职务发明创造，并非因此而贬低非职务发明创造的价值。我国目前仍处于社会主义初级阶段，生产力水平不高；同工业发达国家相比，经济实力落后，科技水平较低，科技力量不足。这就决定了目前我国发明创造的技术品位较低，从而有大量的"小发明"存在。这些发明创造是在发明人自筹资金和设备，不需要单位财力、物力、人力投入的情况下作出的。对此进行鼓励，有利于群众性发明创造活动的开展。而且这些非职务发明创造与日常生活关系密切，对改善和提高人民生活水平有重要意义。因此，对职务发明创造的规定应立足于中国的国情，不宜把职务发明划得过宽进而对非职务发明限制得过死，否则会挫伤非职务发明人的积极性。

事实证明，以上原则不仅在《专利法》中得到了体现，也在多年的司法实践中得到了贯彻落实。但是，由于《专利法》和《专利法实施细则》对职务发明规定得比较原则，在实践中仍时常出现一些不尽如人意的地方，这也是可以理解的。这些问题反映到司法实践中，表现在《专利法》实施20多年来，关于是职务发明创造还是非职务发明创造的争议始终不断发生。

专利权说到底是一种财产权，因此，产生职务发明与非职务发明纠纷的根本原因也是争议财产权归属问题即经济利益的归属或分配问题。

正因如此，当一项发明创造介于职务与非职务发明之间时，争议就显得十分尖锐，发明人总是力争将其发明创造作为非职务发明。依据我国现行的法律制度和政策，职务发明人与非职务发明人相比，职务技术成果完成者与非职务技术成果完成者相比，个人可以获得的经济收入相差悬殊，前者往往只有后者的几分之一、十几分之一甚至几十分之一。尽管如此，这份收入职务发明创造的发明人或者设计人还不一定能真正得到。可以说法律界限模糊与经济利益悬殊加剧了这类纠纷解决的难度。

（2）关于依合同完成的发明创造，谁有权申请专利的纠纷

许多发明创造的产生是由单位之间、个人之间或者单位与个人之间共同完成的。在完成这些发明创造的过程中，各方都作出努力，包括人力的、智力的、物力的、财力的等。那么该发明创造应当由谁去申请专利，专利权应当归谁所有呢？依据法律规定，这要依赖于当事人在发明创造完成之前所作出的约定。当事人之间在完成发明创造的过程中，在合同中对专利申请权及专利权归属问题作了约定的，依约定办理；未作出约定或者约定不明确的，依据法律规定的原则办理。实践中，往往是有了约定，但一方未能遵守，或根本未在合同中对此作出约定，因而极易产生纠纷。

【实例 3 - 1】某研究所与某企业签订了一份共同开发一种电子测试设备的技术合同。合同规定，某研究所组织技术人员进行开发，某企业提供部分技术人员、研发资金 25 万元和研发场地。经过一年半的共同开发，这种电子测试设备完成调试。

在完成共同开发后，某研究所独自将研究成果——电子测试设备技术的专利申请权转给某工厂。该工厂向研究所支付一次性转让费、培训费 20 万元；3 年内每年向研究所支付销售的研究成果——电子测试设备 30% 的利润提成。

研究所与某工厂签订专利申请转让合同后，某企业得到消息，要求与某研究所分享利益，不仅转让费、培训费要分成，每年向研究所支付销售电子测试设备 30% 的利润提成也要分成。某研究所不同意分成，认为该所与某企业共同开发的研究成果——电子测试设备已经调试、使用。该企业不生产这种电子测试设备，不涉及该企业的经济利益。在共同开发中，该研究所对技术负主要责任，享有技术"所有权"。因此，研究所有权转让研究成果——电子测试设备的专利申请权，某企业没有权利享有利益分成。某企业认为，研究成果——电子测试设备是共同开发的。技术"所有权"不能由某研究所独自享有，应该是双方共有的。对该共有技术，不应由某研究所独自转让其专利申请权，独自享有利益，该企业也享有利益分成的权利。某企业与某研究所的纠纷经反复商议不能达成一致意见，于是，某企业向法院提起诉讼。

法院受理此案后认为，此技术合同是合作开发合同。研究成果——电子测试设备是合作开发而成的。依照相关法律规定，合作开发所完成的发

明创造，除合同另有约定的以外，申请专利的权利属于合作开发各方共有。由于本案研究所与某企业签订的共同开发合同对申请专利的权利没有约定，因此，研究成果——电子测试设备的专利申请权属某研究所和某企业共有。某研究所无权单独转让专利申请权，某企业对某研究所转让专利申请权的所得依法有权分享。所以，法院依法判决如下：研究所依据专利申请权转让合同获得的一次性转让费、培训费的收益，某研究所和某企业各得一半；3 年内某工厂生产研究成果——电子测试设备每年 30% 提成的收益，由某研究所和某企业分别得 20% 和 10%。

这个案例属于两个单位之间依据共同开发合同产生的技术成果权属争议。

在司法实践中，有些争议，表面看争议的不是专利申请权，但仔细分析起来，仍属于专利申请权争议。

【实例 3-2】发明人高某向国务院专利行政部门申请了"煤气炉自动控制器"实用新型专利。高某与某金属制品厂签订了该技术的排他许可合同，得到技术转让费 2 万元。与高某同一单位的朱某得知此事后，以共同发明人的身份要求与高某分享技术转让费；高某否认朱某为共同发明人，不同意朱某的要求。为此，朱某向法院起诉，要求与高某共同分享技术转让费。

法院在审理过程中，对本案的纠纷性质如何确定产生两种不同意见。一种意见认为，朱某并不要求把自己确定为共同发明人，而只是要求享受分得部分转让费的权利，因此是分享技术转让费的争议。另一种意见认为，本案属于专利申请权的争议，虽然当事人之间的纠纷表面上是分享技术转让费，实质上是对"煤气炉自动控制器"的发明创造谁有权申请专利的争议。只有解决了朱某是不是共同发明人的纠纷，才能解决朱某应不应当分享技术转让费的问题。如果朱某和高某是该"煤气炉自动控制器"的共同发明人，朱某就有权和高某共同申请该实用新型专利。所以，这是一起专利申请权的争议。

在这个案例中，第二种意见显然是正确的。从表面看，是朱某与高某之间关于分享技术转让费的争议。但实际上高某转让的不是一般的非专利技术，而是已经申请专利并进入专利审查阶段、有可能被授予专利权的技术。朱某若要分享该技术转让费，前提是他必须作为共同发明人或者共同申请人，否则，就无权分享技术转让费。因此，只有双方解决了专利申请权之争，确认该技术是否为共同发明，才能从根本上解决纠纷。

3.1.2　专利权归属纠纷

专利权归属纠纷案件，是指一项发明创造被正式授予专利权之后，当事人之间就谁应当是该发明创造的真正权利人而发生的权利归属争议。

从主体上讲，这类纠纷是获得专利权的人可能不是实际权利人，致使实际权利人向人民法院起诉，要求享有专利权，从而形成民法上的确认之诉。

当实际权利人在专利申请之前或者专利权授予之前，得知他人以专利申请人的身份提出专利申请，侵犯了自己的利益时，应当怎样保护实际权利人的合法权益呢？《专利法》第 45 条规定，自国务院专利行政部门公告授予专利权之日起，任何单位或者个人认为该专利权的授予不符合本法有关规定的，可以请求专利复审委员会宣告该专利权无效。根据这一规定，当实际权利人发现属于自己的发明创造被他人申请并获得了专利权时，要想保护自己的权益，除自动协商解决外，只能向专利复审委员会请求宣告该专利权无效。实际权利人如果提供了证据，经过法定程序，可能最终无法使争议的专利权无效，也可能实际权利人根本不愿意使该专利权无效，也可能在无奈的情况下使该专利权被宣告无效。但这样做的结果对实际权利人来说是不利的。因为《专利法》第 47 条规定"宣告无效的专利权视为自始即不存在"，这样，该发明创造便成为公有技术，任何人均可任意实施，实际权利人的权益并没有真正得到保护。实践中，遇到这种情况，实际权利人往往不会轻易请求宣告无效。当然也有例外情况。

【实例 3 - 3】路翔公司为广泛推广改性沥青技术，于 1996 年 9 月向新疆农垦包装总厂借调技术人员苟某，委任其为总工程师，并在成立技术装备部时任苟某为技术装备部经理。1998 年 9 月，苟某在新疆农垦包装总厂退休后，仍一直在路翔公司工作。

2001 年 12 月 3 日，苟某向国务院专利行政部门申请了名称为"剪切式沥青混炼机"实用新型专利，于 2002 年 8 月 7 日被授予专利权。路翔公司得知后，认为苟某申请的专利应为公司的职务发明，其于 2002 年 12 月 2 日先向专利复审委员会请求宣告该专利权无效。2003 年 8 月 13 日，专利复审委员会作出第 5249 号决定，维持专利权有效。随后，路翔公司又向法院提起专利权归属诉讼。法院经过审理，于 2004 年 5 月 20 日一审判决确认"剪切式沥青混炼机"实用新型专利权归路翔公司所有。❶ 苟某不服一

---

❶ 北京市第一中级人民法院［2004］一中民初字第 218 号判决书。

审判决，提出上诉；二审法院经审理，维持了一审判决。❶

在实践中，像路翔公司这种先请求宣告该专利权无效，再提起专利权归属诉讼的情况并不多见；而相反，先提起专利权归属诉讼，一旦失败，再请求宣告专利权无效的情况则较多见。

专利权归属纠纷主要包括以下几种：

第一，属于单位的职务发明创造被个人作为非职务发明申请专利并获得了专利权而引起的纠纷。

第二，属于个人的非职务发明创造被单位作为职务发明申请专利并获得了专利权而引起的纠纷。

第三，一方完成或几方共同完成的发明创造被完成发明创造以外的人申请专利并获得了专利权而引起的纠纷。

第四，依据委托合同完成的发明创造在合同无权利归属约定的情况下，该发明创造被委托方申请专利并获得了专利权而引起的纠纷。

第五，合作开发所完成的发明创造，在合同无权属约定又无各方中一方声明放弃其共有的专利申请权的情况下，该发明创造被共有人中一方或几方申请专利并获得了专利权而引起的纠纷。

3.1.3　其他相关纠纷

3.1.3.1　发明人或者设计人资格纠纷

这类纠纷是指一项发明创造申请专利以后，关于谁是对该发明创造作出了创造性贡献的人（即发明人或设计人）而产生的争议。

3.1.3.2　发明人或者设计人与其所属单位对职务发明创造因奖金报酬发生的纠纷

发明人或者设计人一旦因奖金、报酬的问题与所属单位发生争议，当事人可以根据《专利法实施细则》第 85 条的规定，请求上级主管部门或者专利管理机关调处。如果当事人不愿去行政机关调解解决或行政调解无效，也可以依照《中华人民共和国民法通则》（以下简称《民法通则》）第 97 条的规定，向人民法院起诉。

【实例 3－4】实例 3－3 是关于"剪切式沥青混炼机"实用新型专利的权属纠纷，在该权属纠纷二审终审后，苟某又向法院提起职务发明创造人、设计人奖励、报酬纠纷，以权属案件中法院已经认定其系 LJH140"剪切沥青混炼机"及其相关设备的主设计人为由要求路翔公司支付其奖励及报酬

---

❶ 北京市高级人民法院［2004］高民终字第 991 号判决书。

共计 110 万元。法院经审理认为，北京市高级人民法院的终审判决书已确认涉案专利系苟某在路翔公司的职务发明创造，专利权应归属路翔公司，因此该公司应根据法律规定给予作为涉案专利主要设计人的苟某合理数额的奖金。考虑苟某对涉案专利所作出贡献的程度、涉案专利的经济价值等因素，根据公平原则及有利于科技进步原则确定北京路翔公司应给付苟某奖金 2 万元，报酬 9.6 万元。❶

3.1.3.3　发明人或者设计人与其所属单位对职务发明创造是否提出专利申请的纠纷

由于我国实行专利制度时间不长，有些企业或单位领导专利意识仍很淡薄，只顾眼前利益，对本单位有些人员作出的职务发明创造，并不是积极地去申请专利，而是将科技人员的发明成果束之高阁，致使发明人或设计人的智力劳动成果得不到社会的承认，不能产生社会效益和经济效益。当然，其出发点各不相同：有的认为申请专利不一定能批准；有的认为得到了专利权也不一定能实施，得不到经济效益，还要缴纳申请费；有的则从本单位的利益出发，准备将其作为技术秘密保护起来，自己实施或者干脆垄断起来；有的是单位领导与发明人或设计人员之间有矛盾，故意给发明人"穿小鞋"。在这些情况下，完成发明创造的发明人或设计人往往与单位之间发生纠纷。

根据 2001 年修改前的《专利法实施细则》第 77 条的规定，发明人或者设计人与其所属单位对其发明创造是否属于职务发明创造以及职务发明创造是否提出专利申请有争议的，发明人或者设计人可以请求上级主管部门或者单位所在地区专利管理机关处理。其上级主管部门或者专利管理机关在处理这类纠纷时，可以会同发明人或者设计人所属单位对该发明创造进行分析研究，从而明确申请专利或不申请专利哪种做法对单位更为有利。如果不适于申请专利，单位应如何对发明人或者设计人予以奖励。这类纠纷只宜调解解决，上级主管部门或专利管理机关不能违背当事人意愿作出强制性决定。否则，决定的结果也是无法执行的。当然，从这类纠纷的性质看，不宜由人民法院通过诉讼的方式解决。

但是，在实践中，这种纠纷往往会产生转化，有的单位领导在某些情况下，会随意给发明人或者设计人员出具非职务发明证明信，一旦申请专利成功，单位又会提起专利申请权争议；或者发明人、设计人在领导不同

---

❶ 北京市第二中级人民法院［2005］二中民初字第 82 号判决书。

意作为职务发明申请专利的情况下，擅自将自己完成的职务发明创造申请专利，从而引发前面所讲的专利申请权纠纷或者专利权归属纠纷。

3.2 企业实务中应注意的几个问题

3.2.1 职务发明创造与非职务发明创造的判断

3.2.1.1 职务发明创造与非职务发明创造的概念

职务发明创造，是指发明人或设计人在执行本单位的任务，或者主要是利用本单位的物质条件或物质帮助所完成的发明创造。

非职务发明创造也称自由发明，是指公民在没有得到所在单位的物质帮助、与单位的业务范围无关的情况下所完成的发明创造，即除了职务发明创造以外的其他发明创造，均属于非职务发明创造。

非职务发明创造有两种情况：一是不在职的个体人员和离休、退休1年以上的人员作出的发明创造；二是在职的工作人员不是为了执行本单位分配的任务，也不在单位的业务范围以内，未曾得到本单位物质帮助的情况下完成的发明创造。

3.2.1.2 判断职务发明与非职务发明的法律依据

要判断哪些发明创造属于职务发明，哪些发明创造属于非职务发明，必须依据法律的规定。

《专利法》第6条规定：执行本单位的任务或者主要是利用本单位的物质条件所完成的发明创造为职务发明创造，职务发明创造申请专利的权利属于该单位；申请被批准后，该单位为专利权人。非职务发明创造，申请专利的权利属于发明人或设计人。非职务发明创造，申请专利的权利属于发明人或者设计人；申请被批准后，该发明人或者设计人为专利权人。利用本单位的物质技术条件所完成的发明创造，单位与发明人或者设计人订有合同，对申请专利的权利和专利权的归属作出约定的，从其约定。

《专利法实施细则》第12条对此作了解释性规定，《专利法》第6条所称执行本单位的任务所完成的职务发明创造是指：① 在本职工作中作出的发明创造；② 履行本单位交付的本职工作之外的任务所作出的发明创造；③ 退休、调离原单位后或者劳动、人事关系终止后1年内作出的，与其在原单位承担的本职工作或者分配的任务有关的发明创造。《专利法》第6条所指本单位，包括临时工作单位；所称的本单位的物质条件，是指本单位的资金、设备、零部件、原材料或者不对外公开的技术资料等。

《专利法》及《专利法实施细则》规定的上述条件是并列关系，发明创造只要符合其中条件之一，就应认定该发明创造为职务发明创造。

《专利法》及《专利法实施细则》的上述规定，是判断职务发明与非职务发明的法定界限。这些规定是以承认知识有价值、承认专利权可以私有、承认技术垄断为前提的。其立法目的是调整单位和个人在发明创造活动中的利益关系。正确处理好单位和个人之间的这种利益关系，将会直接影响到单位进行发明创造的热情及个人进行发明创造的积极性。《专利法》在确定权利归属及其分享原则时，立足于我国国情，始终贯穿和体现了鼓励发明创造的原则。

3.2.1.3　应当划清的几个界限

《专利法》和《专利法实施细则》虽然对如何区分职务发明创造和非职务发明创造作了规定，但由于规定较笼统，实践中的具体情况又较复杂，经常会出现因为对法条理解不同，而得出不同结论的情况。结合实例，我们将企业及发明人、设计人在实践中容易遇到的具体问题分别分析如下：

（1）技术方案完成与专利申请日

根据《专利法》及《专利法实施细则》的规定，申请发明与实用新型专利的发明创造必须是技术方案。该技术方案完成时应是完整的、能够付诸实施的、具备实用性的。

一般来说，作为一项发明创造已经提出专利申请，应当认为这项技术方案完成了，完成的标志是向国务院专利行政部门提交了权利要求书、说明书等记载着技术内容的专利申请文件，即提交专利申请的时间是专利申请日。

但是，在实践中，申请专利的技术方案的实际完成时间往往要早于专利申请日。由于种种原因，有的发明人并不急于提出专利申请。有的发明人在与单位协商，由谁申请专利；有的是想将技术方案进一步完善后再申请；有的是想先制造些样品，看看在市场上是否有销路，然后再决定是否申请专利；有的是自己不想申请专利，想作为技术秘密保护起来或者转让出去等。但无论如何，作为一项已经完成的技术方案应当有它的存在方式，即有它的载体，如数据齐全的图纸资料、样品样机。如果有证据证明在专利申请日之前技术方案已完成，且与申请专利的技术方案相同，也可以依证据认定专利技术方案的完成日。但如果说仅仅是脑子里有了构思、有个设想、有个想法，这不能说明技术方案已经完成。

一旦发生了职务发明与非职务发明之争，认定争议的标的即技术方案是何时完成的是十分重要的，这对案件的最终结论也是很关键的。这时就应当明确以下原则：

① 有确凿证据证明技术方案的完成早于专利申请日的，而且该技术方案与申请专利的技术方案无本质区别，或者与专利权利要求内容相同，应该以该技术方案实际完成日期作为判断权利归属的时间依据。但对这种证据审查必须慎之又慎，防止当事人出具假证。因为已有专利申请文件存在，要想勾画出和专利申请相似的草图、编造一些假的技术资料是十分容易的。因此，证据不足或者不可靠的，不能采信。

② 无充足证据证明技术方案是何时完成的，或者先完成的技术方案与申请专利的技术方案有本质区别的，应以专利申请日和专利申请文件为依据，进行权利归属的判断。

③ 只是口头表达过自己的构思，或者证据证明的技术方案不完整的，不能认为是技术方案的完成。

或许有人会问，照此方法判断，承认专利申请日之前的技术方案与专利的先申请原则是否有矛盾呢？回答是否定的。

专利的先申请原则，是针对相同内容的发明创造先后提出专利申请而言的，是国务院专利行政部门进行授权审查时要考虑的问题；而完整的技术方案是何时完成的则是判断专利申请权或者专利权归属要考虑的问题。作出专利申请权或者专利权归属的判断，最终还是要保护已经申请专利或已取得专利的专利权人，而并不是保护先发明人。

（2）什么是发明人的"本职工作"

对本职工作的解释既不宜太窄，也不宜过宽。窄了可能会损害单位的权益；宽了不利于调动职工群众发明创造的积极性。要作出一个适用于各种情况的明确解释是很困难的。关键是单位领导对发明人应当完成的工作任务或者其业务范围的界限应予以明确划定，即根据其职责范围来确定本职工作的范围。属于其职责范围内的，便可认定是其本职工作。

对"本职工作"应作出这样的理解："本职"的范围就是发明人或者设计人的职务范围，即具体的工作责任、工作职责的范围。而不是指单位的业务范围，也不是指个人所学专业的业务范围。不能认为，凡是同发明人从事的专业工作或业务有某种联系的发明创造，均属于职务发明。这种认识，对"本职工作"的解释就过宽了。

工作人员的职务不仅是指现在，而且也包括过去。所以《专利法实施细则》第12条规定：退休、调离原单位后或者劳动、人事关系终止后1年内作出的，与其在原单位承担的本职工作或者分配的任务有关的发明创造应为职务发明创造。

① 单位业务（经营）范围与本职工作

作为一个法人，单位都有其从事的业务范围，企业的经营范围应当由工商行政管理机关核准；在经营过程中如果超越了经营范围，应被认为是违法的、无效的。但是，根据《宪法》的规定，每一个公民都有搞发明创造（即科学研究）的权利和自由。因此，严格地说，单位的业务（经营）范围与单位内部人员所进行的发明创造内容范围是无关的，不能要求职工只能在单位的业务（经营）范围内进行发明创造。

但是，在认定一项发明创造的权利归属时，就不能讲单位的业务（经营）范围与发明创造的归属完全无关了。在判断一项发明创造是否属于职务发明创造时，应当考虑这项发明与单位的业务（经营）范围、与个人的职责范围即本职工作的关系。

一般说来，发明人完成的发明创造与本单位的经营范围完全无关，不属于单位经营范围内的成果，不可能属于本单位的职务技术成果。但反过来，发明人完成的发明创造与单位的业务范围相同时，就要看发明人具体的本职工作范围是什么，不能一概认定与单位业务范围相同的发明创造一律为职务发明创造。

② 厂长职权与本职工作

近年来，发生了多起企业厂长或者负责人与单位之间的专利权归属争议，也引起了"厂长能否成为与本厂业务有关的非职务发明人"的讨论。在这个问题上主要有两种观点。

一种观点认为：厂长不能成为与本厂业务有关的非职务发明人。理由是：厂长的本职工作，在一般情况下可以理解为行使行政职权。但由于企业实行厂长负责制，在企业内部，厂长比一般工作人员（设计人员除外）更容易得知产品的设计计划、进度及技术解决方案。假如厂长作出了相关的"非职务"发明，如何判断他有没有利用企业的技术资料呢？这是难以说清的问题，企业不可能规定技术人员和技术资料文件要对厂长保密。如果出现厂长利用企业的技术资料开发相关的新产品而归厂长个人申请专利，便会导致厂长个人与企业间利益发生冲突，出现显失公平的现象，也有损厂长声誉，并且不利于企业的两个文明建设。同时，也违背我国《专利法》的立法宗旨。

另一种观点正好相反，认为：厂长可以成为与本厂业务有关的非职务发明人。理由是：

第一，厂长具有作出与本厂业务有关的非职务发明的权利。厂长既是企业的行政主管，同时又是一名普通公民。根据我国《民法通则》的规定，发明权是一种民事权利，并不因公民担任某个职务而受到限制。

第二，根据《中华人民共和国全民所有制工业企业法》的规定，厂长的本职工作应理解为行使行政职权，担负企业生产经营管理的领导工作，而不一定参与新产品的设计和开发，这与技术副厂长或总工程师的职责是有区别的。从主体上看厂长的本职工作并不排除其作出与本厂业务有关的非职务发明。

第三，发明任务的提出不等于发明任务的完成。厂长处于企业的中心地位，使之有可能对本企业业务范围所属的技术领域比较熟悉，为其提出发明任务提供了便利条件。但不能仅仅因为提供了这种便利条件，就认为主要是利用了本单位的物质条件。因为发明任务的提出，只是意味着发明创造的开始。发明的过程是创造性劳动的过程，而发明任务的提出并不需要创造性的劳动；因此，不能因为厂长提出发明任务是基于其工作上的便利，从而认定其主要利用了单位的物质条件。如果其在作出发明创造的过程中确实没有主要利用单位的物质条件，那么，作出的发明的专利申请权应归厂长本人，而无论发明是否与本单位的业务有关。

上述两种观点各有其道理。全面地回答这个问题，应当从以下两个方面考虑：

其一，在一般情况下，厂长不应成为与本厂业务有关的非职务发明人。原因有两个方面：第一，厂长是企业的法定代表人，全权负责企业各方面的工作，所以，不能仅仅理解为厂长只做行政领导工作，而业务和技术问题则不在厂长的职责范围之内。厂长作出的发明创造，只要目的在于解决本厂生产技术上的问题，就应认定为职务发明。因为，为了更好地完成本厂的生产任务，无论采取何种措施，都在厂长的职责范围之内。第二，作为一厂之长，其法律地位决定了厂长可以了解和参与本厂的各项科研、生产活动，这种特殊的便利条件是其他人所不具备的。特别是可以随意利用单位不向外公开的技术图纸、资料等物质条件。如果认可厂长利用这些便利条件完成的与本厂业务有关的发明为非职务发明，显然是不公平的。

其二，在有些特殊情况下，厂长也可以作为与本厂业务有关的非职务发明人。主要有三种情况：第一，聘用的厂长，进厂前就其已完成的发明创造与工厂有合同约定的。第二，厂长上任或调进厂当厂长以前，有证据证明已完成了发明创造成果。第三，厂长作出的发明创造虽然与工厂业务有关，但该业务是非法定的或超越工厂经营范围的。在上述几种情况下，其发明创造不论该厂是否正在实施、是否正在为企业创利，其权利仍然应当归厂长个人所有。

实践中，产生这类纠纷往往不是厂长在位期间，而是厂长离开原厂之后。因此，应当依据证据，查明事实，作出公正判断。

③ 各类专业人员与本职工作

确认各类专业人员如医生、教师、在职研究生、博士生、司机等的本职工作时，应当从严掌握，范围不可过宽。否则，不利于调动这些人员进行发明创造的积极性。在认定这些专业人员作出的发明是否属于职务发明创造时，也同其他人员一样，不单看是否属于本职工作，还可以用其他标准衡量。

【实例 3 - 5】一位临床医生根据自己多年的临床实践，发明了一种"痔疮结扎器"。对于这项发明怎样认定，不能仅依据医生的发明是根据多年临床实践搞出来的，就认定是该医生在本职工作中完成的发明创造。还应当明确，作为一名医生，他的本职工作应当是为病人看病，若没有其他因素，如单位交给了发明任务或者主要是利用了本单位的物质技术条件等，该发明应当认定为非职务发明。

④ "利用上班时间"是否属于本职工作

在判断专利权归属时，有人认为在完成发明创造过程中，是否利用了上班时间是判断的标准之一，或者认为是否为本职工作，要看从事发明创造工作所使用的时间，即时间也是判定是否在职工作的一个重要的判别因素，凡在工作时间内作出的或利用了工作时间完成的发明创造，一律应当确认为职务发明创造。

也有人指出，当争议的焦点围绕是否利用工作时间时，要着重审查发明人是否完成了本职工作。凡是符合下列条件之一的，应视为科技、管理人员完成了本职工作：第一，在法定的工作时间范围内，按岗位责任制的要求，保质保量完成本单位交给的任务的；第二，按时按质按量完成技术经济承包或任务包干合同、协议规定的各项任务的；第三，按授课时制的规定，保证教学质量，完成授课和辅导任务的。科技、管理人员在完成本职工作后，只要未利用本单位的物质技术条件，尽管占用了工作时间，所完成的发明创造，一般也应属于非职务发明创造。

这种以上下班时间为标准，以是否利用了工作时间为尺度，区分职务发明与非职务发明的做法，是没有法律依据的，也是不科学的。

科技人员在完成发明创造期间，常常废寝忘食、夜以继日，不分八小时内外地进行工作。在具体认定是否利用了工作时间时，往往是复杂的，尤其是对脑力劳动而言，很难划分上班下班。因此，《专利法》和《专利法实施细则》都没有把是否利用工作时间作为区分职务发明与非职务发明的依据。也就是说，一项发明是在工作时间还是在业余时间完成的，对于判断它的权利归属是无关紧要的。尽管该项发明主要是利用业余时间完成的，只要它是属于该工作人员应完成的工作任务或者属于他的职务范围之内的，就应算是职务发明。相反，一项发明如果不属于发明人法定的职务范围，尽管发明人曾在上班时间也做过（有时只能是推定），也应认定为非职务发明。

（3）发明人的"本单位"如何认定

我国所有制形式是国有、集体、私有等多种体制共存。人们有各种不同的就职形式，所以，应根据具体情况认定发明人或者设计人的"本单位"。

① 职工所在的工作单位为"本单位"

人员编制及工资关系所在单位是职工的本单位，该职工的工作安排及工资指标均进入所在单位的计划。但本单位不能是上级主管部门，也不能是下属单位或其他单位。

② 借调人员从事工作的单位应视为"本单位"

借调是我国的一种就职形式，职工在原单位领取工资，在借调单位从事工作，这种情况多为全民所有制单位之间或者下级对上级单位工作的支持和协助。

借调单位是将借调人员的工资纳入计划，其工作列入该单位的工作范围，借调人员往往承担一定的职责，从形式上已是该单位的一员。借调时间一般较长，几年或十几年，因此，应将该单位视为借调人员的"本单位"。

但对短期借调人员"本单位"的认定，应考虑发明创造主要完成的时间是在借调期间还是在原单位期间，从而对其"本单位"作出正确的认定。

【实例3-6】某厂工人郭某被借调到某印刷厂担任资料翻译工作，他在工作中发现了一种用于印刷工艺的润湿片剂，用这种片剂代替以往的水剂，具有安全、无毒、携带方便等优点。于是郭某主动向借调单位领导提出搞润湿片和粉剂的试验，在试验过程中得到了借调厂家人力、物力上的支持和协助。该新产品试制成功后，通过了技术鉴定并获得市场科技成果奖。后来，郭某与借调单位因工资、技术诀窍的公开等问题意见不一致，郭某从借调单位回到原单位。不久，郭某辞职自己办厂，生产上述同类产品，产品因质优价廉畅销国内外市场。在此之前，郭某以非职务发明向国务院专利行政部门申请了专利。印刷厂知晓后，认为该发明创造是郭某在印刷厂借调期间完成的，应属于印刷厂的职务发明，要求郭某停止生产该产品。

纠纷发生后，接受纠纷调处申请的专利管理机关组成调查组进行调查。调查组一致认为郭某是发明人，但在确定该发明创造是职务发明创造还是非职务发明创造上，意见有了分歧。

一种意见认为：发明人郭某是借调到印刷厂的，作出这项研究既不是他的本职工作，也不是印刷厂分配给他的任务，而是他自告奋勇要求立项进行研究的，双方对专利申请权的归属并无约定，因此，应属非职务发明。

另一种意见认为：由于印刷厂提供了基本的物质技术条件和组织方面的条件，印刷厂不能没有权利，因此，应属职务发明。

对于这个案例，可以认定印刷厂是发明人郭某的"本单位"，郭某原是一名工人，正是由于他懂外语，所以被借调到印刷厂做资料翻译工作，从而暂时成为印刷厂的一员。当然，搞印刷工艺方面的发明并不是郭某的本职工作，他的本职工作很明确，就是资料翻译工作。但是，正是由于他在从事自己的本职工作中，接触到了别人不易接触到的属于印刷厂所有的技术资料，才萌发了搞发明创造的想法，进而又在发明过程中得到了印刷厂人力、物力上的支持。显然，如果离开了印刷厂的物质技术条件，郭某不可能搞出该项发明创造。因此，该发明创造应当认定为职务发明创造，权利应当归属于印刷厂，郭某只能作为发明人。

③ 受聘的专业人员应将聘任单位视为"本单位"

为提高技术研发、管理水平，许多乡镇企业、科技开发企业和新型集体企业聘任了专职的技术人员和管理人员，有些科技人员还受聘成为这些企业的科技领班。这些受聘人员有的已退休，有的受原单位领导委托，在受聘单位做领导或管理工作，虽然在原单位领取工资，但是聘任单位负责向原单位提供该职工的工资、福利、奖金等费用，并按比例向受聘人员原所在单位缴纳管理费用。因此，实质上聘任单位支付了受聘职工的工资及一切福利，受聘人员已成为聘任单位的一员。因此，聘任单位应视为受聘人员的"本单位"。

④ 受聘的兼职人员与聘任单位是合同关系

兼职人员的情况比较复杂，原则可以分为两大类。一类是名义上的兼职人员，仅仅是出于名义上的原因和工作开展中的横向联系而设立的"挂名"人员。对于这种人员，聘任单位不能视为该兼职人员的"本单位"。另一类兼职人员是企业、事业单位为完成某些工作而专门聘任的兼职人员，他们在原单位享有正常劳动和福利待遇的同时，又受聘于兼职单位，正如人们常说的"业余兼职"或者"星期日工程师"。这种人无论是否在兼职单位正常上班，都接受兼职单位支付的工资或者劳动报酬，有些人甚至在兼职单位还享有与正式职工同等的劳保、医疗、住房等福利待遇。一般来说，他们在兼职单位都有具体的工作任务，他们与兼职单位的关系实际上是一种合同性质的关系，他们与兼职单位的权利义务范围也多是靠合同约定。其中有关技术成果权属的约定，只要不违反有关法律规定，就应按约定办理。如果合同无明确约定，兼职人员的发明创造若与兼职单位的工作任务有关，或者主要是利用了兼职单位的物质技术条件，可以考虑作出的发明创造权利归两个单位或者发明人个人与兼职单位双方共有。

【实例3－7】某社会福利厂得知某皮鞋厂退休工人于某有制鞋技术，便聘请于某到社会福利厂工作。到厂后，于某开始试制带护膝的马靴，试制过程中厂方提供设备、材料、资金并派其他师傅协助制作，于某听取了其他师傅的改进意见，最后完成了"护膝"的定型产品。后来于某以个人名义将"一种摩托或轻骑驾驶者使用的护膝"申请了实用新型专利。获得专利权后，于某离开社会福利厂。

社会福利厂向某专利管理处递交请求调处书，要求将"一种摩托或轻骑驾驶者使用的护膝"确认为职务发明，专利权归社会福利厂方所有。其理由是该"护膝"以于某为主设计为事实，于某是该厂用高薪聘用的，在该厂完成此项设计，该厂提供了试制条件，如设备、材料、资金及工作人员，乃至申请专利费也是厂方缴纳的，因此，该实用新型专利应属于职务发明，专利权应为厂方所有。

于某提出的理由是：该"护膝"在到社会福利厂之前就有所构思，由于考虑到当时摩托车数量少，估计销售市场不大，因而未投入试制，也是由于自己有此技术，才被厂方聘用。"护膝"的设计、样品等都是由自己完成的，其他人员参加试制是属于实施过程，并非参与设计。当时申请非职务发明专利，厂长也同意，还出具非职务发明证明。因此，该专利应属于个人非职务发明。

某专利管理处认为：双方在研制该"护膝"前没有事先约定该成果归

谁所有。于某申请专利前在厂内进行试制利用了厂方的生产设备、材料、资金及有关人员，并且申请专利的费用由厂方缴纳，但厂方对出具非职务发明证明应负一定责任。于某将利用了厂方的生产条件而完善的该"护膝"产品，以个人名义申请专利，并由厂方缴纳专利费用的做法欠妥。

在某专利管理处主持下，双方当事人最后达成调解协议，该"护膝"专利权归于某和社会福利厂共有。

⑤ 技术协会一般不能视为会员的"本单位"

各种技术协会均属于群众团体，它们的目的之一就是组织同行业或者跨行业的技术人员搞业余的技术攻关、技术改造，为生产建设服务。技术协会与会员之间只是邀请关系，并非行政领导或者业务指导关系。因此，作为组织协作的技术协会不能视为会员的"本单位"。技术协会一般也不能作为专利申请人，不能作为职务发明创造的所有者。

（4）关于"本单位交付的任务"

所谓"本单位交付的任务"，应当是指发明人或者设计人本职工作之外的任务。它是指工作人员根据单位领导的要求承担的短期、长期或者临时的任务，如参加为特定的目的临时设立的研究、开发、设计小组等。

如何判断是否为领导交付的任务？第一，是否有充分的证据，是否有任务书。该证据应说明此项工作是本单位纳入计划的工作，并已指派某人完成。它可以包括会议纪要、计划书、通知书、决定书等。第二，是否有领导具体的支持与安排。对于列入单位计划的工作，必须要有具体的完成手段和保证，其中应有人员组成、研发时间、设备或者材料、经费、研制场所等具体措施。具备上述条件的，才属于领导交付的任务。在实践中，应当注意的是：一般号召、要求，不能作为本单位交付的任务。

【实例3-8】一个生产节能设备的工厂厂长号召大家搞技术革新，多发明节能产品。仅仅如此，不能认为厂长对全体职工交付了发明任务。更不能认为，由于厂长有过号召，全体职工就有了发明任务，职工作出了任何一项发明，只要属节能性质的，就都属于在完成本单位交付的任务。这种认识是不正确的。领导只是表示赞同或者同意，不能作为本单位交付的任务。

【实例3-9】几个工人在生产劳动中产生了一种新的构思，想在工厂里申报课题，厂领导表示同意，但仅此而已，厂里并无其他行动，如安排时间、作出计划、组织人力、给予物力支持等，仍不能视为工人们是在完成领导交付的任务。

（5）关于"主要是利用本单位的物质技术条件"

正确理解"主要是利用本单位的物质技术条件所完成的发明创造"这一条款，必须从两个方面理解它的含义。

一方面，应当明确物质条件的利用是为了完成某个技术方案（发明创造），而不是为了实施某个技术方案（发明创造）。这一点在实践中常被混为一谈。从目前的一些专利权属纠纷可以看出，有些单位了解到本单位或者外单位或者已退、离休的科技人员掌握某项技术方案，考虑到实施可能会给单位带来经济效益，便决定出资进行生产试验，投资建厂房、购设备、买原材料，实施其技术方案。该发明创造实施过程中，发明人一旦申请专利，单位便提出权利归属争议，认为自己出了资，技术方案是在单位最终完成的，应当享有专利权，至少应当是权利共有等。对于这种情况，人民法院处理时，也容易以"利用了单位的物质技术条件"为理由，将该发明创造认定为职务发明创造或者共有发明创造。因为，该技术方案在单位投资前在技术上是否可行，是否已处于可以申请专利的状态，它与后来申请的专利在技术特征上有何区别等，不易举证和查证，而单位出了资金、建了厂房、购买了设备和原材料等事实，则显而易见，这种认识和做法对正确区分职务发明创造与非职务发明创造是十分有害的。

根据《专利法》第2条对发明、实用新型和外观设计所下的定义可以看出，只要是一个完整的"技术方案"或"新设计"就可以申请专利，也就是说，在申请专利时，并不要求该技术方案已付诸实施或已有相应的产品被制造出来。事实上，许多已获专利权的发明创造未进入实施阶段就已消亡了。因此，认定申请专利的技术方案完成过程中是否主要利用了本单位的物质技术条件，绝不能以是否实施为标准。

为此，人民法院处理专利权属纠纷，涉及是否利用本单位物质技术条件问题的判断时，一定要查清物质技术条件的利用目的是什么，是为了作出发明创造，还是为了实施发明创造；是哪个阶段的利用，是利用在从事发明创造活动中，还是在将发明创造转化为产品的过程中。这对依法公正处理专利权属纠纷是至关重要的。

另一方面，在实践中，很多发明创造的产生是利用了单位的物质技术条件，但根据《专利法》规定并非凡是利用了或与单位的物质技术条件沾边的就属于职务发明创造，而必须是在完成发明创造的过程中"主要是利用本单位的物质技术条件"。其含义是：

① 必须是利用了单位的"物质技术条件"。所谓物质条件，是指单位

的资金、设备、零部件、原材料或者不向外公开的技术资料等，特别是属于单位所有的技术资料。2000 年修改前的《专利法》仅强调物质条件。2000 年修改后的《专利法》则增加"技术"二字；其原因在于，实践中过去较多关注"物质条件"，而忽视了"技术条件"。如果仅使用了单位的介绍信、银行账号以及利用了单位已公开的技术资料的，则不在此列。这里的"资金"非指工资。工资是指一般劳动报酬，用于人的再生产，与为完成发明创造而使用的物质条件不同。

② 必须是利用了"本单位"的物质技术条件。也就是说，在发明创造完成过程中，利用外单位物质技术条件的，本单位无权作为实际权利人提出异议。

③ 必须"主要是"利用了本单位的物质技术条件。这里有一个质与量的界限，可根据具体情况作出认定。主要有以下几种情况：

第一，在发明创造完成过程中，仅利用了本单位少量的物质条件，如办公用纸、笔、墨水，对本单位经济无影响或影响不大，并已及时支付了费用或者双方同意用支付费用方式解决。

第二，在发明创造完成过程中，虽然少量地利用了本单位的物质条件，但这种利用并未对该发明创造的完成起主要作用，且发明人和单位均同意用支付一定费用的方式解决。

第三，利用本单位的物质条件、费用较大或者该物质技术条件在发明创造完成过程中起了主要作用，如果缺少这种物质技术条件，该发明创造就可能完不成。

对于这三种情况中的前两种，利用本单位的物质条件不应认为是"主要"的，只有第三种情况才应认定为"主要是"利用了本单位的物质条件。

应当注意的是，只有同时符合上述三个条件，才能认为该发明创造的完成"主要是利用本单位的物质技术条件"，也才能认定为职务发明。其原因就在于，这种发明创造的完成同单位的物质上、技术上的帮助有密不可分的关系；没有这种物质技术帮助，该发明创造是不可能完成的。

（6）利用本单位物质技术条件完成的发明创造，其权利归属可以约定

2000 年修改后的《专利法》第 6 条增加了一款内容，即"利用本单位的物质技术条件所完成的发明创造，单位与发明人或者设计人订有合同，对申请专利的权利和专利权的归属作出约定的，从其约定"。这一规定为划分专利申请权及专利权归属时增加了一个新的途径。应当明确的是：

① 并非一切的发明创造都可以用合同约定的方式明确专利申请权及专利权的归属，而仅限于发明人或者设计人利用本单位物质技术条件完成的发明创造的情况。

② 既然是合同约定，该合同必须依法成立，依法有效，不存在胁迫、欺诈或者违反法律的情况，尤其不能存在显失公平的情况。在实践中，应当防止有的发明人或者设计人与单位的负责人勾结在一起，用订立合同的方式，将职务发明创造通过合同约定归属为非职务发明创造，损害单位的利益。

③ 对虽然有合同但合同中关于权属约定不明的，或对合同中权属约定显失公平的，应当宣告其合同无效，其针对的专利申请权及专利权归属仍应依法作出认定。

(7) 关于工作人员"退休、调离原单位后或者劳动、人事关系终止后1年内作出的，与其在原单位承担的本职工作或者分配的任务有关的发明创造"

随着科技人员合理流动政策的实行，科技人员流动的现象增多了。这些人在流动过程中作出的发明创造，应当由谁申请专利？是职务发明创造还是非职务发明创造？为了解决这些问题，《专利法实施细则》划定了一个时间界限。对于这一规定，有几个具体问题应当明确：

第一，"1年内"的起算日应以正式办理完调离或者退职、退休手续之日起计算。

第二，发明创造"作出的"日期确定。一般情况下，应以专利申请日推定为该发明创造的作出日期。一项发明创造的实际作出日期肯定应当在专利申请日以前，但有时很难有充足证据证明它的完成日期，而在专利申请日该发明创造的完整方案已经向国务院专利行政部门提交，因此，将专利申请日作为发明创造的完成日更容易认定。当然，如果有充分确凿的证据证明专利申请之前实际完成日的，应当以实际完成该发明创造的日期为"作出的"日期。

第三，对"有关"的理解。"与其在原单位承担的本职工作或者分配的任务有关的发明创造"中的"有关"一词，范围应包括两个方面：一是在完成本职工作中作出的；二是完成本单位交付的任务过程中作出的。

第四，在停薪留职、内部调动工作等情况下，对其所作出的发明创造权利归属进行认定时，可以参照《专利法实施细则》第12条的规定。

【实例3-10】一名长期从事科研工作的科研人员，由于工作需要，单位内部将其调到行政管理工作岗位。在新的岗位上，该技术人员作出了一项与自己原来从事的科研工作有关的发明创造。对于该项发明创造权利归属的确定，应当看其调到新的工作岗位的时间和作出发明创造的时间是否超过 1 年：如果在 1 年之内，可以认定为职务发明；如果已超过 1 年，则可认定为非职务发明。这样认定，不仅符合法律规定的精神，而且，有利于科技人员在新的岗位上仍不忘老本行，发挥自己发明创造的积极性。

第五，对于辞职的职工，可以参照适用《专利法实施细则》第 12 条的规定。《专利法实施细则》第 12 条中未明确规定"辞职"的情况，而在实践中，单位与辞职人员发生专利权归属纠纷的事例很多，因此，可以参照该条规定。

【实例 3 – 11】发明人陈某自 1962 年进入某研究所后，长期从事与饮水处理技术及设备有关的科研项目，曾于 1982 ~ 1983 年参加"净水滤器"和"仿矿泉水装置"的研制。陈某自 1984 年 4 月 9 日起擅自离所，1984 年 10 月 24 日向研究所提出书面辞职报告。1985 年 1 月 1 日，该研究所正式批准其辞职。1985 年 6 月 29 日，陈某个人向国家知识产权局提出了"矿泉水制造方法及其装置"的专利申请。

研究所得知后，便向专利管理机关提出了调处请求。理由是：陈某的上述专利申请所涉及的技术方案是陈某在该研究所从事本职工作期间完成的，应为职务发明，该专利申请权应归研究所。陈某认为，上述专利申请涉及的技术方案是其自 1984 年 4 月 9 日起自动离开该研究所 1 年以后于 1985 年 6 月 29 日完成的，系非职务发明，申请权应归自己所有。

从上述事实来看，陈某的专利申请所涉及的技术显然与其在原单位所从事的本职工作密切相关。因此，只要能够判明陈某是在退职后的 1 年之内还是 1 年之外作出该项发明创造，就可以确认此项发明是职务发明还是非职务发明。

专利管理机关认为：陈某在职期间长期从事与该专利申请内容有关的科研工作，其擅自离职行为不属于《专利法实施细则》中所称之"退职、退休或者调动工作"。因此，无论从其提出辞职书算起，还是从研究所批准辞职之日起算，其作出该发明创造均是在"1 年以内"。所以，认定这是一项职务发明，专利权应归研究所所有。

上述案例当事人争议的专利申请提出日期是 1985 年 6 月 29 日，发明人陈某正式被批准辞职是 1985 年 1 月 1 日。可见，依照法律规定，陈某作出发明创造的时间在离开研究所不足 1 年内，而且，该发明创造又与其长期从事研究的课题密切相关，因此，应当依法认定为职务发明。

【实例 3-12】1992 年 5 月 8 日，北京市高级人民法院终审判决了一起专利权归属纠纷案，使一件历时 3 年多的专利纠纷终于有了结局，在社会上特别是专利界和科技界产生很大影响。这个案件的终审结果对于全面理解划分《专利法》关于职务发明与非职务发明的界限具有积极意义。

这起纠纷的案情如下：1983 年 1 月，发明人陶某从中国人民解放军基建工程兵某支队副总工程师岗位，调至基建工程兵北京指挥部预制构件厂任厂长。1983 年 7 月 1 日，中国人民解放军基建工程兵集体转业，陶某所在单位改为北京市城市建设总公司构件厂（以下简称"构件厂"），陶某仍任厂长。

1984 年 2 月 13 日，构件厂所在的区工商行政管理局核准该构件厂的经营范围为：建筑构件。在此前后，构件厂由于经营不景气，在主要生产建筑构件的同时，运用从国外引进的"小桩技术"（一种地基打桩施工技术方案），从事了一些地基施工方面的经营活动。1984 年 4 月 2 日，北京市城建总公司将"小桩技术的试验及应用"编入总公司科研、技术革新计划，下达给下属设计院和构件厂，并拨给科研补助费 5 000 元。

1984 年 4 月 16 日，陶某根据自己在基建工程兵某支队时多年从事地基工程施工的经验积累，完成了"在流沙、地下水、坍孔等地质条件下成孔成桩工艺的方案"（即后来申请专利的"钻孔压浆成桩法"），并将此技术方案完整汇集在自己几十年专门记载技术资料的笔记本上。此后，陶某曾多次向构件厂的其他几位领导讲解和演示该技术方案。

1984 年 6 月，经上级批准在构件厂内部成立了长城地基公司，陶某兼任经理。1984 年 9 月，北京科技活动中心大楼地基工程施工遇到困难，委托单位请陶某帮助解决，他在用小桩技术打了 5 根桩均告失败的情况下，将自己已经构思完成的"钻孔压浆成桩法"技术方案，向委托单位进行讲解，委托单位同意使用此方案。1985 年 1 月 5 日，构件厂将从河南省某机械厂购买的 Z400 型长螺旋钻孔机自提进厂后，运至北京科技活动中心大楼施工工地。根据国家《工业与民用建筑灌注桩基础设计与施工规程》中关于"施工前必须试成孔，数量不得少于两个"的规定，1985 年 3 月 16 日和 17 日，构件厂的施工队按陶某的技术方案打了两根桩，经检验完全合格，陶某的技术方案首次应用成功。之后，该技术方案在保密的情况下多次被应用。

1986 年 1 月 25 日，经构件厂的几位主要领导多次催促，陶某将发明名称为"钻孔压浆成桩法"的技术方案，向国家知识产权局申请了非职务发明专利。1986 年 7 月，构件厂扩大了经营范围，增加了"地基处理工程"项目。1986 年 10 月 3 日，长城地基公司与构件厂脱离，改编为与构件厂同级的北京地铁地基工程公司（以下简称"地基公司"），陶某任地基公司经理。1988 年 2 月 11 日，陶某获得非职务发明专利权，专利号为 86100705。

1988 年 6 月，陶某辞职离开地基公司。1988 年 12 月 25 日，地基公司请求市专利管理局将"钻孔压浆成桩法"发明专利确认为职务发明。1989 年 8 月 1 日，市专利管理局作出处理决定，确认"钻孔压浆成桩法"发明专利为职务发明，专利权由地基公司持有。

陶某对专利管理机关的处理决定不服，于 1989 年 11 月 1 日向北京市中级人民法院起诉，以"钻孔压浆成桩法"发明专利技术方案的完成，既不是执行本单位的任务，也不是履行本岗位的职责，更没有利用本单位的物质条件为由，请求法院将该发明专利权判决归其个人所有。地基公司在答辩中则认为，"钻孔压浆成桩法"发明专利是陶某在履行本职工作中完成的，是执行上级和本单位交付的科研和生产任务的结果，并且利用了本单位的资金、设备和技术资料。因此，属于职务发明，专利权应由地基公司持有。

北京市中级人民法院经过公开审理，以陶某本人因长期从事地基施工方面的工作，对其构思并完成专利技术内容起了决定性作用，并在该项技术的试验过程中，使用了该单位专门为此购买的设备为理由，综合本案实际情况，于 1991 年 12 月 23 日作出判决，将"钻孔压浆成桩法"发明专利权判归陶某和地基公司共有。

陶某不服一审判决，以一审判决认定事实基本准确，但判决结果与认定事实相矛盾，适用法律错误为由，上诉至北京市高级人民法院，要求将"钻孔压浆成桩法"发明专利权确认为非职务发明，专利权归其个人所有。

地基公司服从一审判决，但在答辩中仍强调该发明专利权应为职务发明的理由是：陶某长期从事桩基施工技术的研究与应用工作，且从 1983 年起，构件厂承接了大量的桩基施工任务，北京市城市建设总公司对构件厂正式下达了桩基工程的科研任务。陶某作为厂长，一直主持桩基工程的研究、应用与推广工作。因此，陶某的构思是在履行本职工作中形成的，是在单位提供的工作环境和设备、资金、人员条件下产生的。

北京市高级人民法院认为，陶某提供的"在流沙、地下水、坍孔等地质条件下成孔成桩工艺的方案"，与其后来申请专利的"钻孔压浆成桩法"技术方案相同，该技术方案的完成时间为 1984 年 4 月 16 日。地基公司对此亦无异议。根据这一事实，在确认该发明专利权的归属时，应当以该技术方案完成时间为界限，看其是否符合职务发明的要件。

第一，陶某作为构件厂厂长，其职责范围应当是领导和管理建筑构件的生产经营活动。地基施工不属于构件厂的经营范围，地基施工方面的研究和发明也不应认为是构件厂厂长的本职工作。

第二，"钻孔压浆成桩法"这一技术方案是陶某在多年从事地基工程方面的工作经验积累的基础上研究出来的，不属于单位交付的任务。1984年 4 月 2 日，城建总公司下达给设计院和构件厂的具体科研任务是"小桩技术的试验与应用"，它是将国际上已有的小桩技术在国内推广应用，而不是在小桩技术的基础上研究新的成桩方面的课题。陶某发明的"钻孔压浆成桩法"与已有的"小桩技术"相比，两者虽然都属于地基施工方面的技术方案，但经过专家论证，证实两个技术方案之间有本质区别。国家知识产权局经过实质性审查，已经授予"钻孔压浆成桩法"发明专利权的事实，也说明该技术方案与已有技术不同而具有专利"三性"。

第三，应当明确，只有当物质条件的利用，是为了完成某个发明创造，而不是为了实施某个发明创造时，该发明创造才属于职务发明创造。"钻孔压浆成桩法"技术方案完成的时间是 1984 年 4 月 16 日，首次实施时间是 1985 年 3 月 16 日和 17 日在北京科技活动中心工地。当时打的两根试桩，根据国家有关规定，属于必要的施工准备，是对"钻孔压浆成桩法"技术方案的实施，显然不同于技术方案完成前对技术构思的试验。而且，其试桩经费也已打入工程总费用，施工所用 Z400 型长螺旋钻机也是陶某在其技术方案完成之后，为了实施该技术，为企业创利而批准购买的，与技术方案的研究无关。

据此，北京市高级人民法院认定，"钻孔压浆成桩法"发明专利，既不是陶某执行本单位的任务完成的发明创造，也不是利用本单位的物质条件所完成的发明创造。所以，不属于《专利法》规定的职务发明创造。陶某的上诉理由合理，应予支持。原审法院判决将"钻孔压浆成桩法"发明专利权归陶某和地基公司共有不妥，缺乏事实和法律依据，应予改判。依照《专利法》、《专利法实施细则》和《民事诉讼法》的有关规定，北京市高级人民法院于 1992 年 5 月 8 日作出终审判决：（1）撤销原审法院一审判决；（2）"钻孔压浆成桩法"发明专利权归陶某个人所有。

北京市高级人民法院为什么将"钻孔压浆成桩法"发明专利判为陶某个人的非职务发明呢？我们用前面谈过的法律界限来分析一下，主要基于如下几个方面的理由：

第一，"钻孔压浆成桩法"技术方案完成日是 1984 年 4 月 16 日。作为对专利申请的审查，应当按照先申请原则，以申请日为准。而判断一项发明创造的权利归属，则应考虑技术方案完成的时间。技术方案完成日必定早于专利申请日；当无法证明技术方案完成日时，才应将专利申请日视为技术方案完成日。当然，确定技术方案完成日，还应考虑它与申请专利的技术方案内容的关系，看两者有无本质区别。如果两者有本质区别，判断专利权归属时，则应以申请专利的技术方案为判断的依据。确定技术方案完成日之后，还要看是谁完成的这项技术方案，即谁对该技术方案的实质性特点作出了创造性贡献。从而依法认定发明人的行为是职务发明行为还是非职务发明行为，进一步确定该发明是职务发明还是非职务发明。可见，确定技术方案完成日，是判断一项发明创造权利归属的前提。

1984 年 4 月 16 日，陶某在自己多年专门记载技术资料的笔记本上记录下了"在流沙、地下水、坍孔等地质条件下成孔成桩工艺的方案"，这是个事实，可以认定。该技术方案申请专利是在 1986 年 1 月 25 日，事实证明，陶某在笔记本上的技术方案虽然在有些数据上与申请专利的"钻孔压浆成桩法"技术方案内容有所不同，但两者并无本质区别。因此，应当认定其技术方案完成日是 1984 年 4 月 16 日。据此，可以认定陶某是"钻孔压浆成桩法"技术方案的发明人，他对这项技术方案的完成作出了实质性贡献。而不能因为这项技术方案是 1986 年才申请专利的，而用申请日期作为判断技术方案完成日期；更不能认为在以后的实施中许多人参与了该技术方案的实施，大家都对该技术方案的完成作出了贡献，就得属于共同发明，人人有份。

确定了发明人之后，应当依法确认该发明人的发明活动是否属于职务行为。

第二，"钻孔压浆成桩法"不是陶某在履行本职工作中完成的。本职工作是指发明人或者设计人的职务范围，即工作责任范围。作为一个企业，职工进行发明创造是不受企业的经营范围限制的，《宪法》也规定任何公民都有发明创造的权利。但是，在认定一项发明创造的权属、确认本职工作时，则应当考虑单位的经营范围。职工在单位经营范围之外的发明创造，不应属于职工的本职工作范围，除非发明创造的产生符合了其他法定职务发明的条件。陶某"钻孔压浆成桩法"技术方案完成时，构件厂的经营范围并无"地基施工"方面的内容，应视为在经营范围之外，不属于在本职工作范围之内作出的发明。即使"地基施工"属于构件厂的经营范围，陶某作为厂长，根据国务院颁布的厂长条例的规定，其职责范围应当是领导和管理工厂的生产经营活动，地基施工方面的研究和发明不应认为是厂长的职责范围。当然，也不是他的本职工作。

第三，"钻孔压浆成桩法"不是陶某履行本单位交付的本职工作之外的任务完成的发明。

就本案而言，一种说法是陶某到构件厂当厂长后，根据构件厂不景气的状况，曾提出"以科研促生产、以生产养科研"的办厂指导思想，制定了"坚持以构件生产为主，同时发展商品混凝土和开发地基工程新技术"的经营决策，并具体实施了一些超营业范围的地基方面的经营活动。因此，他作出"钻孔压浆成桩法"是响应了自己提出的方针，属于完成单位交付的任务，作为厂长自己给自己交付任务并无不可。另一种说法是，1984年4月2日，在陶某技术构思完成之前，其上级部门城建总公司曾下达给设计院和构件厂关于"小桩技术的试验与应用"的科研任务，并拨款5 000元，陶某在推广实施小桩技术的过程中，形成了"钻孔压浆成桩法"技术方案，应属于完成上级交付的任务。

这两种说法是站不住脚的。这些说法扩大了《专利法》中关于单位交付的任务的范围。若将单位的工作方针、努力方向、鼓励号召均作为单位交付的科研任务，显然与《专利法》规定不符，将会挫伤广大职工发明创造的积极性；若将一项已有技术的推广应用作为相关新技术的研究任务，则混淆了利用单位物质条件实施发明创造与发明创造本身的界限，将不可能有新的发明创造的诞生，因为技术都是相互借鉴、相互联系的。本案在专利管理机关调处过程中和一审法院审理过程中，曾召开专家座谈会，请专家论证，专家们均认为"小桩技术"与"钻孔压浆成桩法"有本质区别。而且，国家知识产权局对"钻孔压浆成桩法"经过实质审查，授予其发明专利权，也说明它与已有技术相比具有专利"三性"。因此，将"小桩技术的试验与应用"作为"钻孔压浆成桩法"的课题任务，是不符合事实和法律规定的。

第四，"钻孔压浆成桩法"技术方案是陶某离开原单位1年后完成的。

陶某从 1957 年至 1983 年，几十年来一直在铁道兵、基建工程兵等单位从事地基方面的工作，在地基施工方面积累了丰富的经验。1983 年 1 月，从副总工程师的岗位调到构件厂当厂长，至 1984 年 4 月 16 日"钻孔压浆成桩法"技术构思完成，已超过 1 年的时间。根据法律规定，调动工作 1 年内作出的、与其在原单位承担的本职工作或者分配的任务有关的发明创造属于职务发明创造。反之，如果时间超过 1 年，即使其发明创造与在原单位承担的本职工作或者分配的任务有关，也应视为非职务发明创造。

第五，"钻孔压浆成桩法"发明的完成未利用本单位的物质条件。根据《专利法》的规定，主要是利用本单位的物质条件所完成的发明创造属于职务发明创造。这种物质条件的利用，应当是在技术方案完成之前，而不是在将技术方案转化为产品的过程中，而且，所利用的物质条件应当属于本单位，且物质条件的利用应当是主要的。只有该物质条件在发明创造完成过程中起了主要作用，也就是说，如果缺少了这种物质条件，该发明创造就可能完不成，才能认为是主要利用了本单位的物质条件。

就本案而言，与陶某利用物质条件有关的事实有三个：其一，在基建工程兵集体专业时，作为某支队的一些用于地基施工的设备调拨给构件厂；其二，为了实施"钻孔压浆成桩法"，构件厂于 1984 年 6 月 15 日向某勘察机械厂订购了一台 Z400 型长螺旋钻孔机，于 1985 年 1 月运回厂，并用于北京科技活动中心工地；其三，1985 年 3 月 16 日和 17 日，在北京科技活动中心工地大楼地基工程中，用"钻孔压浆成桩法"打了两根试桩。

经分析可见，前两项设备的购买与利用，均是为了进行地基施工和"钻孔压浆成桩法"的施工，它们与"钻孔压浆成桩法"技术方案的产生无关系；第三项是陶某根据国家有关地基施工规范的要求，"在施工前必须试成孔，数量不得少于两个"的要求进行的，且费用已打入工程总成本，并非陶某所在的构件厂出资。因此，均不属于为了发明创造而利用的物质条件。

上述案例说明，处理职务发明与非职务发明纠纷在查明事实和适用法律时，往往是综合性地判断和适用，而不是单纯地适用法条中某一个具体的概念。因为，事物本身就是复杂的。

总之，正确认定职务发明创造与非职务发明创造，是一个非常复杂的问题。随着经济与科技的发展和经济体制改革的不断深入，还会有各种意想不到的情况出现。因此，只有在坚持按照《专利法》中对职务发明创造与非职务发明创造所作出的原则性规定进行认定的同时，深入细致地分析具体情况，才能准确无误地进行判定。

3.2.2　发明人或者设计人的判断

3.2.2.1　发明人或者设计人

专利法所称的发明人或者设计人，是指对发明创造的实质性特点作出了创造性贡献的人。对于非职务发明创造来说，发明人和设计人与申请人、专利权人一般是一致的；而对于职务发明创造来说，发明人和设计人与专利申请人、专利权人是不一致的。正因如此，后者往往容易产生纠纷。

就发明人或者设计人发生的争议主要是围绕署名权问题。在署名这种名誉权之后还有"一奖两酬"的经济利益，同时，这种争议往往和谁应当是专利申请人、专利权人争议绞在一起，解决起来难度较大。

解决这种纠纷的关键在于，正确判断哪些人对发明创造作出了创造性贡献。

在一项发明创造完成过程中，参加研究工作的每个人的作用不尽相同。有的是研究课题的提出者，有的是课题的组织领导者，有的直接从事研究，有的负责后勤工作，有的从事数据处理等。如果作细致划分，任何一项职务发明创造都要由以下三种人参加：

（1）组织领导者。这类人多为各级科技管理部门的行政领导。他们负责下达任务，提供经费、物质条件和调配工作人员。

（2）科技辅助人员。他们参加该项课题的基本试验、分析化验和数据处理等工作。

（3）研究人员。他们设计、构思课题内容，制定技术路线和实施方案，遇到难题设法给予解决。

对发明创造作出创造性贡献的应当是上述第三种研究人员，即对该项发明创造整体构思、设计并对关键技术的解决作出了创造性贡献的人。在完成发明创造过程中，只负责组织领导工作的人，为物质条件的利用提供方便的人或者从事其他科研辅助工作的人，不应被认为是该项发明创造的发明人或者设计人。因为，这些人虽然对发明创造的完成也作了不同程度的贡献，但不属于创造性贡献。

第一种人，在课题研究过程中，作出了总体设计构思，并且提出的技术方案有先进性、创造性、实用性；

第二种人，在技术成果完成过程中，对解决该项成果技术方案中的关键技术问题起了骨干和指导作用；

第三种人，始终负责该课题研究，并为解决关键技术问题作出创造性贡献。

具备以上三种情况之一者才称得上发明创造的主要完成者。当然，一项发明创造的完成者可能为一个人，也可能是多个人；如为多个人，应视每个人对完成发明创造所作贡献的大小依次排列名次，均为共同发明人。

在区分谁是发明人或设计人时，应当注意以下几个方面的关系：

（1）课题负责人与具体研究者的关系

一般情况下，参加研究的课题负责人可以成为发明人或者共同发明人。但如果课题负责人仅仅是挂个名，未参与研究工作，不是发明创造的主要完成者，就不能作为发明人。

（2）指导研究者与具体研究者的关系

一般情况下，指导者只是泛泛指导，不应成为发明人或者设计人，只有当具体研究者的工作是在指导者具体指导下完成的，或者在发明创造的完成中，指导者的意见起了较大作用时，指导研究者才能作为发明人或者共同发明人。

（3）参与实验者与具体研究者的关系

实验者在发明创造完成过程中的作用是不可低估的。但是，由于实验者是根据研究者提出的目标、要求、计划进行操作，以得出实验数据，为研究者参考，因此，没有创新或者突出贡献的实验者不能作为发明人。只有当实验者在实验过程中有所创新，如发现并修正了研究者的错误，才有可能作为发明人或者共同发明人。例如，一名研究人员发明了一种医疗仪器，为了检验该仪器的临床效果，请几名医生做临床试验，那么，这几名医生不能作为该仪器的发明人；但如果其中一名医生在临床实验中发现了该仪器的重大缺陷，提出了改进方案并被研究者采用，则该医生可以作为发明人或者共同发明人。

（4）协助完成者与具体完成者的关系

协作完成者一般是指为研究做了一些辅助性工作的人，他们不能作为发明人或设计人，只有对发明创造的完成作出实质性贡献并承担了实质性风险的具体研究者，才能作为发明人或者设计人。

3.2.2.2　共同发明人

共同发明人是指共同构思一项发明，共同对发明的实质性特点作出创造性贡献的两个或两个以上的个人。该发明创造称为共同发明。

在实践中，可以从三个方面来确定共同发明人的资格：

（1）看发明有无真正的实体合作者。形式上的合作者，如仅与完成发明创造有关的行政管理、物质计划、材料供应人员，一般不能算作共同发明人。

（2）发明是技术思想的创作，其发明构思可以作为判断共同发明人的重要依据。比如，技术发明的课题是否为共同发明人拟订的；解决课题的技术方案是否为共同发明人提出的。

（3）发明过程可分为构思和构思实施两个阶段，其构思是否为共同发明人共同实施，也是判断共同发明人的重要依据。

这里讲的实施，是指实现发明构思的过程，而不是指发明创造完成后，对发明创造的生产实施。在实现发明过程中，负责组织工作的、为物质条件的利用提供方便的、从事其他辅助工作的人员，不能被认为是共同发明人。只有在完成发明创造过程中作出创造性贡献的人，才能成为共同发明人。

为了对共同发明人作出准确的判断，各个单位、企业都应该对发明创造过程建立详细全面的技术档案，作为客观的依据，以减少不必要的矛盾和纠纷，切实有效地保护发明人的利益。

值得注意的是，专利法意义上的发明人或者设计人只能是个人，而不能是单位。共同发明人也只是两个或两个以上的个人。

3.2.2.3　合作开发合同当事人与共同发明人的区别

专利法上的共同发明人的定义，严格规定了当事人在实际合作下所形成的共同发明的关系。判断真正的共同发明人的关键在于：谁是这项发明的技术思想创造者。而在合作开发合同的当事人的概念中，并没有上述严格的限制条件。

合作开发合同是指当事人各方就共同进行研究开发所订立的合同，当事人意思表示一致是合同的重要特征。因此，从信守合同和维护合同的法律效力的原则出发，判断合作开发合同当事人的准则并不取决于当事人行为的具体内容，而是取决于合同订立的形式本身。也就是说，即使一方当事人在合作开发过程中，并没有作出创造性的技术贡献；或者虽提出过某种创造性技术思想，但没有被具体采纳；或者只提出某种一般性建议或指导性意见；或者只是对技术开发做过一些辅助性技术工作，都不会影响其作为合作开发合同当事人，而且不必强求合同当事人举证说明其是否在技术开发过程中作出过创造性技术贡献。可见，不应当把合作开发合同的当事人同专利法上的共同发明人相等同。

简单地说，即使是合作开发合同的当事人，如果未对完成的发明成果作出创造性贡献，仍然不能视为共同发明人。但是，依照《技术合同法》

的规定，合作开发合同的当事人可以共同为专利申请人，专利申请一旦授权，即成为共同专利权人，共同享有该发明创造专利权。

在实践中，有一种观点认为，可以从《专利法实施细则》第 12 条的规定推出一个结论，即发明的共同完成单位也应当是对发明的实质性特点作出了创造性贡献的单位，其派出参与发明工作的人员中一定有人是发明人，否则，便不能认定为发明的共同完成单位。这个结论显然是错误的。

3.2.2.4　发明人、设计人奖励与报酬的确定

（1）约定优先

根据《专利法实施细则》第 76 条的规定，被授予专利权的单位可以与发明人、设计人约定或者在其依法制定的规章制度中规定《专利法》第 16 条规定的奖励、报酬的方式和数额。有了约定或者规定的，只要其内容不违反法律，应优先执行约定或者规定。

（2）奖励

《专利法实施细则》第 77 条第 1 款规定：被授予专利权的单位未与发明人、设计人约定也未在其依法制定的规章制度中规定《专利法》第 16 条规定的奖励的方式和数额的，应当自专利权公告之日起 3 个月内发给发明人或者设计人奖金。一项发明专利的奖金最低不少于 3 000 元；一项实用新型专利或者外观设计专利的奖金最低不少于 1 000 元。这一款明确了两点：其一，提高了奖金数额，分别将发明专利的奖金由 2 000 元提高为最低不少于 3 000 元，将实用新型或者外观设计的奖金由原来的 500 元提高为最低不少于 1 000 元。其二，明确了发给奖金的时间，即"自专利权公告之日起 3 个月内"。在实践中，许多单位迟迟不发给发明人或设计人奖金，当有的发明人或者设计人想通过法律手段索取奖金时，往往已过诉讼时效，从而使发明人或者设计人的权益难以得到保障。修改后的《专利法实施细则》规定了明确的时间界限，单位到时不向发明人或者设计人支付奖金的，即属违法。

《专利法实施细则》第 77 条第 2 款规定：由于发明人或者设计人的建议被其所属单位采纳而完成的发明创造，被授予专利权的国有企业事业单位应当从优发给奖金。根据这一规定，可以得到从优奖金的必须首先是发明人或者设计人，而不是某一具体专利案外提建议的人；其次，是提出的建议被本单位采纳，并对完成发明专利具有积极意义或作用的人。从优发给奖金是指比《专利法实施细则》第 77 条第 1 款规定的最低标准要高，至于到底是多少才属于从优，则可根据各单位的经济状况等自行决定。

（3）报酬

《专利法实施细则》第 78 条规定："被授予专利权的单位未与发明人、设计人约定也未在其依法制定的规章制度中规定专利法第十六条规定的报酬的方式和数额的，在专利权有效期限内，实施发明创造专利后，每年应当从实施该项发明或者实用新型专利的营业利润中提取不低于 2% 或者从实施该项外观设计专利的营业利润中提取不低于 0.2%，作为报酬给予发明人或者设计人，或者参照上述比例，给予发明人或者设计人一次性报酬……"

正确地理解这一规定，应明确以下几个问题：

第一，此项报酬在专利权有效期内才应予支付，不包括授予专利权之前的实施行为。

第二，此项报酬应当按年支付给发明人或者设计人，也可以参照相应的标准，一次性全部发给发明人或者设计人。

第三，单位实施获得专利权的发明创造后，从所得利润纳税后再按比例计算应支付的报酬。

第四，支付给发明人或者设计人的报酬，根据专利客体不同分为两档：发明或者实用新型专利应提取不低于 2%，外观设计专利应提取不低于 0.2%。这里的 2% 和 0.2%，应当指实施每一项具体的发明、实用新型或者外观设计专利之后发明人或者设计人应当得到的报酬标准。具体讲就是：① 一个产品是由一个专利组成的，制造销售产品就是实施专利，实施专利也就是制造产品，假如单位实施这个专利后获得了税后利润 100 元，则应按 2%（发明或实用新型）和 0.2%（外观设计）作为报酬支付给发明人或者设计人，应支付 2 元（发明或实用新型）或者 0.2 元（外观设计）。而不论其中发明人或者设计人的多与少。② 一个产品是由已有技术改进而成，其中包含了一项专利技术，也包含已有技术。单位实施这个新产品后，得到的税后利润是 100 元，这时则应区分其中专利技术带来的利润是多少，假如可以计算出专利技术带来的利润是 50 元，则应当从这 50 元中提取 2%（1 元）或 0.2%（0.1 元），作为报酬支付给发明人或者设计人。③ 一个产品由多个专利组成，对完成每项专利的发明人或者设计人的奖励也是一样，应当看每一项具体的专利在实施中所作出的贡献大小。假如一个产品中有 10 项专利，实施产品后单位得到的税后利润是 100 元，平均每项专利带来的税后利润是 10 元，对发明人支付报酬时，则应在每项专利带来的 10 元利润中分别计算。假如其中有 5 项发明或实用新型专利，另 5 项为外观设计专利，则发明或实用新型的发明人或应支付的报酬是 10 元的 2%，即每项专利的发明人可得 0.2 元；对每项外观设计的设计人应支付的报酬是 10 元的 0.2%，即每项外观设计的设计人应得 0.02 元。这样计算下来，单位在得到的总利润中实际上支付给发明人或者设计人的报酬总和仍不会超过总利润的 2% 和 0.2%。④ 一个产品中含有多项专利，而这些专利的发明人或者设计人均为一个人。比如，一个产品中有三项发明或实用新型专利，还有一项外观设计专利。当这一产品由本单位实施后，单位仍应当在该产品实施后，根据其中每一项专利在该产品税后利润中所占的比例向发明人（设计人）支付报酬。假如产品的售后利润总计为 100 元，其中外观设计占 10 元，每项发明或者实用新型专利占 20 元，则对外观设计专利设计人的报酬为 10 元的 0.2%，即 0.2 元，三项发明或者实用新型专利取得的税后利润共占 60 元，则应支付给发明人的报酬为 60 元的 2%，即 1.2 元，两项加在一起，单位应向发明人（设计人）支付的报酬为 1.4 元，占四项专利税后利润的 2%，占整个产品税后利润的 1.4%。⑤ 不论一项产品中有几项专利，无论每项专利中有多少发明人或者设计人，单位向发明人或者设计人支付的报酬应当是按照每一项专利计算的，而不是按发明人或者设计人的人数计算的。也就是说，不论发明人设计人多少，都共同去分享 2% 和 0.2%。

《专利法实施细则》第 78 条还规定："被授予专利权的单位许可其他单位或者个人实施其专利的，应当从收取的使用费中提取不低于 10%，作为报酬给予发明人或者设计人。"该条规定也是为了使发明人或者设计人获得更多的利润，体现鼓励技术创新的政策导向。

为了确保职务发明创造的发明人或者设计人依法获得奖励和报酬的合法权益的实现，《专利法实施细则》第 85 条规定，职务发明创造的发明人、设计人与其单位发生的奖励和报酬纠纷，当事人可以请求管理专利工作的部门进行调解。不愿通过调解解决或者调解不成的，当事人还可以向人民法院提起民事诉讼。

《最高人民法院关于审理专利纠纷案件适用法律问题的若干规定》第 1 条第（7）项将"职务发明创造发明人、设计人奖励、报酬纠纷案件"正式规定为专利纠纷案件，使发明人或者设计人一旦因奖励、报酬与原单位发生争议，寻求司法途径保护其合法利益有了明确的依据。

3.2.3　专利权的共有

3.2.3.1　共有专利权的法律特征

《民法通则》第 78 条规定：财产可以由两个以上的公民、法人共有。

专利权是一种财产权，因此，也可以共有。所谓专利权共有是指一项获得专利权的发明创造由两个以上的单位、个人或者单位与个人共同所有。专利权共有的一般前提是共有人之间有合作或者委托关系。

专利权共有有以下几个法律特征：

（1）多主体性

即专利权的主体是由两个或两个以上单位、个人或单位与个人组成，单个主体不可能形成共有。

（2）客体单一性

共有的专利权必须是同一发明创造，而且这一标的具有不可分割性。

（3）权利处分上的协同性

共有专利权是当事人各方共同合作、委托或者协商一致的产物，在处分该专利权时一般需要全体共有人协商一致。

（4）可以是共同共有，也可以是按份共有

《民法通则》第78条还规定：共有分为按份共有和共同共有。按份共有人按照各自的份额，对共有财产分享权利，分担义务。共同共有人对共有财产享有权利，承担义务。

共有专利权是一种无形财产，它作为一个整体，很难分割。共有专利权通过合同设定，既可以具有共同共有的特征，也可以属于按份共有的范畴。有时人为地把共有专利权按共有人进行推定分割，这种人为分割成所谓"份额"，只与缴纳专利费用、转让专利权或者订立专利实施许可合同后分配报酬有关，而与共有人实施发明创造无关。

3.2.3.2 共有专利权的几种主要形式

（1）依合同的约定产生的共有

《专利法》第8条规定：两个以上单位或者个人合作完成的发明创造、一个单位或者个人接受其他单位或者个人委托所完成的发明创造，除另有协议的以外，申请专利的权利属于完成或者共同完成的单位或者个人；申请被批准后，申请的单位或者个人为专利权人。

《中华人民共和国合同法》（以下简称《合同法》）第339条和第340条对此又作了进一步规定：委托开发完成的发明创造，除当事人另有约定的以外，申请专利的权利属于研究开发人。研究开发人取得专利权的，委托人可以免费实施该项专利。研究开发人转让专利申请权的，委托人享有以同等条件优先受让的权利。

合作开发完成的发明创造，除当事人另有约定的以外，申请专利的权利属于合作开发的当事人共有。当事人一方转让其共有的专利申请权的，其他各方享有以同等条件优先受让的权利。合作开发的当事人中一方声明放弃其共有的专利申请权的，可以由另一方单独申请或者由其他各方共同申请。申请人取得专利权的，放弃专利申请权的一方可以免费实施该专利。合作开发的当事人，一方不同意申请专利的，另一方或者其他各方不得申请专利。

在执行上述规定时，确定专利权共有时，应当注意以下三点：

① 专利权共有依据的合同应当是技术合同，而不是非技术合同

专利权或者专利申请权的共有，所依据的合同应当是技术合同，而不是经济合同或者其他非技术合同。这一点应当首先明确。

【实例 3－13】 某植物保护研究所研制出 CWQ－1 型和 CWQ－2 型两种型号农用手动吹雾器。之后，研究所与某仪器厂签订了委托设计加工协议。协议约定，研究所提供 CWQ－2 型的改进型 CWQ－3 型手动吹雾器的主要性能指标、工作原理布局图、尺寸要求，仪器厂负责对 CWQ－3 型吹雾器进行机械设计加工。双方均履行了合同。

后来，在 CWQ－3 型的基础上，研究所又研制出 CWQ－6 型手动吹雾器，将其中原分离的贮气罐和贮液罐合并成一个具有贮气、贮液两种功能、内部贯通的整体封闭罐，比 CWQ－3 型吹雾器有了创造性的改进。据此，研究所向国务院专利行政部门提出名称为"农用手动吹雾器"的实用新型专利申请。

仪器厂得知此情况后，以本厂曾按合同约定参与了 CWQ－3 型吹雾器的设计工作，申请专利的"农用手动吹雾器"亦是在 CWQ－3 型基础上作出的为理由，主张申请专利的权利由两单位共有，要求作为共同专利申请人。

对于当事人以合同为依据，要求作为共同申请人的，法院会依照以下步骤进行审理：

第一，审查当事人举证的合同是否为有效合同，如合同无效，法律不予保护，因此，也不能作为判定权利归属的有效证据。

第二，审查当事人依据的合同是否为技术合同，如果是非技术合同，则当事人无权分享专利申请权或者专利权。实践中，发生此类争议时，当事人常举证购销合同或者加工承揽合同，并想依此类合同分享他人的专利权或者专利申请权。在这种情况下，人民法院应当注意合同中规定的权利义务，正确认定合同的性质。

从上述案例当事人提供的合同看，其主要权利义务表明，是一份委托加工协议，由研究所出图纸、尺寸要求、性能指标，仪器厂负责按要求加工产品。虽然在仪器厂的义务中有"设计"二字，但并不能改变整个委托加工合同的性质。由于该合同不属于技术合同，仪器厂依该合同分享研究所的专利申请权显然无理，应予驳回。

② 应是技术开发合同，而不是技术转让合同或者技术入股、联营合同

在依当事人之间的合同确认专利共有时，所依据的合同应当是技术开发合同。技术开发合同可分为委托开发合同、合作开发合同和计划开发合同等。技术开发合同最显著的特点是当事人之间就新技术、新产品、新工艺和新材料及其系统的研究开发所订立的合同。如果合同标的针对的成果不符合"新"字，就谈不上技术开发合同，当然也就谈不上将开发成果申请专利。这是因为，申请专利的发明创造要符合新颖性。当然，对技术开发合同标的的"新"字，在法律上的要求不是绝对的，而是相对于合同当事人而言的。

技术转让合同与开发合同不同，它应当以转让特定和现有的专利权、专利申请权、专利实施权、技术秘密使用权和转让权为内容。也就是说，技术转让合同是以合同标的已经存在、权属明确为前提的，不包括转让尚待研究开发的技术成果。订立技术入股、联营合同更是如此。

可见，只有当事人之间订立的是技术开发合同，才有可能对开发完成的技术成果产生权利归属于谁或者共有的问题，其中包括专利申请权和专利权的归属。而依据技术转让合同或者一方以技术入股、联营的合同不能产生专利申请权或者专利权的共有。如果技术转让合同在履行过程中对技术成果有后续改进，从而产生了新的技术成果，则属于另一个问题。

③ 对履行专利实施许可合同和技术秘密转让合同后续改进条款产生的新的发明创造，专利申请权的归属应当依从合同约定

所谓"后续改进"，是指在技术转让合同有效期内，合同一方或者双方当事人对作为合同标的的专利技术或者非专利技术所作的革新和改良。这种革新和改良，可以是重大的具有突破性的技术创新和改进，也可以是在技术细节上所作的有实质意义的修正和改良。

《合同法》第354条规定：当事人可以按照互利的原则，在技术转让合同中约定实施专利、使用技术秘密后续改进的技术成果的分享办法。没有约定或者约定不明确，一方后续改进的技术成果，其他各方无权分享。这就是说，合同当事人之间可以就后续的改进技术成果的分享进行约定，

这种约定只要不违反法律规定，对双方当事人就应当具有约束力。而如果没有约定或者约定不明的，则按照谁发明归谁所有的原则处理。

【实例 3 - 14】1988 年 6 月 13 日，姬某与某塑料公司签订"四项削皮器"（又称"老结构削皮器"）待批专利许可证合同。合同约定，在合同履行期间，双方共同合作完成的改进，其专利申请权为双方共同所有；单独完成的改进，其专利申请权归完成方所有。合同签订后，双方就改进"老结构削皮器"的刀架（杆）结构多次进行商讨。其间姬某首先建议可仿照往复式电动剃须刀头结构，双方作了分工，姬某负责刀架（杆）结构设计，塑料公司负责削皮器除刀架（杆）以外的结构以及外形设计。塑料公司派技术人员宋某参加设计。在设计过程中，双方参考往复式电动剃须刀的结构，涉及的问题有：新结构"削皮器"的刀架与刀杆之间采用弹性连接，连接件采用弹性薄片的材质（尼龙）和尺寸，弹性薄片的设置部件。技术人员宋某率先提出并坚持了"异向生根"方案。7 月 30 日，双方共同完成"削皮器"刀架（杆）结构设计，作为悬浮式刀架（杆）结构必要组成部分的刀架，其图纸的设计人栏中由姬某亲笔签署"姬、宋"二人为设计人。同年 8 月 25 日，姬某个人申请了非职务发明专利，由此引起纠纷。

法院在审理本案中重点查明了以下事实：

第一，双方当事人在 1988 年 6 月签订关于"四项削皮器"待批专利许可证合同时，由于"四项削皮器"待批专利中存在弊端，特别是刀架和刀杆之间的设计不合理，需要进一步设计改进，所以在合同中明确规定，合同履行期间，甲乙双方共同合作完成的改进，其专利申请权为双方共同所有。合同签订后，双方共同对刀架（杆）的放置问题进行了试制。

第二，由于塑料公司技术人员宋某提出"异向生根"方案使新结构"削皮器"得到了改进。之后，姬某在悬浮式刀架（杆）结构必要组成部分的刀架图纸的设计人栏中亲笔签署"姬、宋"，确定宋某为共同设计人。

鉴于上述事实，受诉法院认为："削皮器"是塑料公司和姬某在履行技术转让合同期间共同完成的对"老结构削皮器"的改进，根据双方当事人在合同中的约定，法院判决"削皮器"专利权归塑料公司和姬某共有。

（2）协商共有

根据专利法的规定，两个单位或者个人分别就相同的发明创造在同一天申请专利的，由双方协商解决申请人问题。协商的结果往往可能是双方成为共同申请人，当专利获得批准时，双方就成为共同专利权人。

有一种观点认为：《专利法》第 9 条规定，两个以上的申请人分别就同样的发明创造申请专利的，专利权授予最先申请的人。如果两个人同一天申请，双方又协商不成时，专利管理机关可以作出双方共有的决定。这个原则同样适用于个人与单位之间以及单位与单位之间的情况。其实，这种观点是没有法律依据的，在实践中也行不通。实践中，同日申请的情况是比较少见的，虽然在实践中作出相同发明是存在的，但又在同一天申请专利的巧合实例是不多的。如果真的遇到这种情况，只能由申请人之间协商解决申请人问题，包括由有关部门调解，但不能靠行政决定作出确认。

（3）因实际合作研究行为形成的共有

当事人之间在共同研究一项发明创造过程中没有协议的，在完成发明后，怎样解决申请权或专利权归属问题？《专利法》第 8 条和《合同法》第 339 条、第 340 条讲的都是依合同约定解决这类问题。那么，发明人之间如果根本没有合同约定，一旦发生争议，就显得很棘手。

遵照以事实为根据的原则，对于那种虽无合同关系但事实上已经形成了共同发明关系而产生的发明创造，在确认其权利归属时，可以参照《民法通则》的有关规定，依据当事人之间合作行为产生发明创造的事实确认专利权共有。

【实例 3 – 15】徐某原在某研究所工作，1988 年年底任该所副所长，1989 年年初任开发部主任，负责技术开发、转让等工作。1988 年年底，研究所接受"水陆两栖自行滚动球"（简称"魔球"）非职务发明人蔡某委托为其转让"魔球"专利技术。在转让过程中，研究所人员发现该"魔球"设计上有缺陷，为此，1989 年 2 月，研究所正式立项，拨模具费、研制费 3 000 元，由徐某负责对"魔球"的技术进行改进工作。徐某带着蔡某交给研究所的"魔球"样品找到朋友李某，请李某帮助改进设计。李某对"魔球"提出改进意见，并勾画了草图。1989 年 4 月 15 日，徐某背着研究所领导找到所里工作人员裘某帮助撰写了专利申请文件，向国家知识产权局提出了发明名称为"飞行彩球"的专利申请，李某、徐某作为共同发明人和共同申请人。1990 年 2 月 28 日，"飞行彩球"被授予实用新型专利权。

为此，研究所与李某、徐某发生了专利申请权纠纷。研究所认为，"飞行彩球"专利应为职务发明，归研究所所有。理由是："飞行彩球"是所里立项投资开发研制的技术课题。当时负责该项目的副所长兼技术开发部负责人徐某擅自将该职务发明成果贿赂给李某，并与李某串通，以李某和徐某两人的名义申请了非职务发明专利。李某辩称："飞行彩球"是其在徐某给他看的"魔球"基础上经过改进独立完成的发明成果。因委托徐某代为申请专利及转让该项技术，便同意徐某作为该技术的共同设计人和共同申请人。徐某辩称：在研究所得到"魔球"专利样品后，拿给李某看，李某在"魔球"基础上提出改进形成"飞行彩球"。研究所虽有立项，但并未实际进行研制，因此，该专利应为非职务发明专利。

法院认为：本案当事人双方争议的"飞行彩球"是在"魔球"专利基础上改进形成的，对此双方均无异议。李某称"飞行彩球"技术方案于 1988 年 10 月即已完成，并提供原始"草图"为证。因"草图"上未注明完成时间，也不是一个完整的技术方案，且在完成时间上与"魔球"专利权人举证相矛盾。"魔球"专利权人举证其样品是在 1988 年 12 月才交给研究所，因此，"飞行彩球"技术方案的正式完成应以 1989 年 4 月 15 日专利申请文件为准。1988 年年底，研究所让徐某负责转让"魔球"技术，在发现"魔球"有设计缺陷后，1989 年 2 月，研究所将对"魔球"的改进列入科研项目，由副所长、技术开发部负责人徐某负责。在这种情况下，徐某拿着"魔球"专利权人提交研究所的"魔球"样品，请李某帮助改进设计，徐某的行为属职务行为，代表研究所。李某之所以委托徐某帮助申请专利与转让技术，也是基于徐某在研究所负责该项工作，因此，研究所对该项专利权应当享有权利。况且，该专利的构思不仅直接源于研究所的"魔球"样品，而且在完成过程中，使用了研究所的资金和人员，利用了研究所提供的物质条件。研究所与李某之间由于徐某的行为，形成了一种实际上的合作研究改进"魔球"专利的关系。据此，法院判决"飞行彩球"实用新型专利权归研究所和李某共有。

3.2.3.3　共有专利权的行使

2008 年第三次修改《专利法》时增加了共有专利权行使的条款。《专利法》第 15 条规定，专利申请权或者专利权的共有人对权利的行使有约定的，从其约定。没有约定的，共有人可以单独实施或者以普通许可方式许可他人实施该专利；许可他人实施该专利的，收取的使用费应当在共有人之间分配。除前款规定的情形外，行使共有的专利申请权或者专利权应当取得全体共有人的同意。

这一规定明确了共有专利权行使的原则，首先是约定优先，有约定的按约定办，没有约定的才按法律规定办；其次，共有人单独实施及作出普通许可，但许可费用要在共有人之间分配；再次，对于共有专利权的其他行使方式，如专利权转让、专利申请权转让、普通许可之外的其他许可方式，都必须经过全体共有人同意才能有效。

本章思考与练习

1. 专利申请权纠纷的含义及其情形有哪些？
2. 专利权归属纠纷包括哪些类型？
3. 判断职务发明创造性的法律依据及其相关问题。
4. 如何判断发明人与设计人及共同发明人？
5. 专利权共有的法律特征及共有的主要形式是什么？

第4章　专利侵权纠纷

本章学习要点

1. 侵犯专利权行为的表现形式
2. 法定及不视为侵犯专利权的情形
3. 发明、实用新型及外观设计专利侵权判定原则
4. 侵犯专利权的法律责任
5. 假冒专利与冒充专利的区别

4.1　概述

4.1.1　侵犯专利权的行为

侵犯专利权又称"专利侵权"，是指在专利权有效期限内，行为人未经专利权人许可，以生产经营为目的实施其专利的行为。

4.1.2　侵犯专利权行为的法律特征

4.1.2.1　有被侵犯的客体

专利侵权行为侵犯的对象必须是受我国专利法保护的有效专利权，它包括产品专利和方法专利。根据专利权具有地域性的特点，只有经过在国务院专利行政部门申请并被授予中国专利权的发明、实用新型或者外观设计专利，才能在中国获得保护，而在外国获得的专利权并不能自然在中国获得保护。对于曾经在中国获得过专利权，但已经过了保护期、已被宣告无效或者已经由专利权人放弃的专利权，也不再给予专利保护。对这些技术的实施行为，不构成侵犯专利权。

4.1.2.2　有法定的侵害行为

侵权行为人在客观上实施了他人专利，并对专利权构成侵害。如果仅有实施的意图或者只是做好了侵权的准备，但尚未实施侵权行为，则不构成侵犯专利权。

对产品专利而言，法定侵害行为是指：制造该专利产品；使用该专利产品，包括对产品的单独使用和作为其他产品的部件使用；许诺销售该专利产品；实际销售该专利产品；进口该专利产品。

对于方法专利而言，法定侵害行为是指：使用该专利方法；使用依该专利方法直接获得的产品；许诺销售或者销售依该专利方法直接获得的产品；进口依该专利方法直接获得的产品。

对于工业品外观设计而言，法定侵害行为是指：制造体现了该外观设计的产品；销售或者许诺销售体现了该外观设计的产品；进口体现了该外观设计的产品。

除上述行为之外，假冒他人专利的行为也属于对专利权的法定侵害行为。

4.1.2.3　侵害行为有违法性

侵权人的侵害行为必须是违法行为，侵权人才应承担法律责任。对专利权的一切侵害行为虽然均可能给专利权人造成损害，但不一定都是违反专利法的行为；有的侵害行为法律已明确规定不视为侵犯专利权，如为了科学研究和实验目的使用有关专利的行为、临时进入本国领域的外国交通工具的设备中使用有关专利的行为等。有的侵害行为虽然未经专利权人许可，但有法律特别规定作为依据，例如，按照强制许可的实施行为，虽然也会给专利权人的专利权造成一定损害，但并不属于违法行为，也不能追究其侵权责任。

4.1.2.4　以生产经营为目的

根据专利法的规定，任何单位或者个人未经专利权人许可，不得为生产经营目的制造、使用、许诺销售、销售、进口其专利产品，或者使用其专利方法以及使用、许诺销售、销售、进口依照该专利方法直接获得的产品。由此可见，凡以经营为目的实施他人专利的行为均可能构成对他人专利权的侵害。只有非生产经营目的的实施行为，才不构成侵犯专利权。

实践中，属于非经营目的的实施行为主要有两种情况，一是专为科学研究和实验而使用有关专利的；二是公民出自个人爱好和需要实施有关专利的。其中第二种情况仅限于公民个人，如果是一个企业或者单位仿制了专利产品，哪怕直接目的是仅供本厂或者本厂员工使用该专利产品，也不应当认为是非生产经营目的。在这里，应当注意为生产经营目的与为营利目的的区别。以营利为目的就是为了获取利润，而以经营为目的并不以获利为前提，一些单位的消费行为实际上也是一种经营行为，如果在消费过程中实施了他人的专利，也属于以经营为目的，也可能会构成侵犯他人专利权。

4.1.2.5　未经专利权人许可

根据专利法的实践，必须是未经专利权人许可、实施他人专利的行为才可能构成侵犯专利权，行为人经专利权人书面许可或者实际上默许的实施行为，不构成侵犯专利权。

4.1.2.6　行为人必须有过错

按照《民法通则》的规定，公民或者法人承担民事责任的前提应当有过错。过错一般分为故意和过失两种类型。前者指侵害人事先已经预见自己的行为可能会对专利权人的专利权造成损害而仍然希望或者听任其发生；后者是指侵害人事先对自己的行为及其可能产生的后果应当预见或者能够预见而没有预见，或者虽然预见却轻信其不会发生。例如，侵害人查阅了专利的权利要求书及说明书等专利文件后，未经专利权人同意而仿制其专利产品，这种行为就属于故意侵权；一项专利的权利要求书和说明书公布后，侵害人没有查阅这些文件，自己独立研制出了与专利产品相同的产品，一旦生产或者销售该产品则属于过失侵权。国务院专利行政部门公开了专利权利要求书和专利说明书，并在专利公报上公告，侵害人既然是工商业者，既然要进行发明创造，其在研制开发新产品之前就应当查阅，有义务进行检索，而且只要其想查阅，就能查阅到，但其竟没有查阅，所以应当认定其行为有过失。当然，无论是故意还是过失，侵害人都应当承担民事责任。在承担民事责任上，专利法对故意还是过失并未作出区分。

4.2　侵犯专利权行为

4.2.1　制造专利产品的行为

制造专利产品的行为是指生产、加工受专利法保护的发明或者实用新型专利产品。也就是说，被控侵权人制造了他人专利权利要求书中所表达的完整的专利产品。这种专利产品可以是独立的专利产品，也可以是构成其他产品中的一个部分或者一个部件。判断是否构成制造专利产品的行为，并不取决于生产产品规模的大小和制造产品数量的多少，也不必审查行为人是用什么方法制造出来的，只要是未经专利权人许可，哪怕为生产经营目的仅制造了一件专利产品，也会构成侵犯专利权。

4.2.2 使用专利产品的行为

使用专利产品的行为是指发明或者实用新型专利产品按照其用途得到了应用。每一件专利产品，按照它的技术功能都可以有一种或者多种用途。那么，对于专利产品而言，只要行为人将其用途加以实现，不论是用了它的哪一种用途，也不管是反复使用还是一次性使用，都属于使用行为。使用专利产品既包括了对专利产品的单独使用，也包括了将专利产品作为其他产品的一部分或者一个部件的使用。对使用专利产品行为的认定与制造专利产品相类似，即未经专利权人许可，即使仅为生产经营目的使用了一次，在法律上也应当是被禁止的。

4.2.3 许诺销售专利产品的行为

2000 年修改后的《专利法》赋予了发明专利和实用新型专利的专利权人"许诺销售"的禁止权。这一修改，不仅加大了对专利权的保护力度，也符合了 TRIPS 的要求。

所谓"许诺销售"，是指行为人明确表示愿意出售一种特定的专利产品的行为。从实现许诺销售的形式看，既可以是书面形式，也可以是口头形式；既可以是通过柜台展示或者演示的方式，也可以是通过广告、传真、网上发布信息等其他途径。例如，将专利产品陈列在商店中，列入拍卖清单或者为其做推销广告等。但是，许诺销售行为必须是针对已经构成侵犯他人专利权的专利产品而言，而不能是权利人的凭空猜疑。即不能仅凭一份宣传广告、一个电话、传真等方式反映出的专利产品外观，或者对产品性能的一般介绍，就认定构成许诺销售侵权产品，而仍然应当在首先认定许诺销售行为针对的产品构成侵权的情况下，再认定其行为是否属于许诺销售。

许诺销售不同于销售行为，它仅仅是表示提供销售的愿望，可以说是向不特定的人发出的要约邀请。按 2000 年修改后的《专利法》的要求，专利权人对未经许可的许诺销售行为，有权依法予以禁止。该项权利的直接意义在于，使专利权人在侵权行为人进行侵权交易的早期阶段及时禁止"即发侵权"的行为，避免"销售行为"的实际发生，以减少专利权人由于侵权行为而带来的实际损失。但是，这种"即发侵权"行为尚未给专利权人造成实际损失，从理论上讲，将"许诺销售"认定为侵权行为，是对传统的侵权构成要件学说的一大突破，即在没有实际损害发生的情况下，行为人也要承担侵权责任。就专利权这种无形财产权而言，由于其具有开发研制成本高、技术成果易扩散、权利人对其控制较为困难等特点，一旦受到侵权，会给权利人造成较为严重的损害。所以，法律规定给予权利人一种强化保护是十分必要的。

4.2.4　销售专利产品的行为

销售专利产品与一般的货物买卖相同，即卖方将专利产品出售给买方，买方支付给卖方一定的价金。根据专利法的规定，专利产品的卖方可以是专利权人，也可以是经过专利权人许可实施专利的单位或者个人。但未经专利权人许可，任何单位或者个人是不允许擅自为生产经营目的销售专利产品的，否则即构成侵犯专利权行为。

4.2.5　进口专利产品的行为

专利权人有权禁止第三人从另外一个国家进口与其专利相同的专利产品，这就是所谓的进口权。我国专利法规定，专利权人享有对专利产品的进口权，有权禁止第三人将专利产品从其他国家进口到我国。这就是说，未经专利权人许可，擅自进口专利产品的行为也构成侵犯专利权行为。

4.2.6　使用专利方法的行为

使用专利方法的行为是指使用了受专利法保护的方法发明专利，未经专利权人许可，为生产经营目的使用他人专利方法的行为，属于侵犯专利权的行为。但是，判断使用专利方法的行为与判断制造专利产品的行为有所不同。对制造专利产品而言，只看结果是否相同，而不问制造方法是否一样，只要最终的产品与专利产品相同，即使行为人使用的是与专利产品的实际制造方法不同的方法制造出来的，也属于制造专利产品的行为，也构成侵犯专利权行为。而对于方法专利而言，则不看实际制造出的产品如何，只看是否使用了该专利方法，即使使用该专利方法制造出不同产品，也构成使用专利方法的侵权行为。而使用其他方法即与专利方法不同的方法制造出相同产品，则不能认为侵犯了方法专利权。

4.2.7　使用、许诺销售、销售、进口依专利方法直接获得的产品的行为

根据世界上多数实行专利制度的国家的做法和有关国际公约的规定，如果专利是一项产品的制造方法，则专利权人不仅有权禁止他人未经许可使用该专利方法，而且有权禁止他人未经许可使用、许诺销售、销售、进口依该专利方法直接获得的产品。这种规定的目的在于给产品制造方法专利的专利权人以更加有利的保护。我国专利法也作了上述规定，因此，未经专利权人许可，以生产经营为目的使用、许诺销售、销售、进口依照该专利方法直接获得的产品的行为，也是一种侵权行为。

实际上，这里讲的"依专利方法直接获得的产品"应当是指"新产品"。如果使用一种方法专利，结果制造出的是一种旧产品，则专利权的保护范围并不能包含这种旧产品，这时只能保护获得专利权的制造方法；而如果根据专利制造方法可以制造出一种新产品，则对这种方法的保护可以延伸到对新产品的保护。

4.2.8 制造、销售、许诺销售或者进口外观设计专利产品的行为

外观设计专利保护的不是产品本身，而是产品上所呈现的外观设计，但对外观设计的专利保护又离不开产品。就是说，外观设计专利必须是指定在某一产品上使用的。任何单位或者个人未经专利权人许可，在为生产经营目的制造这一产品时，都不得使用该外观设计，或者不得销售、许诺销售、进口使用外观设计专利的产品，否则就构成了侵犯他人外观设计专利权行为。

4.3 专利权限制

4.3.1 法定不侵犯专利权的行为

4.3.1.1 国家计划许可实施行为

根据《专利法》第 14 条的规定，国有企业事业单位的发明专利，对国家利益或者公共利益有重大意义的，国务院有关主管部门和省、自治区、直辖市人民政府报经国务院批准，可以决定在批准的范围内推广应用，允许指定的单位实施，由实施单位按照国家规定向专利权人支付使用费。

根据上述规定，一项发明专利权如果是被国务院有关主管部门或者省、自治区、直辖市人民政府根据国家计划指定实施的，则其被实施行为不属于侵犯专利权。当然，实施单位应当按照国家规定向专利权人支付使用费。

实践中在执行这一规定时，应当注意以下几点：

第一，国家计划许可实施行为仅针对发明专利，而且必须是对国家利益或者公共利益有重大意义的发明专利，不能针对实用新型和外观设计专利。

第二，只能在政府批准的范围内由被指定的单位实施，不能扩大实施范围，实施主体也不可能随意改变。

第三，对国家指定许可的决定，专利权人不满的，不可以提起行政诉讼；而如果对专利使用费双方不能达成一致的，可以通过司法途径解决。

第四，国家计划许可主要针对国有企业事业单位所有的发明专利；对

中国集体所有制单位和个人的发明专利，符合上述条件的，参照上述规定办理。而对专利权主体是外国人的，不能实行国家计划许可。

值得指出的是，目前专利法中关于国家计划许可的规定，明显带有计划经济的色彩。因此，在我国逐步实行市场经济过程中，这一规定长期以来并未真正实施过。而且，在将来修改《专利法》的时候，也应当考虑删去。

4.3.1.2　强制许可实施行为

根据《专利法》的规定，我国专利实施的强制许可主要有以下三种：

（1）未能获得专利权人许可时的强制许可

即具备实施条件的单位以合理的条件请求发明或者实用新型专利权人许可实施其权利，而该单位未能在合理的时间内获得这种许可时，国务院专利行政部门根据该单位的申请，可以给予实施该发明专利或者实用新型专利的强制许可。

（2）根据国家利益的强制许可

即在国家出现紧急状态或者非常情况时，或者为了公共利益的目的，国务院专利行政部门可以给予实施发明专利或者实用新型专利的强制许可。

（3）关联专利的强制许可

即一项取得专利权的发明或者实用新型比前一项已经取得专利权的发明或者实用新型具有显著经济意义的重大技术进步，其实施又有赖于前一项发明或者实用新型专利的实施的，后一项专利的专利权人曾努力与前一项专利的专利权人协商，力图以合理条件签订许可协议，但未能取得结果。在这种情况下，国务院专利行政部门根据后一专利权人的申请，可以给予实施前一项发明或者实用新型专利的强制许可。反过来，前一项发明或者实用新型专利的专利权人也会有实施后一项发明或者实用新型专利的可能，发生与上述情况相同的问题时，国务院专利行政部门也可以根据前一专利权人的申请，给予实施后一项发明或实用新型专利的强制许可。对于这种关联发明的强制许可，无论是单位还是个人均可以提出请求。

在上述三种强制实施许可的情况下，实施人只要是依据国务院专利行政部门作出的强制许可决定实施专利，其行为不构成对专利权人专利权的侵害，但是必须向专利权人支付专利实施许可费。专利权人若对国务院专利行政部门作出的强制许可实施的决定不服或者对强制实施许可使用费的决定不服，均可以在法定期间内向人民法院提起行政诉讼。

多年的专利司法实践证明，专利强制许可的规定仅仅是一种备用条款，由于它的适用条件很严格，实践中很少有国家真正适用它，尤其是前两种强制许可的情况。

4.3.1.3　在发明专利临时保护期内的实施行为

在专利法中，临时保护期是指发明专利申请公布后、专利权授予前这段时期。根据专利法的规定，发明专利申请公布后，申请人可以要求实施其发明的单位或者个人支付适当的费用。如果实施人不主动支付这笔适当的使用费，权利人可以提起临时保护期使用费的诉讼。在实践中，人们习惯于将这种使用费纠纷归到侵犯专利权纠纷之中。严格地说，这种诉讼属于临时保护期的费用纠纷，不属于专利侵权纠纷，实施人的行为也不属于侵犯专利权的行为，因为此时专利权人并未实际获得发明创造专利权。

发明专利临时保护期费用诉讼的提起必须是在专利权人最终获得专利权之后，而且诉讼请求中只能要求实施人支付适当的费用。只有当实施人的实施行为一直延续到权利人获得专利权之后，专利权人才能提出专利侵权之诉，要求侵权人停止侵权、赔偿经济损失。而司法实践中，这种情况又较多见，即行为人不仅在发明专利的临时保护期内实施该技术，而且实施行为一直延续到专利权授予之后。因此，这类诉讼也常与专利侵权诉讼合并在一个案件中审理。

4.3.1.4　专利申请公开前的实施行为

在发明专利申请日至公布日期间，实用新型和外观设计专利申请日至授权公告日期间，是否给予专利保护的问题，在实践中常有争论。专利法对在此期间已提出专利申请的发明创造技术方案及外观设计未规定给予专利保护。在此期间，他人将独立研制出的与申请专利的技术相同的技术方案或者外观设计付诸实施或者订立转让合同的，不构成侵犯他人专利权。

这就是说，一项发明创造申请专利后，在公开之前，其技术内容是处于保密状态的，它同技术秘密成果一样，主要靠权利人自己做好保密工作。当然，按照专利法的规定，在专利申请公布或者公告前，国务院专利行政部门工作人员及有关人员对其内容负有保密责任。如果予以泄露的，行为人应当承担行政或者刑事法律责任。由于在此阶段，申请专利的技术内容尚未公开，相关人员对其又承担着保密义务，因此，在这个阶段任何第三者实施该项技术，只能认为是其自行研究开发或者设计的，当然不存在侵犯专利权问题。但是，如果实施人是利用不正当手段获取他人已申请专利的技术内容的，则属于不正当竞争行为，应当依据其他的法律进行处罚。

4.3.2　不视为侵犯专利权的几种行为

有些行为，从行为本身的要件上来说，是符合侵权行为的构成要件的，但是，法律明确规定这些行为不视为侵犯专利权的行为。

4.3.2.1　专利权用尽

专利权是一种具有排他性的权利，这种权利原则上是未经专利权人同意，任何人都不得擅自实施其发明创造。但是，为了维护国家和民族的公共利益，防止专利权人滥用专利权，几乎所有实行专利制度的国家都毫无例外地在专利法中对专利权作出一些限定。我国专利法规定，在有些特殊情况下，行为人实施了制造、使用或者销售专利产品的行为，虽然未经专利权人许可，但不视为侵犯专利权，这种情况也称为侵权例外。在这些特殊情况下，实施人也无须向专利权人支付任何费用。

这些法定的不视为侵犯专利权的情况，主要有以下几种：

4.3.2.2　先用权

先用权，是指某项发明创造在申请人提出专利申请以前，任何人（包括单位和个人）已经制造相同产品、使用相同方法或者已经做好制造、使用该相同产品或者相同方法的必要准备，在该发明创造授予专利权以后，享有先用权的人仍有继续在原有的范围内制造或者使用该项发明创造的权利。即使后来申请专利的人获得了专利权，具有先用权的单位或者个人的制造或者使用行为，也不视为侵犯了他人的专利权。

在实践中，相同的发明创造，同时由两个不同的发明人分别研究开发出来的事例是常见的。尤其是当人们对专利制度不十分熟悉，在进行产品开发研究之前不善于利用专利文献检索手段的情况下，重复研究的情况就更是不可避免。但是，对完成的发明创造是否申请专利，不同的单位及个人有不同的态度。而且，发明创造成果不一定都要等到申请专利之后才付诸实施，即使都去申请专利，申请日期还会有先后之别，而专利权最终只能授予最先提出专利申请的人。先用权就是从保护没有申请并获得专利权的另一个发明人的最低利益着想，给其作出的创造性劳动一种特殊的权利，使具有先用权的单位或者个人，可以不经专利权人的允许，继续制造、使用由自己研究开发出的该产品或者使用该方法。

先用权原则是对专利权的一种限制。但是，在专利法中确立先用权原则并不是保护发明在先的人，而是为了消除专利"先申请原则"带来的某些不公平因素。例如，投入资金或者人力、物力后研究开发出相同发明创造的单位或者个人，已经实施或者做好了实施的必要准备，但由于别人抢先提出专利申请，而使自己的投入徒劳无益，这显然是不公平的。所以，专利法规定先用权原则的实质，就是以申请日为时间界限，对申请专利在先的人和已经实施或者准备实施的单位或者个人之间的利益关系进行调整、平衡，以使他们都受到公平的保护。

需要强调说明的是，在专利侵权诉讼中，判断被告是否享有先用权，首先要确定被告实施的行为对象与专利技术方案及外观设计是否完全相同。如果不同，或者被告以技术方案不相同进行侵权抗辩，就不能再适用先用权进行抗辩，因为先用权必须是在技术方案相同的情况下才可以适用。在司法实践中，经常遇到被告既以先用权抗辩，又以自己实施的技术与专利技术不相同进行抗辩，实际上这两种抗辩理由是冲突的。如果技术不相同，就不存在先用权；如果以先用权抗辩，就说明两个技术方案应当是相同的。

根据专利法的规定和人们对专利法的普遍认识，取得先用权是有严格条件的，其制造或者使用的行为有不符合这些条件中任何一项的，行为人都不具有先用权。这些条件是：

（1）制造或者使用的行为发生在他人取得专利权的专利申请日以前

先用权的"先"指的是他人申请专利之前。在实践中，容易引起误解的是，怎样认定是否具备先用权的时间。有人认为应当是在专利申请日后至专利申请公开（公布）以前这段时间，这是错误的。根据专利法对先用权规定的严格定义，在专利申请日起至授权日期间发生的制造和使用行为不享有先用权。先用权的取得必须是在他人专利申请日之前。

（2）制造或者使用的技术是先用权人自己独立完成的，而不是抄袭、窃取专利权人的

从专利法规定保护先用权的立法目的看，先用权应当是针对使用人自己研制的技术。当然，先用权人从专利权人以外的其他单位或者个人处合法继承或受让的发明创造，也可以作为先用权的客体。但是，两个以上的单位或者个人共同研究完成的技术成果，其中一方或者几方擅自申请专利，另一方或者另几方擅自实施，前者擅自申请专利的行为虽然是不符合法律规定的，但当其控告后者的实施行为侵犯其专利权时，实施方不得以先用权作为抗辩理由，而只能先请求人民法院确认双方是否为共同专利申请人或者共同专利权人。如果是合作研究一项技术成果在技术难题均未解决的情况下，合作各方关系破裂，合作关系解除，之后，该技术成果最终由双方各自分别完成，一方按照先申请原则申请了专利，另一方便不可能再获得专利权，但其可能根据具体情况享有先用权。如果合作双方在合作关系

解除前已完成研究课题，取得技术成果，那么，在无合同约定的情况下，申请专利的权利应当属于双方。当其中一方申请专利后，另一方不享有先用权。

这就是说，享有先用权的人不能是专利权的特定人，不论他通过什么形式和手段，只要其实施的技术是从专利权人那里得来的，他就不能享有专利法意义上的先用权。

（3）先用权人在他人专利申请日以前，至少已经做好了制造或者使用的必要准备

这里讲的"必要准备"一般是指以下几方面准备工作：

① 技术上的准备。指是否已下达技术任务书、新产品设计书以及生产图纸等。或者说，已经完成实施发明创造所必需的主要技术图纸或者工艺文件。此时只下达了科研任务书，列入科研课题不能算是已做好了技术上的准备。

② 生产上的准备。指需要建立专门厂房的是否已建立，是否已准备好生产该产品所必需的各种机器设备（包括通用设备和专用设备），专用工具及模具、原料等。或者说，已经制造或者购买了实施发明创造所必需的主要设备或者原材料。

③ 完成了样品的试制。指样品通过检测已经达到使用要求和技术任务书的要求。

值得一提的是，上述必要准备至少应当是"已经做好"，而不是准备要做。在他人提出专利申请确定申请日以前，没有做好上述"必要准备"的，在他人申请专利之后，其制造和使用的行为不具有先用权。

（4）先用权的制造或者使用的行为，只限于原有的范围和规模之内

先用权的制造或者使用的行为，只限于原有的范围和规模之内，即制造的目的、使用的范围、产品生产数量都不得超出原有的范围。这样理解先用权是为了防止滥用先用权而对先用权人所作的约束。在实践中，有时对"原有的范围"很难确定，尤其是对产品数量的确定。从时间上来说，"原有的范围"应当确定为他人专利申请日前，而不应当包括申请日以后；对"已经制造"来说，应以先用权人在申请日前制造的产品数量计算出生产数量；对"已经做好制造的必要准备"来说，可以根据先用权人所作的必要准备的规模，预测将达到的生产能力与规模。当然，这种认定和预测也应当以申请日前为准。原有范围一旦确定，超出这一范围的制造和使用的行为，就应当认定为不享有先用权，不能得到保护。

（5）先用权人对该发明创造只能是自己实施，不得任意转让

除非随着先用权权利主体一起转让，先用权一般也不能成为抵押、投资、入股、联营的对象。这也是为了对先用权作出限制，防止随意扩大先用权的范围，给专利权人带来不利后果。

一般说来，先用权人制造相同产品或者使用相同方法的行为是不公开的，或者只是在一定范围内公开，即尚未构成已有技术。如果其行为已向社会公开，相同的产品或者相同的方法就会由于失去新颖性而无法获得专利权。

但是，由于我国实用新型和外观设计专利审查并不像发明专利那样，要经过"三性"审查才能授权，再则，有的先用权人在未发生侵权诉讼之前，由于没有涉及自身利益，也不会主动去向专利权审查授权机关反映某个发明创造已失去新颖性问题；因此，难免会有一些不符合专利性条件的实用新型和外观设计申请暂时也获得了专利权，而且一旦授予专利权，再想否定它的专利性，就只能经过无效宣告程序才能解决。这个问题在侵权诉讼中是无法得到解决的。

如果被诉侵权方或者任何公众明知争议的专利权不具备新颖性，但其并不向专利复审委员会提出无效宣告请求，在这种情况下，处理专利侵权纠纷的管理专利工作的部门或者人民法院虽然明知该专利很可能会被宣告无效，但由于该专利权事实上并未依法定程序被宣告无效，所以，在法律上只能仍承认其专利权有效。

司法实践中，凡遇到先用权抗辩的案件，就必然涉及一个问题，即先用权的举证责任由谁负责。

先用权是针对专利侵权的一种抗辩权。作为专利权人来讲，他对自己提出的主张——即被告侵犯了专利权——负有举证责任。当专利权人通过举证证明了自己的主张后，即证明被告有侵权行为后，他的举证责任就应结束。这时，如果被告以先用权抗辩，应当由被告举证，证明自己在专利权人申请专利之前已经制造相同产品、使用相同方法或者已经做好制造、使用的必要准备，并且仅在原有范围内继续制造、使用。被告是否享有先用权，其是否一直在原有范围内制造、使用这些事实，专利权人是无法举证的。在实践中，先用权的举证问题是值得注意的。在侵权纠纷案件中，如果法院要求原告专利权人举出侵权人不具备先用权、其制造行为已超出原有范围等方面的证据，作为专利权人的原告显然是无法办到的。

4.3.2.3 在临时过境的交通工具上使用专利的行为

这一规定是针对外国的交通工具，包括陆、海、空运输工具，临时通过我国领土、领水、领空，在其交通工具上使用受我国专利法保护的有关专利的情况提出的。

外国的陆、海、空运输工具临时通过中国领域，在运输工具上使用的有关专利，如果我国专利权人有权禁止其使用，对于交通自由会造成很大的不便。外国运输工具的所有人可能完全不知道我国有该项发明创造专利，如果要求他向我国专利权人取得使用该项发明创造专利的许可，那就未免过于严格，实践中难于做到。所以《保护工业产权巴黎公约》（以下简称《巴黎公约》）规定，船只、飞机或者车辆暂时或者偶尔进入一国领地时，它们所用的发明不应认为侵犯了该国的专利权。为遵循国际公约及惯例，我国专利法也作了相同的规定。但是，交通工具所属国必须与我国订立协议或者共同参加国际条约（如《巴黎公约》），或者依照互惠原则才能适用这种规定，而且必须是为了运输工具自身需要而在其装置和设备中使用了专利的情况，才不视为侵犯了专利权。

4.3.2.4 非生产经营目的的使用

根据《专利法》第 69 条第（4）项的规定，专为科学研究和实验而使用有关专利的行为，不视为侵犯专利权。这也是许多实行专利制度的国家普遍采取的做法。其目的是鼓励开展科学研究，促进技术的创新。为了科学研究和实验的目的使用有关专利，与为了生产经营的目的使用有关专利不同，它不是以营利为目的，而是为了促进技术的进步。所以，这里的"使用"，只能理解为制造与使用专利产品，而不应理解为销售专利产品。制造与使用两种行为可以是专为科研、教学的目的而进行，但销售就与商业目的分不开了。因此，销售行为是不允许的，哪怕是把专利产品销售到科学机关、教学单位或者实验室，也不能摆脱侵犯专利权之嫌。

4.4 发明、实用新型专利的侵权判定

4.4.1 专利权保护范围的确定

4.4.1.1 确定专利权保护范围的法律依据

《专利法》第 59 条规定，发明或者实用新型专利权的保护范围以其权利要求的内容为准，说明书及附图可以用于解释权利要求的内容。根据这一规定，专利权的保护范围的大小是由权利要求决定的。当然，权利要求

不是孤立的，它应当得到说明书的支持，在确定专利权的保护范围时，说明书可以对权利要求中不清楚的描述作出解释。

作为专利权客体的发明创造是无形的知识形态的智力劳动产品，所以，不能依发明创造本身来确定专利权的保护范围。实践中，专利产品与申请专利保护的范围往往有不一致的情况，因此，也不能依专利产品本身来确定专利权的保护范围。

尽管作为专利权客体的发明创造是无形财产，但是，它的载体是有形的。它要获得专利法保护，就必须用一定的形式固定下来。根据《专利法》第 26 条的规定，在申请人提出的申请文件中，要有一份权利要求书，说明要求专利保护的范围。《专利法实施细则》第 19 条规定，权利要求书应当记载发明或者实用新型的技术特征。根据这些规定，权利要求应当由反映发明或者实用新型内容的技术特征组成。确定了技术特征，也就随之确定了专利权的保护范围。

4.4.1.2　对专利权利要求的解释

根据专利权利要求确定专利权的保护范围时，要从以下三个方面考虑：

① 专利权的保护范围以其权利要求的内容为准，而不是以权利要求的文字或者措辞为准。权利要求记载的内容是确定发明或者实用新型专利权保护范围的直接依据，说明书和附图处于从属地位。一项技术构思尽管在说明书或者附图中有所体现，但是，如果在权利要求书中没有记载，就不在专利权的保护范围之内。

② 权利要求只是发明或者实用新型专利说明书所记载的必要构成事项的简明表述。为了搞清楚权利要求所表示技术方案的确切内容，应当参考和研究说明书及附图，了解发明或者实用新型的目的、作用和效果，以确定权利要求的确切内容。

③ 为了搞清楚权利要求中某些技术术语的准确含义，还可参考专利申请过程中申请人和国务院专利行政部门之间的来往文件，特别是专利权人在这些文件中所认可、承诺、确认或者放弃的技术内容，这对专利权保护范围的确定同样具有重要意义。

在这里，应当明确谁有权解释权利要求。在专利侵权诉讼中，谁来解释专利权利要求，不同的当事人有不同的看法。

一般情况下，原告总是认为，自己是专利权人，属于自己的发明创造当然只有自己讲得清楚，因此，专利保护范围的大小应当由专利权人解释。

被告则往往认为，自己是公众利益的代表，对权利要求确定的保护范围大小的解释最有发言权。

也有人认为，在中国获得专利权的任何一项发明创造都是经过国务院专利行政部门审查后授予的，国务院专利行政部门的审查员对专利的保护范围是最明白的，因此，应当由国务院专利行政部门的审查人员对专利的保护范围进行解释。

其实，世界各国的法院在专利侵权诉讼中都会遇到这个问题，对于由谁来对专利权利要求进行解释，在看法上基本是一致的，就是只有法官才有权解释，在中国还有负责处理专利侵权纠纷的管理专利工作的部门的执法人员。

在美国，由于专利商标局对权利要求的解释和法院对权利要求的解释十分不同，在专利商标局的审查程序中给予权利要求与说明书一致的、最宽的合理解释。而在诉讼中因没有对权利要求进行补正的机会，故不用上述解释方法，而是采用法官解释的方法。

由世界知识产权组织编写的《知识产权法教程》也明确指出："什么东西在专利保护范围以内？在一般情况下，这是一切专利诉讼的关键问题。专利保护的范围由权利要求决定。这是各国共同的做法。而权利要求的含义要由法官解释。"

有人担心，对专利权利要求的解释会涉及各个行业的专业技术问题，而法官是不懂技术只懂法律的人士，因此，法官解释权利要求会困难重重。实际上，这种担心是多余的。让法官解释专利权利要求，意思是法官有最终确定专利权保护范围的大小的权利，而确定的过程仍然要靠当事人举证、法庭调查、向专家咨询或者通过技术鉴定等多种手段才能完成。

4.4.1.3　专利说明书在确定专利保护范围中的作用

根据《专利法》第 59 条的规定，确定专利保护范围的原则具有双重含义，一是发明或者实用新型专利的保护范围以其权利要求书表述的要求保护的内容为准；二是说明书、附图可以用于解释权利要求的内容。当专利权利要求的内容与说明书中记载的技术内容相一致时，即取得了说明书的支持，说明专利权利要求是确切的，是成立的；当专利权利要求的内容与说明书的内容有差异，不能准确地或者不能清楚地反映专利权利要求的内容时，则要依据说明书及附图对权利要求的内容予以解释、修正，使其合理、清楚地反映出专利要求保护的内容。这种解释与修正可以使专利权利要求的内容从不清楚到清楚，从要求过大到适当缩小，从要求过小到适度扩大。而专利保护范围则是以经过说明书正确解释的权利要求的内容而确定的。应当说，这是说明书在确定专利保护范围中所起的作用。

根据《专利法》第 26 条的规定，说明书应当对发明或者实用新型作出清楚、完整的说明，以所属技术领域的技术人员能够实现为准。权利要求书应当以说明书为依据，说明要求专利保护的范围。因此，在专利侵权诉讼中，专利说明书至少应当在以下几个方面发挥解释功能：

① 在独立权利要求中的必要技术特征不易理解时，可以根据专利说明书记载的内容给予清楚的解释。

② 在权利要求的保护范围较大时，根据专利说明书对权利要求作出适当缩小的解释，以使权利得到说明书的支持。否则将可能损害公共利益。

③ 在权利要求的保护范围较小或者不确切时，根据专利说明书对专利权利要求作出适当扩大的解释。在实践中，主要是有些专利文件将明显的、非必要的附加技术特征写入专利独立权利要求中，使独立权利要求的保护范围过小。对于这种情况，应当根据说明书的解释，省略专利独立权利要求中的附加技术特征，使专利独立权利要求的内容与专利说明书中描述的主要技术内容相对应。

4.4.1.4 实施例在确定专利保护范围中的作用

在专利说明书中，实施例或者具体的实施方式是说明书重要的组成部分，实施例越多，权利要求可以概括的程度越高。

对实施例或者实施方式的说明，可以使专利权利要求的每个技术特征具体化，从而使发明的实施具体化，使发明或者实用新型的可实施性得到充分支持。

在专利说明书中，对每个实施例的描述应当使发明或者实用新型的内容、优点和效果以及对附图的说明浑然一体，使发明或者实用新型得到清楚完整的说明。应给出足以支持发明或者实用新型优点和效果的最好实施方式。

由此可见，实施例作为说明书的一部分，对确定专利的保护范围有重要意义。运用实施例解释权利要求时应注意以下几点：

① 专利的保护范围不应当受说明书或者附图中所记载的实施例的约束，不论该实施例是否记入从属权利要求。

② 在有些情况下，专利的技术范围允许限定为具体的实施例。这些情况包括：抽象的或者功能性的权利要求，仅按权利要求描述的技术方案不完整；权利要求的记载缺少必要技术特征；权利要求所记载的范围大于发

明的详细说明书所记载的范围；权利要求所记载的全部为已知技术；权利
要求所记载的技术方案从申请时的技术水平来看是未完成发明，但实施例
为完成的发明；除实施例之外，权利要求所记载的技术方案不能达到说明
书所声称的技术效果。

③ 因为独立权利要求应为记载构成发明的全部必要技术特征，所以不
能认为说明书中的实施例只不过是个实施例，而不予考虑，从而造成对专
利的保护范围作扩大解释。

【实例 4 - 1】有一项制造饮料的方法发明专利，它的权利要求有三项：
"1. 酸角饮料的制备方法，其特征在于：

a）以酸角（罗望子属 Tamnridus Indicus）的果实的肉质部分为原料；

b）将酸角经分拣—清洗—去壳—热水浸渍—过滤—澄清等步骤处理；

c）以上述制得的酸角原汁、浓缩汁为主，配以酒石酸、柠檬酸、醋
酸、糖等辅助成分配制成饮料。

2. 依照权利要求 1 所述的方法，其特征在于每次用酸角果实重量 4 ~ 5
倍的热水（80℃左右）浸泡 15 ~ 30 分钟，浸泡 2 ~ 3 次，浸提液汇集、过
滤、澄清得到含酸量 0.5 的酸角原汁，酸角原汁经浓缩至含酸量为 5 时，
即得浓缩酸角汁。

3. 依照权利要求 1 和 2 所述的方法，其特征在于分别将酸角原汁和浓
缩酸角汁按下述方法配成饮料：

a）酸角清凉饮料：

酸角原汁 100 ~ 500 毫升或浓缩酸角汁 200 毫升；

白糖 100 ~ 120 克或白糖 420 ~ 500 克；

酒石酸 0 ~ 2.5 克；

加水至 1 000 毫升。

b）酸角汽水：

在 a）中冲入食用二氧化碳气体。"

在权利要求 1 的 c）中，专利权人未用"有机酸"或直接用"辅料"
这些上位概念，而是并列写入三种酸，即酒石酸、柠檬酸、醋酸（这种写
法及如果改写权利要求后是否能获得专利权，在此不作讨论）。实际上，
制作饮料必须要有酸，但不一定同时有三种酸，当然三种酸都有可能会产
生一种奇特的口味。

在侵权方法及制造的饮料中，有的只加入一种酸，有的未加酸，而是
用原料酸角中直接含有的酸。怎样认定是否侵权？怎样看待专利独立权利

要求 1 的 c)中对三种酸的写法?这时就要对照说明书。

该专利说明书中披露了 4 个实施例,即

实施例 1:首先对酸角果实进行分拣。将劣质果剔除,清洗,破碎,去壳,用 4~5 倍重量的热水(80℃左右)浸泡 15~30 分钟,共用热水浸泡 2~3 次,浸提液汇集,过滤,澄清得到含酸量 0.5(1 000 毫升汁含酒石酸 5 克)的浓缩酸角汁。含酸量的测定用中和法滴定。

以 100~500 毫升的酸角原汁,加入白糖 100~120 克,酒石酸 0~2.5 克,加水至 1 000 毫升,混合均匀,即成酸角清凉饮料。

实施例 2:在实施例 1 的基础上,加入可食用的二氧化碳气体,定量灌装可成酸角汽水。

实施例 3:将含酸量 0.5 的酸角原汁浓缩至含酸量为 5,即为浓缩酸角汁。杀菌后包装贮存。

实施例 4:在实施例 3 的基础上,取浓缩酸角汁 200 毫升,加入白糖 420~500 克,再添加水至 1 000 毫升,混合均匀,加热杀菌包装。

实施例 1 仅用了酒石酸一种酸,实施例 4 未用酸,而是使用"含酸量 0.5 的酸角原汁",这两个实施例对独立权利要求的保护范围作了很好的解释,即添加一种酸或不加酸均在权利要求的保护范围内,都构成了对专利的侵权。

在世界知识产权组织各国专家进行协调的《巴黎公约》有关专利部分补充条约的草案中,也专款规定了实施例,指出:如果专利包含了发明的实施例或者该发明功能或效果的例子,权利要求书不应该解释或局限于这些例子。尤其是,当一个产品或方法包含了一个在专利所披露的例子中未出现的附加特征、缺少这些例子中的特征,或者未达到目的或不具有这些例子中写明的或潜在的所有优点时,不能以这些事实将该产品或方法排除在权利要求的保护范围之外。

这就是说,权利要求书不能受实施例的局限。

4.4.1.5 摘要与专利保护范围无关

根据《专利法》第 26 条的规定,摘要应当简要说明发明或者实用新型的技术要点。

《专利法实施细则》第 23 条规定:说明书摘要应当写明发明或者实用新型专利申请所公开内容的概要,即写明发明或者实用新型名称和所属的技术领域,并清楚地反映所要解决的技术问题、解决该问题的技术方案的要点以及主要用途。说明书摘要可以包含最能说明发明的化学式;有附图的专利申请，还应当提供一幅最能说明该发明或者实用新型技术特征的附图。附图的大小及清晰度应当保证在该图缩小到 4 厘米 ×6 厘米时，仍能清晰地分辨出图中的各个细节。摘要文字部分不得超过 300 个字。摘要中不得使用商业性宣传用语。

由此可见，摘要是说明书公开内容的概括，它仅提供一种技术情报，不具有法律效力。摘要的内容不属于发明或者实用新型原始公开的内容，不能作为以后修改说明书或者权利要求书的依据，也不能用来解释权利要求书。可以说，摘要与专利的保护范围无关。因此，世界知识产权组织各国专家进行协调的《巴黎公约》有关专利部分补充条约草案明确指出："专利的摘要不得用来确定专利的保护范围。"

4.4.2　专利侵权判定中应明确的一些概念

4.4.2.1　专利权利要求申请文本与授权文本

一项发明创造从提出专利申请到授权再到发生侵权诉讼，其专利权利要求书一般不会是一个文本。根据专利法的规定，申请发明或者实用新型专利的，应当提交请求书、说明书及其摘要和权利要求书等文件，这就是专利申请文本。

国务院专利行政部门收到发明专利申请后，经初步审查认为符合专利法要求的，自申请日起满 18 个月，即行公布，也可以根据申请人的请求早日公布其申请。这就是申请公开文本。

发明专利申请经过审查员实质审查、实用新型和外观设计专利申请经过初步审查，没有发现驳回理由的，国务院专利行政部门即作出授权决定，同时公告专利授权的相关法律文件，这就是专利授权文本。

对于专利经过无效审查程序的，国务院专利行政部门要公告专利权无效审查决定的结果，这是专利无效审查决定文本。

可见，一项专利权尤其是发明或者实用新型专利权，会有多个专利权利要求书文本。

在专利申请以及在无效程序中，专利申请文件是可以进行修改的。但是，《专利法》第 33 条规定："申请人可以对其专利申请文件进行修改，但是，对发明和实用新型专利申请文件的修改不得超出原说明书和权利要求书记载的范围，对外观设计专利申请文件的修改不得超出原图片或者照片表示的范围。"

一般情况下，根据最初申请时的文本记载，其要求专利保护的范围很大，随着权利要求书的修改，保护范围只会逐渐缩小。

可见，在专利侵权判定中，以哪个权利要求书文本为准来确定专利权利的保护范围非常重要。诉讼中以诉讼时的最终文本为确定专利保护范围的依据才是恰当公正的。对此，原告应该主动提供，被告应该提前查询，受诉人民法院应认真审查。

4.4.2.2　独立权利要求与从属权利要求

根据《专利法实施细则》第 20 条的规定，权利要求书应当有独立权利要求，也可以有从属权利要求。就是说，一件申请至少应当有一项独立权利要求，但可以没有从属权利要求，也可以有一项或多项从属权利要求。

独立权利要求应当从整体上反映发明或者实用新型的技术方案，记载技术问题的必要技术特征。

从属权利要求应当用附加的技术特征，对引用的权利要求作进一步的限定。

在一个三维坐标中，我们可以把一个合乎要求的只含有一个独立权利要求的权利要求书，看成由各个权利要求的各个二维保护范围按顺序沿纵轴排列构成的空间三维结构，其形状近似于倒置多层宝塔。

在这个倒置的多层宝塔形的空间三维结构中，独立权利要求的保护范围位于最上端，是倒置的宝塔"底层"，它的二维保护范围最大，从纵向看超过其他任何一个从属权利要求保护范围，并且是包含了所有从属权利要求保护范围的最大保护范围。它决定了权利要求书的最大保护范围。

各个从属权利要求应按保护范围从大到小的顺序，沿纵轴自上而下排列，构成倒置的宝塔中的各个层次。一般来说，从属权利要求的保护范围所处层次与其权利要求的序号相一致。对于合理引证了多项权利要求的从属权利要求，由于其包含了多个技术解决方案，各个方案因保护范围大小不同，可能处于并不相邻的层次上。而与完整的最佳实施例相应的从属权利要求的技术方案往往在倒宝塔的最下端，其二维保护范围最小。

从保护专利权的角度出发，在确定保护范围时，应当以独立权利要求为准。一般情况下可以不考虑从属权利要求。当然，也不是绝对的。

在这里必须要搞清楚独立权利要求与从属权利要求的关系，这种关系可以归纳为以下几点：

（1）所属类型相同

一项独立权利要求，可以为产品、方法、用途和设备权利要求中的任何一种，而从属权利要求的类型则必须与其所引用的独立权利要求相同。也就是说，一旦独立权利要求的类型已经确定，其从属权利要求的类型也就随之而定。例如，独立权利要求为一特定产品时，其所有从属权利要求就只能是更为具体的该特定产品，而不能为方法、用途等其他类型，否则就不是从属权利要求。

（2）保护范围不同

一般来说，独立权利要求具有一定的概括性，其保护范围最宽；而从属权利要求则是在此基础上进一步限定后的技术方案，因而其相应保护范围较窄，且应当落入独立权利要求的保护范围之内。

（3）目的作用不同

独立权利要求的作用是限定专利权的保护范围，目的是防止各种变相的侵权；而从属权利要求则既可防止别人再取得选择发明，又可为以后的审查和无效程序设置必要的退路。

（4）两者命运相关

在审查程序中判断权利要求的专利性时，独立权利要求与从属权利要求有一定的关联性。其关系是，一旦独立权利要求具备了专利性，其所有从属权利要求就自然而然地具备了专利性，不需要另外分别地单独进行判断；反之则不成立，如果独立权利要求不具备专利性，对其从属权利要求就还需要单独进行判断。如果从属权利要求没有增加新的实质性的内容，其命运可能与独立权利要求相同；然而，如果从属权利要求新增加的附加技术特征是实质性的，并由此造成了较大的区别，则该从属权利要求还有可能符合专利性的要求，从而可以上升为新的独立权利要求。

因此，如果当事人在专利权稳定有效的情况下，坚持依据从属权利要求起诉被告的行为构成侵犯专利权的，法院也可以对从属权利要求的保护范围予以解释界定，并作出侵权与否的判定。

4.4.2.3　独立权利要求的前序部分与特征部分

《专利法实施细则》第 21 条第 1 款规定，发明或者实用新型的独立权利要求应当包括前序部分和特征部分，按照下列规定撰写：① 前序部分：写明要求保护的发明或者实用新型技术方案的主题名称和发明或者实用新型主题与最接近的现有技术共有的必要技术特征；② 特征部分：使用"其特征是……"或者类似的用语，写明发明或者实用新型区别于最接近的现有技术的技术特征。这些特征和前序部分写明的特征合在一起，限定发明或者实用新型要求保护的范围。

独立权利要求的特征部分，应当记载发明或者实用新型的必要技术特征中与已知技术特征不同的区别技术特征，这是专利权人在该技术方案中作出的独特贡献。这些区别技术特征与前序部分中的已知技术特征一起，构成发明或者实用新型的全部必要技术特征，限定独立权利要求的保护范围。

在进行侵权判断时，依据的是专利独立权利要求中记载的全部必要技术特征。必要技术特征包括前序部分的一般技术特征，也包括特征部分的区别技术特征；不能把前序部分和特征部分分割开来，只对比区别特征部分，而不考虑前序部分的一般特征。不能错误地认为前序部分记载的是已有技术特征，就不加以考虑。因为，只有前序部分记载的技术特征和特征部分记载的技术特征加在一起，才能构成一个新的完整的技术方案，从而符合专利性条件，获得专利保护。

4.4.2.4 必要技术特征与附加技术特征

必要技术特征是指，发明或者实用新型为达到其目的和效果所不可缺少的技术特征，其总和足以构成发明或者实用新型主题，使之区别于其他技术方案。根据专利法的规定，记载为达到发明或者实用新型目的的必要技术特征，必须写在独立权利要求中，从而实现从整体上反映发明或者实用新型的技术方案的目的。

必要技术特征在独立权利要求中，对于开创性发明，均处于特征部分。对于改进性发明，则分为两部分，一部分位于前序部分，另一部分位于特征部分。但无论是属于公知技术写入前序部分的必要技术特征，还是由发明人改进的属于区别特征写入特征部分的必要技术特征，都对确定独立权利要求的保护范围起着决定性作用。

必要技术特征的内容，对于不同种类的发明是不同的。对于方法发明来说，它主要是步骤（即工序）和（或）工艺参数。对于产品发明来说，它主要是构成的部件（或元件）和各构件之间的空间位置、连接或装配关系。不能用方法和产品的功能代替它们的步骤和结构特征。简言之，方法权利要求的特征应为步骤式，产品权利要求的特征应为结构式。只有这样撰写，这些清楚、完整的必要技术特征的总和，才能划出一个边界清楚的密封的二维空间保护范围，而不是一个模糊的或开放式的范围。

附加技术特征又称非必要技术特征，应当与发明或者实用新型的目的有关，可以是对引用权利要求的技术特征进一步限定的技术特征，也可以是增加的技术特征。

在独立权利要求中不应当有附加技术特征，因为它对技术方案的形成没有实质意义，仅仅起到"锦上添花"的作用，在反映发明创造主要技术内容的独立权利要求中，附加技术特征纯属可有可无的那些技术特征。所以，根据专利法的规定，附加技术特征应当写在从属权利要求中。

4.4.2.5　技术特征与完整的技术方案

每个权利要求的二维空间保护范围是由两个因素决定的。

第一个因素是构成该权利要求的技术方案中技术特征的个数。在其他条件完全相同的情况下，技术方案中技术特征的个数越少，其保护范围越大；反之，技术方案中技术特征的个数越多，其保护范围越小。

第二个因素是构成该权利要求的技术方案中技术特征的抽象程度。在其他条件完全相同时，技术特征越抽象即使用上位概念，保护范围越大；技术特征越具体，则保护范围越小。

可见，技术特征的个数和抽象程度对确定权利要求的保护范围具有决定性作用。因此，要合理、正确地确定每个权利要求的二维空间保护范围，其关键在于合理、正确地确定上述两个决定因素。

合理确定独立权利要求的保护范围，根据上述两个决定因素及其特定要求，必须注意两点：一是要正确地确定"必要技术特征"的个数，必须使独立权利要求是个完整的技术方案。二是在该独立权利要求中使用的上位概念，必须有说明书中记载的下位概念的支持，其概括的程度必须合理；在其概括的范围内，合理设计的技术方案应可实施。

判断独立权利要求中记载的技术特征是否"必要"、是否"完整"，应当看说明书中所记载的发明任务。

所谓"必要的技术特征"就是指该技术特征对于完成发明任务是必不可少的，是完成发明任务所必需的。正是这些必要技术特征完整地构成了发明的整体，使该发明区别于其他技术方案，达到发明的预期效果。

所谓"完整的技术方案"是指由完成发明任务的必要技术特征的全体构成的方案。简言之，是必要技术特征无一遗漏的方案。例如，对于发明任务是设计"一种手提式保温瓶"来说，保温瓶的外壳，安装在外壳上的把手，安装在外壳内的保温瓶胆和盖，以及安装在外壳底部的保温瓶胆支撑装置，都是完成上述发明任务所必要的技术特征。这些必要技术特征的总和才能构成完成上述发明任务的完整的技术解决方案，缺一不可。否则就是一个必要技术特征不完全、不完整的技术方案。因此，从这个意义上讲，"发明任务"是决定独立权利要求技术特征个数的基准，从而也是撰写独立权利要求保护范围的限框。一般来说，发明任务越抽象，允许的独立权利要求的技术特征个数越少，保护范围越大；反之，发明任务越具体，允许的独立要求的技术特征数量越多，保护范围越小。因此，发明任务和发明技术解决方案即独立要求必须相对应，相统一。

4.4.2.6 基本专利与从属专利

说明基本专利先要弄清楚从属专利。所谓从属专利又称"附属专利""依存专利"，是相对于基本专利而言的，是指一项专利技术的技术特征包括了前一有效专利，即基本专利的必要技术特征。它的实施必然会全部覆盖前一专利技术的保护范围，必然有赖于前一专利技术的实施。在这种情况下，前一项专利叫基本专利，后一项专利称为从属专利。

从属专利的主要形式有三种：

① 在原有产品专利技术特征的基础上，增加了新的技术特征。

② 在原有产品专利技术特征的基础上，发现了原来未曾发现的新的用途。

③ 在原有方法专利技术特征的基础上，发现了新的未曾发现的新的用途。

依存专利主要在三类情况下容易产生。第一类是方法、用途专利与所生产的产品或使用的物质之间，容易形成依赖关系。如某种合金的生产工艺方法很容易成为该合金物质专利的依存专利。这类是最典型、最明显的。第二类是基本专利技术是依存专利技术方案中的一个组成部分。例如，基本专利是一种液晶显示电子计时电路，依存专利将其用于收音机的控制，成为钟控收音机。这种钟控收音机专利就成了在先的液晶显示电子计时电路基本专利的依存专利。这一类也比较清楚、一目了然。第三类则较为复杂，即依存专利是基本专利的发展型或完善改进型。例如，基本专利是一种普通菜刀，依存专利是它的改进方案。在刀背上打上几个孔，使刀的重心下移；或在相对切物面的空面有一空槽，使切物顺槽脱离刀背，解决基本专利切物时被切物附贴刀背的不足。这种新型的菜刀既是对普通菜刀的改进，它的实施有赖于在先菜刀专利的实施，因而也是依存专利。这一类在专利实施中是较为常见的，也比较复杂。

实践证明，依存专利的问题往往产生于专利侵权的诉讼中。对依存专利权人侵权感到难于理解的人认为，既然是专利，按专利法的规定就是承认它有高于在先技术方案的地方，即创造性，那怎么还会侵权呢？在这里使其困惑的原因在于，他们把专利授权条件之一的创造性判断与侵权诉讼中专利保护范围的判断相混淆了。在国务院专利行政部门审批程序中的创造性判断，主要是看申请专利的技术方案与在先的已有技术之间的差异程度，而并不关心两者使用上的关系。例如，在独立权利要求的前序部分中，往往都是已有技术的内容，但这并不能影响整个方案的创造性，可见，技术内容是否在申请技术中被利用或存在，在进行创造性判断时无关紧要，而重要的是这种利用、存在的方式是否出人意料、是否丰富了已有技术。而在侵权判断中则不同，它对专利技术方案内容的利用方式并不关心，而只考虑侵权争议对象中是否利用、存在专利保护的内容。在这里专利技术方案的内容是否被利用是第一位的，至于这种利用的方式是否出人意料、有何卓越之处，则对侵权与否无关痛痒。这是由专利权的绝对排他性所决定的。在这里还应注意的是，侵权争议对象侵权与否的依据，仍应是《专利法》第 59 条规定的条件，以权利要求书的内容为准，而不能以依存专利的认定事实为依据。依存专利的认定仅作为侵权认定的一个间接旁证和解释专利权人为何也会侵权的说明。

由于从属专利也是专利，所以有人认为，从属专利的权利人只要是实施自己的专利就无侵权问题，其实不然。根据专利法的规定，由于从属专利的特征在于都保留了基本专利的必要技术特征，因此，从属专利的实施亦应得到基本专利权人的许可，否则，便会构成对基本专利的侵权。在许多国家都是如此，如英国和德国一样，都规定改进发明不能逃避侵权，如果被指控侵权的客体采用了一项专利发明的本质特征并对其作了修改，即使其本身也被授予专利权，只要其落入该权利要求符合目的的解释原则的范围之内，仍然是侵权的。

【实例 4-2】1986 年 6 月，何某研制成功"整体形小青瓦"，同年 7 月向国家知识产权局申请实用新型专利。国家知识产权局于 1988 年 2 月授予其专利权。该专利要求保护的权利要求是：呈圆弧筒形；瓦内、外面相隔一定距离有一台阶；宽度与小青瓦等宽，长度 4~7 级；级距约 30~50 厘米。

某经济技术开发研究所自行研究出"新型多节瓦"，1987 年 10 月向国家知识产权局提出实用新型专利申请，1988 年 8 月被公告。其要求保护的权利要求是：呈圆弧形；盖、底瓦正面呈多节状；盖瓦各节长等于宽度，一般 4~7 节，每节级 30~60 厘米；盖瓦前沿反面有一宽 0.5~1 厘米、深 0.3~0.8 厘米的凹槽，底瓦后沿正面有一凸径，盖、底瓦凹凸连接嵌合；底瓦有一平面，起稳定作用。研究所将自行研制的"新型多节瓦"技术先后转让给 18 个单位，获技术转让费 26.6 万元。

1988 年 7 月，何某得知该研究所在转让技术，认为"新型多节瓦"的主要技术特征都在"整体形小青瓦"专利的权利要求保护范围内，故向法院提起诉讼。被告研究所答辩称："新型多节瓦"在制造、工艺、材质等方面均不同于"整体形小青瓦"；它是研究所独立构思、研制的，且在何某专利未公告时，也已申请专利，故不存在侵权。

受诉法院经审理认为，研究所"新型多节瓦"技术的主要形状特征是"圆弧形、多节状"，这与何某"整体形小青瓦"专利技术的形状特征虽提法不同，但实质相同。因此，"新型多节瓦"的主要形状特征部分属于侵权。研究所的"新型多节瓦"技术在尺寸、材质、色彩等方面虽与何某"整体小青瓦"专利技术有差异，但这些不是整体的发明构思，没有实质性技术突破，不影响侵权事实的认定。

研究所的"新型多节瓦"技术中，有"凹凸连接嵌合"和"起稳定作用的平面"等新的技术特征，而"整体形小青瓦"权利要求中没有这些特征，故不构成侵权。但是，"新型多节瓦"是一个完整的技术，它的实施有赖于"整体形小青瓦"的实施，不能因此否定被告研究所的"新型多节瓦"主要技术特征部分侵权的事实。

据此，法院作出判决：（一）被告研究所立即停止转让"新型多节瓦"属于侵权的形状特征部分的技术；（二）被告研究所赔偿原告何某损失2.5万元。

通常，从属专利与基本专利相比在技术上要先进，如果前一个专利权人不同意后一个专利权人实施前一项专利，就阻碍了先进技术的实施，属于违反公共利益的行为。在这种情况下，后一个专利权人可以请求国务院专利行政部门作出对前一项专利强制实施许可的决定。这种强制实施许可决定，会在一定程度上限制前一专利权人的权利。所以，根据专利法的规定，颁发此类强制实施许可证必须符合两个条件：一是从属专利技术应该较前一专利先进，确实有实质性的进步；二是从属专利的专利权人应当提交未能以合理条件与前一专利权人签订实施许可合同的证明。当然，国务院专利行政部门在给从属专利权人强制实施基本专利的情况下，也可以根据基本专利权人的申请，给予其实施从属专利的强制许可。

4.4.2.7　侵权与部分侵权

根据《专利法》的规定，未经专利权人许可，为生产经营目的实施他人专利的行为即构成对他人专利的侵权。但是，由于实践中对专利侵权的判断较为复杂，有时难以认定，于是出现了"部分侵权"的观点，而且，有的法院或者管理专利工作的部门已把这个观点运用到办案实践中。实际上，专利的"部分侵权"是不存在的，"部分侵权"的观点也是站不住脚的。

"部分侵权"观点的出现，主要是对实践中的实施专利行为的性质认识不清造成的。

第一，认为侵权物仅实现了专利独立权利要求中部分必要技术特征的情况下，虽不构成全部侵权，但应构成"部分侵权"。

一项专利权的保护范围是由若干必要技术特征有机组合构成的，但绝不意味着其保护范围可以像区分技术特征那样肢解成若干部分。专利的保护范围一旦确定，便是一个完整的、不可分割的整体。认为存在"部分侵权"，实质上就是人为地把专利权分割成若干个部分，并认为可以对其中局部给予保护，从而将不侵权的行为作为侵权行为认定，这种认识显然是错误的。

独立权利要求是从整体上反映发明或者实用新型的主要技术内容，记载了构成发明或者实用新型的必要技术特征。若是少了必要技术特征，就不能从整体上反映主要技术内容，不构成该特定的发明或者实用新型。缺少部分必要技术特征的产品往往只是专利的一个组成部分，是局部，它不可能达到专利的发明目的。如果减少了必要技术特征，又能达到同样的发明目的和效果，正好说明该技术比专利技术有了进步，具有创造性，这时就不应将其与专利视为同一技术方案，更不能将其作为侵权行为认定。

第二，《专利法》第31条规定：属于一个总的发明构思的两项以上的发明或者实用新型，可以作为一件申请提出。因此，有人认为，当一件专利申请有两项以上的独立权利要求（如一项产品权利要求与一项方法权利要求）时，如果侵权物的技术特征只实现或覆盖了其中一项独立权利要求，就构成了对这项专利的部分侵权。这种观点显然也是错误的。因为，一项专利即使有两个以上的独立权利要求，但要构成侵权，侵权物的技术特征仍必须全部落入其中某一项独立权利要求的保护范围。而一旦落入了这个保护范围，就构成了对这个独立权利要求所记载的技术方案的侵权，而不存在部分侵权问题。

第三，认为有的专利权在侵权诉讼中，被专利复审委员会宣告部分有效、部分无效，那么，侵权产品对有效部分的侵犯属于"部分侵权"。这种看法显然是对专利权部分无效理解有误。专利权被宣告部分有效、部分无效后，无效的部分应视为自始即不存在，但有效部分仍是一个整体，有时无效的部分直接作为公知技术与有效部分重新组成一个技术方案。在进行侵权判断时，应以专利权有效部分必要技术特征所组成的整体来进行判断，当然不存在什么部分侵权问题。

第四，认为专利产品是由几个可分割的部分组成，当侵权产品仅仅是专利技术要求保护的范围的一部分时，行为人便构成对专利权的部分侵害。例如，一件专利为带盖的茶杯，被控侵权物是杯盖；或者是一个侵权人制造、销售杯盖，另一个侵权人制造、销售杯身，则二人分别构成部分侵权。实际上，这是将间接侵权当做了部分侵权，显然也是不对的。

一个具体的专利权保护的是一个具体的完整的技术方案，如果发生专利侵权，一定是对一个完整的技术方案的冒犯，侵犯的一定是一个完整的权利，否则，就不构成侵权。局部利用前人技术成果的事情时时都在发生，这属于合理利用的行为，并非部分侵权。

4.4.3 专利侵权判定的原则

4.4.3.1 专利侵权判定的一般原则

4.4.3.2 全面覆盖原则

《专利法》第11条第1款规定："发明和实用新型专利权被授予后，除本法另有规定的以外，任何单位或者个人未经专利权人许可，都不得实施其专利，即不得为生产经营目的制造、使用、许诺销售、销售、进口其专利产品，或者使用其专利方法以及使用、许诺销售、销售、进口依照该专利方法直接获得的产品。"这是《专利法》授予专利权人的权利。

《专利法》第59条第1款规定："发明或者实用新型专利权的保护范围以其权利要求的内容为准，说明书及附图可以用于解释权利要求的内容。"

在判定专利侵权时，首先适用的是最简单、最常用的判定原则，即全面覆盖原则。运用这一原则的前提是，被控侵权物与专利技术相同，出现了仿制侵权产品的情况。所谓仿制侵权，或者说适用全面覆盖原则认定侵权，包括以下几种情况：

（1）字面侵权

即仅从字面上分析比较就可以认定侵权物的技术特征与专利的必要技术特征相同，连技术特征的文字表述均相同。

（2）侵权物的技术特征与专利必要技术特征完全相同

所谓完全相同，是指侵权物的技术特征与专利的技术特征相比，其专利权利要求书要求保护的全部必要技术特征均被侵权物的技术特征所覆盖，在侵权物中可以找到每一个专利的必要技术特征。

（3）专利独立权利要求中技术特征使用的是上位概念

侵权物中出现的技术特征则是上位概念下的具体概念，亦属于技术特征相同。

（4）侵权物的技术特征数量多于专利的必要技术特征

侵权物的技术特征与专利的技术特征相比，不仅包含了专利权利要求书中的全部必要技术特征，而且还增加了新的技术特征。

上述四种情况，均属于仿制侵权或称相同侵权，可适用全面覆盖原则判定被告之行为构成侵权。

4.4.3.3　等同原则

"等同原则"是专利侵权判定中的一项重要原则，它是指侵权物的技术特征同专利权利要求中记载的必要技术特征相比，表面上看有一个或若干个技术特征不相同，但实质上是用实质相同的方式或者相同的技术手段，替换了属于专利技术方案中的一个或若干个必要技术特征，使代替（侵权物）与被代替（专利技术）的技术特征产生了实质上相同的技术效果。对于这种情况，应当认为侵权物并未脱离专利技术的保护范围，因此仍应认定为侵权。

侵权物中与专利技术表面不相同的技术特征，即对专利技术方案中的技术特征起取代作用的技术特征，被称为专利技术方案中必要技术特征的"等同物"。

在专利侵权的技术判断中，确立等同原则，其目的在于防止侵权人采用显然等同的要件或步骤，取代专利权利要求中的技术特征，从而避免在字面上直接与专利权利要求中记载的技术特征相同，以达到逃避侵权责任的目的。

但是，《专利法》虽然已实施 20 多年，并经过三次重大修改，仍未加入任何等同原则的明确规定。这大概是因为司法实践不足、无法为立法提供准确、足够依据的缘故。

多年来，由于无立法依据，法官在司法实践中仅凭个人对等同原则的理解来适用这一原则，难免尺度不一。直至 2001 年 6 月 19 日最高人民法院发布了《关于审理专利纠纷案件适用法律问题的若干规定》，才第一次正式提出等同原则的理解与适用问题。该司法解释第 17 条第 1 款规定：2000 年《专利法》第 56 条（新法第 59 条）第 1 款所称的"发明或者实用新型专利权的保护范围以其权利要求的内容为准，说明书及附图可以用于解释权利要求"，是指专利权的保护范围应当以权利要求书中明确记载的必要技术特征所确定的范围为准，也包括与该必要技术特征相等同的特征所确定的范围。这一规定，明确了《专利法》第 59 条第 1 款是人民法院在判定专利侵权时适用等同原则的法律依据。

该司法解释第 17 条第 2 款规定："等同特征是指与所记载的技术特征

以基本相同的手段，实现基本相同的功能，达到基本相同的效果，并且本领域的普通技术人员无需经过创造性劳动就能够联想到的特征。"这一款进一步明确了适用等同原则的条件。

根据《专利法》和最高人民法院司法解释的规定，结合我国多年司法实践中的判例，归纳等同原则的适用可以明确以下几点：

①"等同原则"中视为"等同"的技术特征，应当是指专利独立权利要求中的各项技术特征。即被认为是等同物的技术特征可能是专利权利要求中的区别技术特征，也可能是前序部分的公知技术特征。因为它们都是为完成发明目的而必不可少的技术特征。对此在最高人民法院司法解释最初的稿子中曾有表述，即"等同特征不应当属于发明创造发明点的技术特征。发明点的技术特征是指导致该发明创造区别于现有技术并使其具有创造性的技术特征"。这种规定似有不妥，因此在正式稿中被删除了。

②"等同原则"中的"等同"，指的是技术方案中具体技术特征的技术功能、作用的等同，而不是侵权物和专利两个技术方案的整体等同。等同物应当是指侵权物中替代专利权利要求中的技术特征，并非指整个侵权物将专利技术方案全部替换。有的学者认为，目前，我国所采用的是比较宽松的适用条件，基本上认同"整体等同"原则。按照这种原则，如果根据专利发明的技术构思，省略权利要求中重要性比较小的技术特征，而且对于所属技术领域的技术人员来说，这种省略又是容易做到的，则应当以"等同原则"认定侵权成立。这种原则显然容易使专利的保护范围过大，损害公众的利益。❶ 这种概括和评价与我国目前司法实践并不完全相符。

③"等同原则"中"等同"的技术特征，与被代替的专利权利要求中记载的技术特征以基本相同的手段、实现基本相同的功能、达到基本相同的效果，这就要求必须逐一将等同技术特征与被代替的技术特征进行对比，并作出认定。对比的结果如果达到了三个基本相同，便成为适用等同原则的一个重要条件。

④"等同原则"中"等同"的技术特征，作为本领域的普通技术人员阅读了专利权利要求书之后，无须经过创造性劳动就能够联想到这种等同替代物，这也是适用等同原则的一个重要条件。即判断侵权物中的技术特征是否属于专利技术中某项必要技术特征的等同替代物时，应当从该争议

❶ 李德山．日本最高法院首次确认在审判专利侵权案件中可适用等同原则［N］．中国专利报，1998－05－20．

的技术所属的技术领域的普通技术人员的技术水平出发。当被控侵权物所采取的等同手段或者使用的等同物作为该领域的普通技术人员很容易想到、显而易见时，则应认定被控侵权物使用了等同物。

⑤ 适用"等同原则"判断等同侵权的时间界限应以侵权行为发生日为准，而不是以专利申请日或者专利公开日为准。因为，发明专利保护期为20 年，实用新型专利保护期为 10 年。在如此长的专利保护期限内，随着科学技术的快速发展，可能会出现一些专利申请或者专利公开的尚未认识到的等价手段。如果不将判断等同侵权的时间界限定在侵权行为发生日，而是定在专利申请日或者专利公开日，那么一旦出现新的等价手段，侵权者就可以利用它来代替权利要求中的相应技术特征，从而逃避侵权责任，这样做显然对专利权人是不公平的。

【实例 4 - 3】涉案发明专利"机械奏鸣装置音板的成键方法及其设备"的独立权利要求是：一种机械奏鸣装置音板成键加工设备，它包括在平板型金属盲板上切割出梳状缝隙的割刀和将被加工的金属盲板夹持的固定装置，其特征在于：a. 所述的割刀是由多片圆形薄片状磨轮按半径自小到大的顺序平行同心地组成一塔状的割刀组；b. 所述的盲板固定装置是一个开有梳缝的导向板，它是一块厚实而耐磨的块板，其作为导向槽的每条梳缝相互平行、均布、等宽；c. 所述的塔状割刀组，其相邻刀片之间的间距与所述导向板相邻梳缝之间的导向板厚度大体相等；d. 所述的塔状割刀组的磨轮按其半径排列的梯度等于音板的音键按其长短排列的梯度。一种机械奏鸣装置音板的成键方法，它是采用由片状磨轮对盲板相对运动进行磨割、加工出规定割深的音键，其特征在于：在整个磨割过程中塔状割刀组的每片磨轮始终嵌入所述导向板的相应梳缝内并在其内往复运动，盲板被准确定位并夹固在所述的导向板上。该发明的目的在于推出一种纯机械的导切法的加工方法和专用设备，使盲板的成键加工变得十分简单，设备和加工成本降低，但音板的质量却得以提高。

被控侵权的设备和方法与专利发明主题相同，都是一种机械奏鸣装置音板的成键方法及其设备，且都采用塔状割刀组的每片磨轮始终嵌入导向板或者防震限位板的平行、均布、等宽的梳缝槽内作往复运动，以实现将盲板加工成规定割深的音键。而这一点，正体现了机芯总厂专利的显著技术进步。就被控侵权的成键设备来说，其与专利权利要求相对应的五个技术特征相比，1、2、4、5 四个特征完全相同。与特征 3 的区别在于：被控侵权设备的盲板不是固定在防震限位板（即权利要求所说的导向板）上，而是另增加一个工件拖板，盲板固定在工件拖板上。就被控侵权的成键方法来说，被控侵权的成键方法与专利权利要求相对应的三个技术特征相比，1、2两个特征完全相同，与特征3的区别在于：被控侵权的成键方法，其盲板不是夹固在防震限位板上，而是夹固在工件拖板上。

被控侵权的成键方法及其设备对应于专利权利要求1和9所记载的必要技术特征3之间的前述区别，从鉴定专家组的鉴定结论看，被控侵权的产品和方法与专利相比，在工作原理、方法上是一样的，导向板和防震限位板这两个重要零件的主要工作面的结构形状是相似的；二者技术特征的不同之处，对于具有机械专业知识的普通技术人员而言，无须创造性的劳动就能实现。据此，可以认定二者在技术手段上基本相同。专利中的导向板和被控侵权产品中的防震限位板这两个重要零件的主要功能基本一致，可以认为二者所要实现的功能基本相同。特别是当把被控侵权产品中的防震限位板与工件拖板作为一个整体来看时，其功能与专利中的导向板并无实质性不同。被控侵权产品将工件固定在工件拖板上，而不固定在防震限位板上，相对于专利将工件固定在导向板上来说，不利于削弱工件的加工振动。正如鉴定意见所述，专利中导向板具有工件（盲板）支承功能，有利于削弱工件的加工振动，提高加工质量，但并非被控侵权产品中的防震限位板不具有减震效果或者减震效果根本不同。

据此，最高人民法院判决：撤销江苏省高级人民法院（1999）苏知终字第9号民事判决；江阴金铃五金制品有限公司立即停止侵犯宁波市东方机芯总厂92102458.4号专利权的行为，包括制造专利设备，使用专利方法，以及销售使用该专利设备和方法生产的音片；江阴金铃五金制品有限公司赔偿因侵犯宁波市东方机芯总厂专利权而给该厂造成的损失100万元。

在该案中，最高人民法院还确定了该类案件一些审理的原则，例如如何确定专利权的保护范围问题：发明或者实用新型专利权的保护范围以其权利要求书的内容为准，说明书和附图可以用于解释权利要求。这里所说的权利要求，是指权利要求书中的独立权利要求，即从整体上反映发明或者实用新型的技术方案，记载为实现发明或者实用新型目的的必要技术特征的权利要求。在确定专利权的保护范围时，既不能将专利权保护范围仅限于权利要求书严格的字面含义上，也不能将权利要求书作为一种可以随意发挥的技术指导。确定专利权的保护范围，应当以权利要求书的实质内容为基准，在权利要求书不清楚时，可以借助说明书和附图予以澄清，对专利权的保护可以延伸到本领域普通技术人员在阅读了专利说明书和附图后，无须经过创造性劳动即能联想到的等同特征的范围。既要明确受保护的专利技术方案，又要明确社会公众可以自由利用技术进行发明创造的空间，把对专利权人提供合理的保护和对社会公众提供足够的法律确定性结合起来。根据这一原则，发明或者实用新型专利权的保护范围不仅包括权利要求书中明确记载的必要技术特征所确定的范围，而且也包括与该必要技术特征相等同的特征所确定的范围，即某一特征与权利要求中的相应技术特征相比，以基本相同的手段，实现基本相同的功能，达到基本相同的效果，对于本领域的普通技术人员来说是无须经过创造性的劳动就能联想到的。

又如关于改劣实施的问题：人民法院在认定等同物替换的侵犯专利权行为时，对被控侵权产品和方法的效果与专利的效果进行比较是必要的。但在比较二者的效果时，不应强调它们之间完全相等，只要基本相同即可。有时专利的效果要比被控侵权产品和方法的效果稍好，有时也可能是相反的情况，都不影响对侵犯专利权行为的判断。甚至出现被控侵权的产品和方法的效果比专利效果稍差的情形，则属于改劣的实施，改劣实施也是等同物替换的表现形式之一。本案中被控侵权的设备和方法增加了一个工件拖板来固定工件，工件不固定在防震限位板上，其防震性就不如专利的效果好。但这样的改变，相对于专利技术来说，只是削弱了防震效果，而不是没有防震效果或者防震效果根本不同，是一种较为典型的改劣实施。❶

⑥"等同原则"在适用上的例外。在专利侵权判定中，不能机械地运用"等同原则"。尤其是对以下几种情况不能适用"等同原则"：

第一，自由已有技术，也称"公知技术"。对于公知技术在公有领域中，任何人均有权无偿使用。不能认为使用已有公知技术会造成对他人专利的等同侵权。

第二，抵触申请或在先申请专利。在先申请人有权实施自己的发明创造。根据《专利法》第 22 条第 2 款的规定，为判断新颖性，在被认为是现有技术的申请文件中，由他人向国务院专利行政部门提出过申请并且记载在申请日以后公布的专利申请文件中的同样的发明或者实用新型损害该申请日提出的专利申请的新颖性。为描述简便，在判断新颖性时，将被认为是现有技术中损害新颖性的专利申请称为"抵触申请"。在专利侵权判断中，对抵触申请或在先申请专利的技术不适用"等同原则"。

第三，在专利申请中故意排除的事项，即先适用"禁止反悔原则"。

---

❶ 最高人民法院（2001）民三提字第 1 号。

对上述三种情况，如果适用"等同原则"，将会造成给权利人以过分的保护。对第三者将带来预想不到的不利后果，有害法律的稳定性。这与等同原则本来欲达到的目的完全背道而驰。

总之，在专利侵权的技术判断中，确立等同原则，其目的在于防止侵权人采用显然等同的要件或步骤，以取代专利权利要求中的技术特征，从而避免在字面上直接与专利的权利要求相同，以达到逃避侵权责任的目的。但是，在具体运用这一原则时，应当认真分析对比，慎重作出判断。

目前，在我国专利司法实践中，等同原则虽常有适用，但标准、尺度并不统一，最高人民法院发布的司法解释明确了等同特征的条件，使人民法院在专利侵权判定中运用等同原则有了法律依据，但仍需要司法实践，并最终通过司法解释明确这一原则的具体适用条件。

4.4.3.4　禁止反悔原则

任何发明人要将自己的发明创造申请专利，都试图得到一个较宽的保护范围，但是，如果专利权利要求限定的保护范围过宽，就会侵害公众利益。因此，专利申请人为了获得专利权，有时不得不按照国务院专利行政部门审查员的意见，对专利权利要求中一些保护范围过宽、模糊的技术特征以及相似的技术方案、技术特征作出说明，在说明过程中不得不在技术上作出一些放弃、修改、承诺，不这样做就有可能得不到专利权。而专利权人一旦这样做了，其在申请过程中已经放弃的东西，在专利侵权诉讼中不能允许专利权人再捡回来，即不允许专利权人出尔反尔。

在判断专利权的效力和判断是否构成侵犯专利权时，专利权人对专利权利要求的解释应当前后一致。法院不允许专利权人为了获得专利权，在专利申请过程中对专利权利要求进行狭义或较窄的解释，而在侵权诉讼中为了证明他人侵权，又对专利权利要求进行广义的或者较宽的解释。这是专利侵权诉讼中的一项重要原则——禁止反悔原则。它的基本含义是：专利权人对其在申请专利过程中或者维持专利权有效的程序中，为了获得专利权在与国务院专利行政部门或者专利复审委员会之间的往来文件中所作的承诺、认可或放弃的内容，专利权人在侵权诉讼中不得反悔。

【实例4-4】原告是"变色笔"发明专利权人，该专利独立权利要求为："一种涉及变色的书写工具的变色笔，由笔杆、能容纳彩色液体的笔芯和数支同笔芯相同的笔尖所组成，其特征在于所述的数支笔尖集中固定装在一只笔头上，使笔尖之间互相靠近而又互不接触，而与所述的笔尖相同的容纳各色液体而又不混流的笔芯也是固定地装在笔杆之中。"

原告向法院起诉被告生产的"多色笔"侵犯了其专利权。此案在审理中，被告向法院提供了一份原告在其专利申请过程中写给国务院专利行政部门审查员的一份函件，该函件称，原告申请的"变色笔"与另一专利"多头笔"的区别在于：多头笔的目的在于多个笔尖相互靠近，多头笔写出的字迹是固定的稳定的标准色；而"变色笔"由于是一个笔头上的几支笔尖的相互靠近，这种结构功能是能在书写中使两支相邻笔尖双双着纸而使两种颜色重合成一种新的色彩，这是"变色笔"专利申请的目的。鉴于专利权人上述陈述"变色笔"与"多头笔"的区别，国务院专利行政部门授予原告"变色笔"专利权。

经法庭调查，被告生产的"多色笔"的技术特征与"多头笔"是一样的，即在一支笔杆内有多支笔芯，每支笔芯与笔尖相通，每个笔尖之间互不接触，笔尖之间用粘胶物填充间隙和互相固定。由于原告在专利申请中已明确陈述"多头笔"与"变色笔"专利技术的不同，否则其不可能获得专利权，于是，根据禁止反悔原则，法院认定被告生产"多色笔"不构成对"变色笔"专利权的侵犯。

【实例 4-5】（美国）AGA 医药有限公司与北京华医圣杰科技有限公司侵犯"预制导管导引的闭塞器械"发明专利权纠纷案。涉案发明专利授权独立权利要求为：一种预制导管导引的闭塞器械，包含一金属编制品，其具有预设扩展的外形，在该预设扩展的外形的每个近端和远端包含一凹槽，所述每个近端和远端具有一装置，其用于固定附着到金属编制品上的每一端部，该装置容纳在凹槽内部，其中所述医疗器械的形状能闭塞异常开口，因此所述预设扩展的外形可变形为较小断面形状，用以输送通过病人体内的液流管，该金属编制品具有记忆特性，使得当不加约束时医疗器械往往返回到所述预设扩展的外形。

根据 AGA 公司的描述，涉嫌侵权产品的结构如下：封堵器由镍钛合金的闭合网，不锈钢制成的上端头、下端头以及聚酯无纺布的阻流体组成。其中闭合网具有特定的外形，动脉导管未闭封堵器具有钟状的外形，金属闭合网近端具有凹槽，近端的固定装置容纳在凹槽内部；远端为一平整圆盘，远端的固定装置位于圆盘中央。房间隔缺损封堵器具有双层伞状的外形，金属闭合网近端呈内表面凹陷，远端扩展直径部分以外的表面中央部分呈中心凹陷，两端所具有的固定装置容纳在凹陷内部，固定装置的端部突起于金属编织品的表面。室间隔缺损封堵器的近端和远端具有一个非常浅的凹槽，两端的固定装置位于凹陷中心位置。AGA 公司认可被控侵权产品与其专利权利要求 1 存在以下两点不同：一、室间隔缺损封堵器、房间隔缺损封堵器的每个近端和远端具有一个凹陷，动脉导管未闭封堵器近端为凹槽而远端为凹陷；二、封堵器两端的固定装置位于凹槽或凹陷中央，端部突出于金属编织品的表面。但 AGA 公司认为，北京华医圣杰公司在预设外形的封堵器的近端和远端用凹陷代替凹槽，但凹陷和凹槽属于等同技术；同时北京华医圣杰公司故意以固定装置凸起代替陷入凹槽内部这一技术特征，该替代不仅无需创造性的劳动，也是一种变劣的技术方案，北京华医圣杰公司的行为属于以基本相同的手段、实现基本相同的功能、产生基本相同效果的等同侵权行为。

一审法院认为，如何解释被控侵权产品与本案专利权利要求书的内容所存在的两点不同，即北京华医圣杰公司生产的封堵器并不是每个近端和远端都有一个凹陷，以及封堵器两端的固定装置并不是容纳在凹槽中央，而是凸出于金属编织品的表面这一事实，是本案的焦点问题之一。本案专利在实质审查阶段，国家知识产权局提出了可能导致权利要求丧失新颖性的理由，AGA 公司自行对其专利的保护范围进行了限定，强调其权利要求区别于对比文件，即"本发明的'凹槽'是设在预设扩展外形的每个近端和远端上，将金属编织品的两端固定在一起的两夹具被分别容纳在上述凹槽中"。由于专利权人曾经在专利审查阶段作出了关于限定权利要求 1 的陈述，故在专利权保护阶段，其亦应当受到该陈述的约束，即本案专利的技术特征之一应当解释为金属编制品的每一个端部的固定装置被隐藏在凹槽的内部，而不是其中的一个端部的固定装置被隐藏在凹槽的内部或者将凹陷解释为凹槽。

等同侵权是指被控侵权物中有一个或者一个以上技术特征经与专利独立权利要求保护的技术特征相比，从字面上看不相同，但经过分析仍可认定两者是相等同的技术特征，进而认定被控侵权物落入了专利权保护范围的一种判断方法。但是，如果在专利审查阶段，权利人对某技术特征进行了限定，而在侵权诉讼阶段，权利人又将特意限定的技术特征，再以等同侵权为由支持其诉讼主张，则有违诚信原则，不能予以支持。

二审法院认为，关于北京华医圣杰公司生产、销售的产品是否落入AGA 公司的专利保护范围的问题，从庭审中双方当事人对被控侵权的封堵器产品与 AGA 公司请求专利保护的封堵器的技术特征进行比较，可以认定二者的实质区别在于 AGA 公司的专利权利要求 1 对"凹槽"的设置用于完全隐藏金属编制品两端的固定装置，从而实现该专利所追求的减少整个封堵器的总长度，提供一个非常紧凑的阻塞结构。被控侵权产品两端的固定装置仅是位于凹槽的中央，固定装置的端部突出于金属编织品的表面，显然无法实现本案专利要求的减少整个封堵器的总长度的技术效果。据此，被控侵权产品的技术特征并未落入本案专利的保护范围。❶

在专利侵权判定中适用禁止反悔原则应当把握以下要点：

第一，"禁止反悔原则"是适用"等同原则"时经常遇到的一个原则。在专利侵权诉讼中，如果按字面意思判定不侵权时，专利权人往往会主张适用"等同原则"认定侵权，而此时被告则可能会提出适用"禁止反悔原则"认定不构成侵权。由于禁止反悔原则涉及专利保护范围的确定，因此，应当优先适用。

第二，适用禁止反悔原则，必须依据专利文档。专利的保护范围是由专利的权利要求确定的，专利文档不是确定专利保护范围的依据，但它可以对权利要求所记载的内容起帮助限定、理解及证明的作用。法院可以根据当事人的主张，要求当事人提供相关证据，也可以到国务院专利行政部门调查核实相关证据。

第三，专利权人在专利审批或者专利无效程序中，通过书面形式承诺、认可、放弃、修改的内容，往往是为了缩小、澄清专利的保护范围，只有当这种承诺、认可、放弃行为与专利授权或维持专利权有效有关，构成了专利权有效的基础，对专利权有效起了作用时，在专利侵权诉讼中才不得反悔。

第四，在侵权诉讼中的被告不作请求时，法院不应主动适用禁止反悔原则。当被告提出请求时，被告必须提供专利权人在专利审查或者撤销、无效过程中所作出的承诺、认可、放弃、修改的专利文档加以证明。这样才能经过庭审质证，查清专利的保护范围，最终认定是否构成专利侵权。

4.4.3.5　现有技术抗辩原则

《专利法》第 62 条规定："在专利侵权纠纷中，被控侵权人有证据证明其实施的技术或者设计属于现有技术或者现有设计的，不构成侵犯专利权。"这一规定被称为"现有技术抗辩"。

专利权是经过国家知识产权局审查认可后授予的权利，然而，一方面，我国对实用新型和外观设计专利没有经过关于是否属于现有技术或者现有设计的检索、审查，难于确保其符合专利法规定的授权条件；另一方面，

---

❶　北京市高级人民法院（2005）高民终字第 203 号民事判决书。

发明专利申请虽然经过实质审查，但由于客观条件的限制，审查员能够检索到的只是书面公开的文献，其中又主要是各国公开的专利文献，很难发现通过使用公开等方式为公众所知的技术或者设计，因此也难于确保授予专利权的发明都符合专利法规定的授权条件。

如果发现被授予专利权的发明创造不符合规定的授权条件，根据专利法的规定，在对任何公众的无效宣告请求作出决定之前，专利权人仍然有权就他人实施其专利的行为向法院起诉或者请求管理专利工作的部门处理。在专利权人向法院起诉或者请求管理专利工作的部门处理的情况下，按照专利法的规定，被控侵权人认为该专利权应被宣告无效的，只能向专利复审委员会提出无效宣告请求，不能由受案法院或者管理专利工作的部门就该专利权是否有效的问题作出认定。一般情况下，受案法院或者管理专利工作的部门需要等待宣告专利权无效或者维持专利权有效的决定生效之后，才能认定被控侵权行为不构成侵权行为，或者恢复原来的侵权审理或者处理程序。这种做法使专利侵权纠纷的审判、处理程序变得复杂漫长，浪费行政、司法资源，要么使专利权人得不到及时保护，要么使被控侵权人陷入无端的诉累。

为完善我国的专利制度，保护专利权人和公众的合法利益，在总结现有司法实践经验的基础上，新修改的《专利法》增加了现有技术和现有设计抗辩的规定。

在《专利法》正式确立现有技术抗辩原则之前，司法实践中使用的是自由公知技术抗辩原则。自由公知技术是指已经进入公有领域的公知技术，任何人均可以无偿实施。任何公民和单位有权使用自由公知技术，这一权利不应当因为他人就自由公知技术获得专利权而受到损害。

在过去的专利司法实践中，被告往往直接以自己实施的是自由公知技术或者原告申请专利并获得专利权的技术方案是自由公知技术，不应获得专利权为由作出不侵权抗辩。因此，"实施自由公知技术不侵权原则"，也称为"自由公知技术抗辩原则"。

在进行专利等同侵权判断时，应当考虑被指控侵权的客体是否落入自由现有技术范畴，当被告有证据证明被指控侵权客体属于原告专利申请日前的自由现有技术时，法院应该在作出专利等同侵权结论之前，将被指控侵权的客体与现有技术进行对比分析，看其相对于这些现有技术是否具有新颖性、创造性。如果缺乏新颖性或者创造性的话，则不允许将等同性范畴专利侵权扩展到现有技术范围，即应判决被告不构成侵权。

【实例 4 - 6】"旗帜"专利侵权案。"旗杆"专利的权利要求为："一种旗杆，由杆体、滑轮和旗绳组成，其特征在于，杆体是中空的，空腔分成下气室、中气室和上气室，在杆体旗帜升起的一侧开有若干个升旗排气孔和挂旗排气孔，杆体的下部装有分别通往 3 个气室的进气管，并与气源相连。"

被告制作的"旗帜吹飘装置"由主旗杆、旗帜、小旗杆、定滑轮、升降绳、风机组成。主旗杆顶端装有球形旗冠装饰。在中空的主旗杆上部设有扁形吹风孔、下部设有进风孔，在主旗杆上部侧面装有定滑轮，在主旗杆上部与旗帜升起时的适当位置处等间距地装有 6 排 12 个不对称的扁孔锥形风嘴，并镶嵌于主旗杆吹风孔内；风机出风口与主旗杆进风口通过带法兰的软管联通，风机进风口设有风量调节阀，主旗杆底端固定在地基上，风机固定在基座上。

在案件审理中，被告以公知技术进行了抗辩，其提交了一份原告专利申请日之前已进入公有领域的专利申请说明书，该专利申请说明书披露了一种静风时的旗帜飘扬装置，它由旗帜、空心旗杆、基座、吹风机组成，无风或微风时，开动吹风机，使空气沿空心旗杆的管道上升到空心旗杆悬挂旗帜位置，并从其上的竖直的两排小孔排出，以较强的气流吹动旗帜飘扬。

法院认为，"旗杆"专利技术方案与被告制作的"旗帜吹飘装置"，根本区别在于专利技术方案在旗杆内有 3 个气室，而被告的"旗帜吹飘装置"中旗杆内仅有 1 个气室，1 个气室吹飘装置是对 3 个气室吹飘装置的等同替换，而且单气室吹飘装置的功能效果在一定程度上尚不及 3 个气室吹飘装置，普通技术人员依据 3 个气室吹飘装置的技术方案，无须经过创造性劳动即可得出 1 个气室吹飘装置，二者并无实质性区别。但是，专利权利要求书中明确要求保护的只是 3 个气室的吹飘装置，并不涉及 1 个气室吹飘装置；更主要的原因在于 1 个气室吹飘技术，已在原告专利申请日之前因另一项专利权失效而成为公有技术，专利权的保护范围不应包括 1 个气室吹飘装置。因此，被告制作的"旗帜吹飘装置"并未落入"旗杆"专利的保护范围。❶

这是一起人民法院较早运用"实施自由公知技术不侵权原则"作出判决的典型案件，也是被告适用"自由公知技术抗辩原则"取得抗辩成功的

❶　北京市高级人民法院（1995）高知终字第 5 号民事判决书。

典型案例。

近年来，类似运用自由公知技术抗辩成功的案件开始增多，时常见诸报端。❶

例如，在一起专利侵权案件中，原告获得专利权的是"刺绣品的彩化工艺方法，其独立权利要求的内容为：刺绣品的彩化工艺方法，用基线在面料图案上刺绣，其特征在于用染色液对基线绣迹进行染色彩化，再干燥固色"。一审法院根据该权利要求的内容作出被告构成侵权的判决。被告不服，提出上诉，请求二审法院确认使用申请日前的公知公用技术不侵权。

二审法院经过审理查明，被告生产领带时采用的图案染色彩化方法与专利技术方法相同，同时查明用着色液在单色刺绣品上着色彩化是民间传统工艺，当地的工艺品厂大多沿用该民间传统工艺制作刺绣品。原告申请日前两年出版的《丝绸》杂志专门著文介绍了该工艺流程。二审法院认为："刺绣品的彩化工艺方式"属专利申请日前的公知公用技术。上诉人使用申请日前已有的技术不构成对专利权的侵害。自由已知技术属于社会公共财富，不应限制公众使用，法律既保护专利权，也维护公众的合法权益，两者不可偏废。上诉人提出"使用公知技术并未侵犯专利权"的上诉理由成立，予以支持。终审判决驳回专利权人诉讼请求。

【实例4-7】某专利权人以被告侵犯其"一种工业输送管道用球阀"实用新型专利权为由，向法院提起侵权诉讼。被告在答辩期内以该专利不具备新颖性和创造性为由，请求宣告该专利无效。由于被告提供的证据不足，在有关证据中缺乏专利申请日前已经公开散发的信息标记，故专利复审委员会作出维持专利权有效的决定。据此，一审法院恢复审理侵权诉讼。被告辩称："本公司的产品比专利产品具有更好的性能，因此不构成侵权。"一审法院审理后认为被告的抗辩理由不能成立，判决其构成侵权。

一审判决后，被告不服，提出上诉称：被控侵权产品是根据现有技术制造的，这些专利申请日前的自由公知技术属于社会公共财富，任何人都可以自由地、不受约束地加以利用，不得被任何人占为己有或垄断。无论一项专利的权利要求是如何描述的，其保护范围不得将申请日前的自由公知技术纳入其中。

---

❶ 戴晓翔．"自由已知技术抗辩原则"已成为专利诉讼的一项重要原则［N］．中国专利报，1998-03-23．戴晓翔．"自由已知技术抗辩原则"在司法审判中的运用［N］．中国知识产权报，2000-11-01．

上诉人向法院提供的公知技术是 1970 年 6 月 2 日公告的 3515371 号美国专利；该专利的专利权人公开散发的样本，说明相关技术方案和产品公知公用的时间早于涉讼专利 1995 年 6 月 23 日的申请日。尤其是美国专利，作为法定公开出版物，早于涉讼专利申请日达 25 年之久，它是一份单独的技术文件不是组合而成的公知技术文件。该份文件，详细公开了一种球阀的技术方案，它包括球阀的结构技术特征、用途及预期的技术效果，以文字描述和附图描绘的方式详尽说明了该种球阀的技术内容及原理。因此，该自由公知技术属于人类的公共财富，任何人都可以不受限制和约束地自由利用。

专利权人以专利复审委员会已经驳回上诉人的无效请求为由，认为上诉人的抗辩理由不成立。上诉人认为，这份在先美国专利在无效程序中并未使用过，复审委员会的无效决定并非基于结构特征上的本质差异而驳回请求的，只是因为相关证据没有确切的公开散发时间。现在上诉人提供的在先美国专利与原来无效案件中的证据不相同，是一份新的且具有无可争议证明效力的证据。故被上诉人以复审委员会驳回无效请求而要求法院对新证据不予采纳的观点，是没有道理的。

二审法院归纳了诉讼双方的意见后，在终审判决中认为：被上诉人的专利虽依法授予，但由于上诉人提供了 1970 年美国 3515371 号专利，且上诉人产品结构与该美国专利技术特征相一致，上诉人使用专利申请日前的已有公知技术，不构成侵权。上诉人提出的使用自由已知技术不构成侵权的上诉理由成立，应予支持。遂作出撤销原判、驳回原审原告诉讼请求的终审判决。❶

上述几则案例，均涉及"自由公知技术抗辩原则"的适用。

新《专利法》正式确定现有技术抗辩原则之后，在实践中对现有技术抗辩原则的理解与运用，应当注意以下几点：

（1）《专利法》第 62 条规定的只是一种抗辩制度，而不是规定法院或者管理专利工作的部门负有主动查明被控侵权人实施的是否是现有技术或者现有设计的职责。因此，本条的适用既需要被控侵权人自己提出抗辩主张，同时也需要其提供支持其抗辩主张的证据。法院或者管理专利工作的部门应当在被控侵权人提供的证据的基础上判断其抗辩主张是否成立，但

❶ 戴晓翔. "自由已知技术抗辩原则"在司法审判中的运用 ［N］. 中国知识产权报，2000 － 11 －01.

不能代替被控侵权人主动去检索现有技术或者现有设计。

（2）被控侵权人只能以其实施的技术或者设计是现有技术或者现有设计为由进行抗辩，不能依据其他法定的能够宣告专利权无效的理由进行抗辩。在判断现有技术抗辩是否成立时，法院或者管理专利工作的部门只需判断被控侵权的技术或者设计是否属于现有技术或者现有设计，无须将专利技术或者专利设计与现有技术或者现有设计进行对比，即无须判断被授予专利权的发明创造的新颖性。

（3）在被控侵权人提出现有技术或者现有设计抗辩主张，并举证有关证据的情况下，受案法院或者管理专利工作的部门机关应当首先判断抗辩能否成立。一旦认定抗辩成立，就可作出认定不侵权的判决或者决定，无须就被控侵权技术或者设计是否落入专利权保护范围进行判断。只有在抗辩不成立的情况下，才需要继续判断被控技术或者设计是否落入专利权的保护范围。

（4）宣告专利权无效并已生效的决定不仅排除了原专利权人针对他人实施原专利的行为提出专利侵权指控的权利，而且具有溯及既往的法律效力，即被宣告无效的专利权视为自始即不存在。与之相比，法院或者管理专利工作的部门认定现有技术抗辩成立，进而认定不构成侵权的结论仅仅适用于该具体案件。在针对其他被控侵权人或者针对同一被控侵权人的其他实施行为的专利侵权纠纷案件中，被控侵权人提出现有技术或者现有设计抗辩主张的，需要各案判断，不能适用已经作出并已生效的判决或者处理决定。

4.4.4　外观设计专利侵权判定

4.4.4.1　侵犯外观设计专利权的情形

（1）外观设计保护范围的确定

工业品外观设计必须是附着在产品上的新设计，产品一定有名称。申请外观设计专利时使用的产品名称，与产品外观设计的保护范围无关，但与判断外观设计侵权时确定产品分类有关。

① 保护范围以产品的外观设计为准

外观设计专利权的保护范围以表示在图片或者照片中的该专利产品的外观设计为准。对外观设计的简要说明可以用于理解或者限定该外观设计的保护范围。

《专利法》第2条第4款规定："外观设计是指对产品的形状、图案或者其结合以及色彩与形状、图案的结合所作出的富有美感并适于工业应用的新设计。"由此可见，外观设计保护的是产品的外观设计而不是含有外观设计的产品。这一点同《专利法》第 59 条第 2 款的规定"外观设计专利权的保护范围以表示在图片或者照片中的该产品的外观设计专利为准"是一致的。《专利法》第 59 条第 2 款讲的是外观设计专利权的保护范围，而《专利法》第 2 条讲的是对外观设计专利权保护对象如何确定。因此，应当明确外观设计的保护范围以产品的外观设计为准，而非以外观设计的产品为准。

从外观设计的定义可以看出，外观设计专利保护的范围是产品的形状、图案或者其结合以及色彩与形状、图案的结合。这些内容用语言文字来表达十分困难。因此，专利法不要求申请外观设计专利时提交权利要求书和说明书。那么，外观设计专利的保护范围怎样确定呢？

《专利法》第 27 条规定，申请外观设计专利的，应当提交请求书以及该外观设计的图片或者照片等文件。再结合《专利法》第 59 条第 2 款的规定，可见，外观设计虽然不要求申请人提交权利要求书，但其权利要求还是有的，它具体表现在外观设计专利产品的图片或照片上，申请人应当就每件外观设计产品所需要保护的内容提交有关视图，清楚地显示请求保护的对象。也就是说，外观设计专利的保护范围是由专利权人在申请专利时向国务院专利行政部门提交的图片、照片及相关说明确定的。在进行侵权判断时也应当以此为依据确定外观设计的保护范围。国内的猫头鹰钟外观设计侵权案可以说明这一问题。❶

【实例 4 - 8】某木钟厂设计出猫头鹰型机械木钟，并且获得一项外观设计专利。后来，该厂又设计出猫头鹰石英钟产品，未再申请专利，开始生产产品，并投放市场。不久，木钟厂发现某钟表厂生产和销售一种猫头鹰石英钟，认为这种猫头鹰石英钟侵犯了自己的外观设计专利，于是向法院起诉，要求被告停止侵权行为，并且赔偿经济损失。被告在答辩中提出，外观设计专利保护范围应当以申请人向国家知识产权局提交，并在外观设计专利公报上公开的照片和图片所显示的内容为准。通过比较原告的专利图片和被告的产品，就不难发现被控侵权产品不构成对原告专利的侵权。

法院把原告在外观设计专利申请公告上记载的猫头鹰机械木钟产品的照片和被告的产品作了比较。经过对比后，法院认为，从整体上看，被告的产品和原告的专利产品的形状既不相同，也不相近似，完全是两种不同

❶ 法苑 . "猫头鹰钟"外观设计专利侵权纠纷与探析 [N]. 中国专利报，1993 - 11 - 01.

的外观设计产品。因此，被告的产品不构成侵权。法院驳回了原告的诉讼请求。

专利权人不服一审判决，提出上诉。专利权人认为专利设计具有新颖性、创造性的部位就是猫头鹰的头部及尾部，被告的产品正是模仿了这两个部位，应该构成侵权。

二审法院对外观设计专利公报上公告的原告专利的仰视图、俯视图、主视图、左视图、右视图图片和被告的猫头鹰石英钟再次进行比较，发现专利图片表示的钟是方形箱式结构，虽然和被告的产品一样都是由猫头鹰头部、胸部、尾部三部分组成的，但是专利图片中的猫头鹰是以写实风格为主，矩形盒体为鹰身，下部鹰爪为握枝状态，头部为凸圆弧形，表盘依附于猫头鹰形体上，尾部呈扇形没有孔，整个猫头鹰图案为木质雕刻成型。被告的产品中以猫头鹰抽象变形图案为主，薄圆形鹰身，头顶部为凹面，下部没有鹰爪，猫头鹰头部依附于表盘上，尾部呈扇形，圆孔、整个猫头鹰图案为注塑成型。

二审法院认为，原告生产销售的产品是在自己专利设计的基础上发展的一种新的设计。这种新设计和原告的专利设计已经不一样。尽管原告的产品和被告的产品在很多方面都很相似，但是，被告的产品和原告的专利设计存在本质区别，被告的产品不构成对原告的外观设计专利的侵权。于是，二审法院维持了一审判决。

在外观设计专利侵权判断中，法院把被控侵权物和专利的图形或者照片中所展示的形状、图案及色彩进行比较，对比两者是否相同，是否相近似，一般不能拿原告的专利产品作比较。在许多情况下，专利权人提供的所谓的专利产品，和他向国务院专利行政部门申请专利时提供的产品造型、图案、色彩并不完全一致，甚至完全不一致，因此，法院不能拿专利权人实际生产、销售的外观设计产品作为侵权判断的依据。猫头鹰钟专利侵权案对这一点作了很好的说明。

如果专利权人在专利申请以后对产品的外观进行了改动，新的设计就可能不再受到原有的外观设计专利的保护了。在侵权判断中，作为比较的依据应当是申请人向国务院专利行政部门提交并且经过授权公告的图片、照片，而不应当是专利权人在申请专利之后制造的专利产品。只有前者才是确定外观设计专利的保护范围的基准。

确定外观设计专利的保护范围，可以参照简要说明，在这里，简要说明仅仅是用以理解或者限定保护范围，比如设计要点是什么，是否强调保护色彩等，并非对外观设计的保护范围作扩大或者缩小的解释。

②"设计要点"的作用

外观设计专利权人在侵权诉讼中，应当提交其外观设计的"设计要点图"，说明其外观设计保护的独创部位及内容；专利权人在申请外观设计专利时已向国务院专利行政部门提交"设计要点图"的，专利档案可以作为认定外观设计要点图的证据。

2001 年施行的《专利法实施细则》第 28 条在原《专利法实施细则》的基础上，经过修改变化了几个字。原《专利法实施细则》规定："申请外观设计专利的，必要时应当写明对外观设计的简要说明。外观设计的简要说明应当写明使用该外观设计的产品的主要创作部位、请求保护色彩、省略视图等情况。简要说明不得使用商业性宣传用语，也不能用来说明产品的性能和用途。"修改后的《专利法实施细则》规定："申请外观设计专利的，必要时应当写明对外观设计的简要说明。外观设计的简要说明应当写明使用该外观设计的产品的设计要点、请求保护色彩、省略视图等情况。简要说明不得使用商业性宣传用语，也不能用来说明产品的性能。"在这里，修改后的《专利法实施细则》将修改前《专利法实施细则》中的"主要创作部位"改为"设计要点"。为什么作这种修改？因为"设计要点"与"主要创作部位"相比，"设计要点"更能反映外观设计的实质内容。

从上述修改可以看出，2001 年 7 月 1 日以前，《专利法》并不要求外观设计的专利申请人在申请专利时说明"设计要点"。因此，对于这之前申请并获得产品外观设计专利权的，一旦发生外观设计侵权诉讼，为了使法官及对方当事人更好地理解外观设计的实质内容，法院应当要求当事人提交其外观设计的"设计要点图"。每个外观设计都应当有"设计要点"，这是外观设计专利的设计人请求保护的外观设计的新的独创部分。专利权人提交了"设计要点图"，会使专利侵权诉讼中进行侵权判定相对变得容易些，使争议焦点更加突出，使审理案件的针对性更强。

2001 年 7 月 1 日以后申请的外观设计专利，根据《专利法实施细则》的规定，专利申请人一般要提交含有"设计要点"的简要说明，并且留存在专利档案中，专利档案可以作为认定争议的外观设计专利"设计要点"的证据。而对《专利法实施细则》修改以前申请的外观设计，由于专利法并不要求申请人提交设计要点图，人民法院进行侵权判定时，搞明白"设计要点"又十分必要。因此，法院可以要求权利人提供或者指出外观设计中的设计要点。

在一个产品外观设计中，会有许多要素，要素是指一个产品中存在的全部可视的不可分割的最小单元。在实践中，对这些要素中哪些会构成外观设计的设计要点有不同理解。

第一，《专利法实施细则》第28条规定：外观设计的简要说明应当写明使用该外观设计的产品的设计要点。这里强调的是使用时的设计要点，它是从设计人员的角度考虑的。

第二，在实践中，外观设计产品的主要功能部位有时也被当做设计的要部，这是从产品的使用、发挥产品功能的角度考虑的。

上述两种对"设计要点"的理解，在有些外观设计产品中是一致的，但多数情况下是不一致的。不一致时，在侵权判定中要求当事人提供并着重考虑的"设计要点"应当采用第一种理解。

③ 涉及色彩的外观设计

产品外观设计专利权请求保护色彩与形状，色彩与图案，色彩、形状与图案组合的，权利人应当出具由国务院专利行政部门认可的相关证据，用以准确确定外观设计的保护范围。由于色彩或者色彩与图案结合时，很难用语言文字描述，所以必要时，法院会与国务院专利行政部门档案中的色彩内容进行核对，而不是仅依靠权利人提供的黑白两色公报图纸或照片复印件，更不是仅依据原告提供的色彩说明。

外观设计专利中有请求保护色彩的，应当将请求保护的色彩作为限定该外观设计专利权保护范围的要素之一，即在侵权判定中，应当将其所包含的形状、图案、色彩及其组合与被控侵权产品的形状、图案、色彩及其组合进行逐一对比。

【实例4-9】在广州市年丰食品有限公司诉国家知识产权局专利复审委员会专利无效行政纠纷案中，本专利"标贴"外观设计在专利授权公告"简要说明"一栏中说明"请求保护色彩"。而对比文件为黑白广告照片。二审法院认为，作为对比文件的广告照片上的产品与本案专利标贴进行对比，二者为同类产品；标贴的形状是相近似的；二者的图案基本构成要素是相同的，尽管图案和个别文字有所不同，但从整体观察、综合判断的方式比较分析，二者图案设计是相近似的。而专利权人在请求保护的外观设计简要说明中根据《专利法实施细则》的规定，特别注明：请求保护色彩。在进行对比时，应当就各个要素均进行对比，如果被比外观设计要求保护色彩，而在先设计仅为黑白两种颜色，即使形状、图案相近似，不能直接得出两者为相近似的外观设计的结论。因此，撤销了专利复审委员会

和一审法院关于专利权无效的决定和判决。❶

④ 侵权比较的方法

在外观设计保护中，应着重考虑它的形状、图案及其结合，以及色彩与形状、图案的结合。在进行侵权判断时应把握以下几点：

第一，以对形状的比较为主。一项产品的外观设计必须体现在具有独立用途的工业产品外表上，也就是说，外观设计必须以产品为载体。产品的外观设计既可以是三维空间的立体造型设计，也可以是二维空间的平面设计。其所要保护的产品的具体形状，应以专利权人在申请专利时向国务院专利行政部门提交的照片、图纸上所呈现的形状为准。

对于三维空间的立体产品，作为外观设计专利，其形状应是主要的。因此，进行侵权判断也应以对比造型为主。在专利权人未作其他特别声明的情况下，只要形状相同或者相似，就可以认定侵权。

只有当形状已属于公知设计，而图案和色彩属于新设计时，才抛弃形状对比，考虑对比图案和色彩是否相同、相近似。

第二，对图案、色彩的比较应当一同考虑。一般情况下，可以把外观设计的图案和色彩看做是形状（造型）的从属因素。图案和色彩是很难分开的。因为，任何一种产品至少有一种颜色，有时图案本身就是由色彩组成的。申请外观设计专利的产品色彩，是指用于产品上的颜色或颜色的组合。也就是说，色彩是不能脱离产品而单独存在的，同时该产品必须有固定的形状。由此可见，任何一项产品的外观设计都可以视为形状、图案、色彩三个要素的结合。在进行侵权判定时，应将三者结合起来考虑。

值得注意的是，当外观设计产品的形状是公知公用的、司空见惯的形状时，如装酒瓶的方盒、三角盒子等，应以对比图案和色彩为主；当外观设计是二维平面产品时，如标贴、瓶贴，也应以对比图案和色彩为主。

第三，突出保护色彩时，比较色彩应与事先声明相一致。依照修改前的《专利法》的规定，专利权人在专利申请时，当要求保护的外观设计主要部位着重于色彩时，就有必要声明保护色彩。

根据《专利法实施细则》第 27 条的规定，申请人请求色彩保护的外观设计专利申请，应当提交彩色图片或者照片，并在简要说明中注明"请求保护色彩"，而不必说明产品具体颜色。因为，彩色很难用文字准确表达，尤其是当一件产品的外观色彩是多种颜色组合时更是如此。

❶ 北京市高级人民法院（2003）高行终字第66号。

在进行侵权判断时，如果外观设计专利产品中有要求保护色彩的内容，那么，当被控侵权产品与专利权人声明请求保护的色彩及色彩与形状、色彩与图案、色彩、形状与图案的结合相同，尽管这时产品的形状或者形状和图案可能是公知设计，也应当认定构成了侵犯专利权。

有的专利代理人提出，对于有几何造型的立体产品（常规形状的包装盒除外）而言，保护的着重点应该是形状。只要侵权物同外观设计的形状相同、相近似，就构成侵权，而不必考虑专利权人是否请求保护了色彩；而对平面产品而言，形状就退到了次要地位，而保护的重点应该在图案和色彩上。● 这种观点在侵权认定中是值得重视的。但是，采取这种方法的前提是，专利权人在申请外观设计专利时，应当突出其有新意的部分，即新颖性内容要突出，而不必把可作为外观设计的每一个内容包括形状、图案以及各种搭配关系的结合都作为自己产品外观设计的内容。

⑤ 与公知设计的关系

外观设计专利权的保护范围不得延及该外观设计专利申请日或者优先权日之前已有的公知设计内容。

依照专利法的规定，外观设计专利保护的是产品上的新设计，符合新颖性条件是外观设计专利获权的首要条件。因此，在专利申请日或者优先权日之前已有的公知设计肯定不应当获得外观设计专利保护。这一条不仅是外观设计专利权的授权条件，也是外观设计侵权判定中应掌握的主要原则。

但是，值得注意的是，在侵权诉讼中讲的公知设计内容，应当是针对产品外观设计的整体而言的，而不是指外观设计的局部，更不是指外观设计产品中的某些要素。

在已有或者公知设计上经过改动，增加或减少设计内容，就可能会成为新设计；在已有形状上变化新图案、新色彩，也可能会成为新设计，将这些新设计重新申请外观设计专利，这是允许的。

在侵权诉讼中，仍然应当将其作为一个整体予以保护。而应当禁止的是将全部公知设计重新申请专利，取得垄断权。

⑥ 排除功能、效果等因素

外观设计专利权的保护范围应当排除仅起功能、效果作用，而一般消费者在正常使用中看不见或者不对产品产生美感作用的设计内容。

● 余涛. 98 外观设计专利保护学术研讨会侧记［N］. 中国专利报, 1998 - 06 - 03.

在确定外观设计专利的保护范围时，应当注意排除以下内容：

第一，产品的大小、材料、功能、技术性能、内容结构等。

第二，设计者的构思方法、设计者的观念、产品的图案中所使用的题材和文字的含义。

第三，使用该产品时不易见到的部位，不具有一般美学意义的部位，不会给一般消费者留下视觉印象的部位（设计）、产品的形状、图案以及色彩的微小变化。

所谓排除，是指这些因素在授权审查、专利无效审查时，均不予考虑，不属于外观设计的保护范围，因此，在侵权诉讼中，也不应当给予考虑。即认定被控侵权产品和专利设计是否相同、相近似时，不考虑这些因素。

在欧洲议会和外观设计法律保护委员会于 1996 年 5 月共同制定的欧洲共同体指示统一文本草案中，也提到对外观设计的保护"不应延伸到在产品正常使用过程中看不见的那些部件，或者当部件在安装时不能看见的部件特征"。可见，许多实行外观设计专利保护的国家对此都有相近的规定。❶

但是，值得注意的是，这里面讲了"正常使用"。所谓"正常使用"是指一般消费者在购买或者使用该产品时，给予普通关注情况下的行为，而非给予特别关注。也就是说，这里的"正常使用"指购买和使用，而使用行为有时指的是"安装"行为，而不能解释为对外观设计产品的观看行为。

（2）外观设计的侵权判定

根据《专利法》第 11 条第 2 款的规定，外观设计专利权被授予后，任何单位或者个人未经专利权人许可，都不得实施其专利，即不得为生产经营目的制造、销售、进口其外观设计专利产品。否则，即构成侵犯他人外观设计专利权。由于外观设计不同于发明和实用新型。因此，侵权判断的方法也有所不同。

① 同类产品的划分

第一，外观设计专利侵权判定中，应当首先审查被控侵权产品与专利产品是否属于同类产品。不属于同类产品的，不构成侵犯外观设计专利权。

被控侵权产品的外观设计与专利产品的外观设计相同，但是，如果两者不属同类产品，则不能进行比较，更不能进行侵权判断。在这一点上，

---

❶ 黄文霞，余涛 . 南风吹动多彩的霞 ［N］. 中国知识产权报，1999 – 12 – 15.

外观设计的侵权判定，与发明和实用新型的专利侵权判定完全不同。确定是否为同类产品，这是外观设计侵权判定的前提。确定这个前提，对被控侵权产品的外观设计与外观设计专利是否相似作出判断尤为重要。

第二，审查外观设计专利产品与侵权产品是否属于同类产品，应当依据商品销售的分类习惯和客观实际情况，并参照外观设计分类表，对两者是否属于同类产品作出认定。

外观设计专利授权审查和侵权判断都要考虑是否同类产品的问题，一般都不作跨类判断。但是，在怎样确定同类产品上，授权审查和侵权判断所采用的标准是完全不同的。

在授权审查中，主要根据《国际外观设计分类表》，看一项外观设计产品申请专利时使用的产品名称属于分类表中哪一大类，哪一小类，然后，看不同的小类是否有相同或者相似的外观设计，如果申请日前已有相同或者相似的外观设计，则该外观设计申请不能被授予专利权。而在侵权判断中，一般不是直接按照《国际外观设计分类表》去确定产品类别。因为，这不符合侵权的发生、认定规则。发生外观设计专利侵权时，在侵权产品上并不会标明该产品属于《国际外观设计分类表》中的哪一类，如果原告硬将侵权产品作一个分类，被控侵权人也不一定同意。因此，在司法实践中，应当依据当事人提供的证据，按照被控侵权产品和外观设计专利产品的商品分类规律和习惯、根据商品销售和消费者购买的实际情况，来确定两者是否属于同一类产品，此时，《国际外观设计分类表》只能作一个参照。

实践中，有一种观点认为，外观设计专利权的保护范围应该限制在相同产品或者用途相同的同类产品上。确定外观设计专利产品的类别范围，应当以《国际外观设计分类表》为标准。而且，一件外观设计专利所能够覆盖的产品范围应限于同一小类的产品。❶ 外观设计侵权判定中，只有同类产品才能相互比较，这里所说的同类，指的是《国际外观设计分类表》中的小类。❷

【实例4－10】在立体贺年卡外观设计专利侵权案❸中，专利界人士曾经围绕在专利侵权诉讼中应该怎样处理产品分类问题展开过争论。

---

❶ 良玉. 关于外观设计专利侵权判断［J］. 中国专利与商标，1997（1）.
❷ 中国专利局法律部. 专利问题解答［M］. 北京：专利文献出版社，1988：45.
❸ 张广良. 本案有无第七种观点［N］. 中国专利报，1996－01－01.

原告获得"立体贺年卡"外观设计专利。这项外观设计专利申请公告上的图形为一个白色正十四面体的三维视图和展开图（见下文原告的专利附图）。

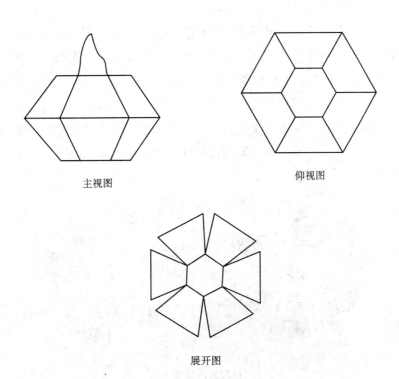

主视图　　　　　　　　　　仰视图

展开图

原告的专利附图

原告的产品在十二面上印有圣诞树，并有"福"字、"恭贺新年"等字样，并且印有专利号（如原告的产品展开图所示）。

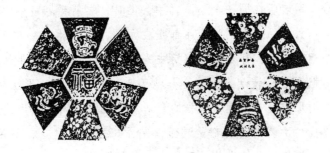

原告的产品展开图

原告在一家报刊亭里发现一种"立体年历"。这种立体年历的设计形状和原告的外观设计形状没有任何区别，原告从立体年历包装袋上的文字得知制造、销售该年历的单位是某广告艺术公司，便向法院提起侵权诉讼。

法院在审理中查明，被告的产品呈正十四面体，其中的十二面上印有当年日历，十二生肖图案或者圣诞树，顶面印有圣诞老人或者吉祥物图案（见下文被控侵权的产品展开图）。该产品和原告的专利产品在形状、结构上相同：两种产品都是呈正十四面体的纸制品，从包装袋中取出以后，都通过其内部设置的橡皮筋弹跳形成立体贺年卡或立体年历。法院认为，原告外观设计专利为立体贺年卡，被告的产品是立体年历。根据《国际外观设计分类表》，贺卡与日历虽然同属一大类，但是，分属 19 - 01 和 19 - 03 两个不同的小类。被控侵权产品和专利设计的比较，只能在同一小类内进行。不在同一小类不能进行比较，本案中的专利产品立体贺年卡和被告的立体年历之间不具有可比性。因此，被告的产品没有落入原告的外观设计专利保护范围。❶

被控侵权的产品展开图

一审判决后，原告不服，提起上诉。二审法院认为，原告的专利设计和被告的产品，一个是立体贺年卡，一个是立体年历。虽然根据外观设计分类表划分，两者不在同一个小类之中，但是，在消费者眼中，两者是同一类或者同一种产品。这两种产品都是在元旦、春节时出售的商品；一般都在同一个柜台出售；都是装在信封中寄出；都起着恭贺新年的作用，消费者很容易把两者混淆起来。结合其他因素，如两种产品形状完全相同，专利公开的图形上没有图案，被告的台历上有图案，两者在用途上相似或者说有通用性，两者的材料都是硬纸，制作工艺上都是上、下两片黏结，产品在结构上都是通过橡皮筋弹跳起来、使用方法都是悬挂在墙上。虽然这不属于外观设计的保护要素，但是，消费者无论从哪个角度看都很难把两者区别开。很难认为这两者是不同的两类产品，因此，应该可以进行侵

❶ 北京市中级人民法院（1994）中经知初字第 690 号民事判决书。

权比较。

通过这个案例可以看出，在怎样确定同类产品上，授权审查和侵权判断所采用的标准应当是有所不同的。在侵权判断中，应当按照被控侵权产品和专利产品的商品分类来确定两者是否属于同一类产品。

第三，同类产品是外观设计专利侵权判定的前提，但不排除在特殊情况下，类似产品之间的外观设计亦可进行侵权判定。

在考虑参照《国际外观设计分类表》进行产品分类时，不可过于僵化。有些产品虽然种类不一、分类不同，但仍有相近似的可能。在对外观设计专利权给予保护时，应当注意区别不同情况，给专利权以更加有力的保护。例如，产品中花布很可能和头巾、窗帘、毛巾、床单等产品在图案色彩方面接近，在工艺、材料方面也很相近。这时候要从具体产品的功能角度去比较。比如，模仿古代编钟乐器造型的瓶子外观，就不能放到乐器类别中去比较，原因就在于两者功能不同、用途也不一样，生产所用的原材料不同、工艺也不同。一个是金属铸造的，一个是在模具中吹制的玻璃制品。如果从商品分类的角度看，被控侵权产品与外观设计专利产品类别相近、形状相同、功能、用途也相同或者交叉的，亦应认定为类似商品，也可以进行侵权判定比较，如毛巾和枕巾、年历卡片和贺年卡片等。再比如，带钟表的收音机与带收音机的钟表，从名称看它们不是同一产品，从功能上看也不相同，从分类上一个是电器产品，一个是钟表产品。而实际上两者是类似产品，虽然分类不在一起，仍然可以进行侵权判断。

② 侵权判定的标准

第一，进行外观设计专利侵权判定，即判断被控侵权产品与外观设计专利产品是否构成相同或者相近似，应当以普通消费者的眼光和审美观察能力为标准，不应当以该外观设计专利所属领域的专业设计人员的眼光和审美观察能力为标准。

判断被控侵权产品与外观设计专利产品是否相同或者相近似，不同水平的人、站在不同的立场上、用不同的眼光，可能会得出完全不同的结论。因此，在外观设计侵权判断时，必须用相同的尺度、统一的标准，这就是以普通消费者的眼光和水平为尺度。这种判别标准与外观设计授权审查时使用的标准应当是不相同的。

在外观设计专利授权审查时，认定一项外观设计专利申请与已有产品相比是否构成相同或者相近似，应以专业技术人员或者普通美术人员的眼光与水平为标准。只有这样，授予专利权的外观设计质量才能稳定，才能符合专利法规定的授权条件。但是，在我国的审查实践中，对这一点是有不同看法的，也有人认为，外观设计的授权审查也应当以普通消费者的眼光与水平为标准。

一项外观设计申请一旦被授予专利权，它的保护范围也随之确定。由于外观设计专利保护的就是人们看得见、摸得着的产品"外观"，而不是像发明、实用新型专利，是由看不见、摸不着的技术特征组成的技术方案。因此，在对外观设计进行侵权判定时，应当站在普通消费者的立场上，而不是站在专业技术人员或者普通美术人员的立场上进行评判。专业技术人员或者普通美术人员与普通消费者对产品外观的分辨能力有很大差异，有些相似产品之间外观上的细微差别，专业技术人员或者普通美术人员能很容易地分辨出来，而普通消费者却极易忽略。所以，从普通消费者的水平出发判断产品外观设计是否相同或者相近似，是较为合理的标准。

普通消费者同专业设计人员对待一项产品的外观设计的眼光和审美观察能力是不同的，审美能力和水平有高低之分。在外观设计专利授权审查、无效审查中，实际上应当以专业设计人员的眼光和审美观察能力去审视一个新的外观设计是否具有美感，是否具有新颖性、创造性，是否应当授予专利权，对于这种人员所具备的素质和条件在《专利审查指南》中作了规定。而在侵权诉讼中，在认定被控侵权产品与外观设计专利产品是否相同或者相近似时，则应以普通消费者的眼光。只有普通消费者的眼光在这里才是客观公正的。当然，采用普通消费者的眼光，并非一定是要由普通消费者去判断每一个案件的相同与相近似，而是指审判案件的法官在作出判断时，应当从普通消费者的眼光出发，去作出个案的评判。

第二，普通消费者作为一个特殊消费群体，是指该外观设计专利同类产品或者类似产品的购买群体或者使用群体。

当一项外观设计申请被授予专利权后，它的保护范围也随之确定。当发生外观设计专利侵权之后，判断外观设计专利侵权的标准应该是普通消费者，而不是所属领域的专业技术人员。

【实例4-11】在消毒柜外观设计专利侵权案中，原告广东康宝电器厂通过申请获得了消毒柜外观设计专利权。专利设计的立体几何形状为竖长方体矩形圆角，单门。边角采用大R转角设计，转角成弧形，门拉手成凹状的弧形，暗藏在门的右上方，柜门下部电器开关配件部位中间弧形凸起，俯视图有微凸起的6条装饰带，门的上檐有长条状的圆包角（如原告专利文件附图所示）。

被控侵权产品的立体几何形状为竖长方体矩形圆角、双门。边角采用大 R 转角设计，转角成弧形，两个门拉手成凹状的弧形，暗藏在门的右上方，柜门下部电器开关配件部件中间弧形凸起，俯视图有微凸起的 5 条装饰带，门的上檐有长条状的圆包角。这种消毒柜的长、宽、高比例与原告专利产品的长、宽、高比例略有不同（如被控侵权产品立体图所示）。

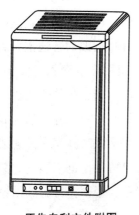

原告专利文件附图   **被控侵权产品立体图**

被告认为，被控侵权产品是双门的，原告的专利设计是单门的。被控侵权产品是瘦长型的，原告的专利设计是矮胖型的。两者的长宽比例不相同，功能和用途也不完全相同。原告专利设计仅用于低温消毒，被控侵权产品是用高温、低温两种方法消毒。原告专利设计的创新部分是已有形状的组合，其中每个形状都是已知的。被控侵权产品的组合和原告的组合不同。两者既不相同，也不相近似。

法院认为，判断外观设计和被控侵权产品是否相同或者相近似，应该按一般购买者的水平进行判断。在判断过程中，应该以产品的外观作为判断的主体，以产品的易见部分及其创新部分作为判断的主要依据，把被控侵权产品的外观与原告专利图片中的外观相比较，两者的名称均为消毒柜，其功能均是消毒。被告的产品增加了臭氧消毒的功能。从几何形状来说，两者都是竖长方体矩形圆角设计，消费者购买时易见部分和创新之处主要是边角、门把手、电器开关配件部位、装饰带以及它们的组合。在这些部位上，两者的设计风格及形状基本上是相同的。只因被控侵权产品为了增加消毒方式而设计了两个门，使门及其把手的数量、产品的长、宽、高比例略有差异。但是这些细微差异对一般购买者的视觉影响不大，并不影响

两者在消费者眼睛里的整体视觉效果的近似性。因此，被告的产品构成侵权。❶

对消毒柜这类生活日用品而言，普通消费者就是这种产品的直接购买者或者使用者。而对有些工业品而言，有时为了弄清楚谁是它的普通消费者也会引起争议。例如，在"电线套管"外观设计专利侵权案❷中，专利界就曾有过不同看法。一种意见认为，这种电线套管一旦安装在房间中，住在这个房间中的主人就可以直观地看见它，住在房间里的人就是有权评判这种外观设计和被控侵权物之间是否相同或者相近似的普通消费者。另一种意见认为，购买电线套管的人即装修房屋使用电线套管的安装人员，才能被认定是这种产品的普通消费者。用这两种不同层次的普通消费者的眼光进行判断，得出的结论肯定是不同的。因此，判断一种产品和专利设计是否相同或者相近似，似乎不能不首先确定谁是该产品真正的普通消费者。法院既不能把某一类人认为是产品的普通消费者，也不能把和某一种产品毫不相关的人认为是这种产品的普通消费者。否则，得出的结论就很可能有失公正。

普通消费者并非任何公民，而是就某一类商品而言的购买者或者使用者。因为，只有购买商品的消费者或者使用商品的消费者，才能对该产品与同类其他产品的相同与相近似作出比较和判断。而作为某一类商品的观察者，能够看到该产品的人，并不一定是这类商品的消费者。也就是说，不同商品有不同的消费者，在进行判断时要根据个案的产品去划定其消费者群体。

③ 侵权判定的方法

对被控侵权产品与专利产品的外观设计进行对比，应当进行整体观察与综合判断，看两者是否具有相同的美感。

在外观设计侵权判定中，在确定专利保护客体时，法院应当以专利外观设计的整体为准，即组成专利设计的各个外观设计要素应当作为一个完整的对象。不存在对单独要素的保护，也不存在对基于某些要素组合的保护。在专利权客体和被控侵权客体相比较后，判断是否相同或者相近似时，法院一般应当把握以下标准：

A. 如果两者的全部构成要素相同或者相近似，应当认为两者是相同的

---

❶ 广东省广州市中级人民法院（1994）穗中法经初字第 53 号民事判决书。
❷ 广东省高级人民法院（1996）粤知终字第 15 号民事判决书。

外观设计。

B. 如果两者的全部构成要素不相同或者不相近似，法院应当认为两者是不相同的外观设计。

C. 如果构成要素中的主要部分（要部）相同或相近似、次要部分不同，应当认为两者是相近似的设计。

D. 产品的大小、材料、内部构造和性能通常不能作为两者不相同和不相近似的判定依据。但是，可以考虑各部分之间的比例因素。

上述标准体现了在外观设计侵权判定中的整体观察、综合判断的原则。判断两件产品的外观设计是否相同或者相近似，应当从整体视觉效果上进行比较，不能过于注意局部的细微差别，要从一件产品外观设计的全部或者其主要构成上来确定是否相同或者相近似，而不能从一件产品的局部出发，更不能把产品的各个组成部分分割开来。特别要抓住产品的主要创作部位，也就是产品最吸引消费者注意的部分。有人称其为产品的常见部位或者易见部位的外观差异。例如，冰箱、家用信箱的正面，桌子的上面，如果产品的主要创作部位及整体的视觉效果和专利外观设计相同或者相近似，即使在其他局部有所不同，例如，在冰箱的底面、信箱的反面或桌子的底面造型和图案有所不同，一般仍认为两者是相同或者相近似的设计。如果非主要创作部位的变化引起整体视觉效果的变化，情况可能就不同了。

比较的重点应当是专利权人独创的富于美感的主要设计部分（要部）与被控侵权产品的对应部分，看被告是否抄袭、模仿了原告外观设计中的新颖独创部分。

与商标不同，外观设计产品并非一定要作为商品上市才获得保护。因此，大量的外观设计产品并未上市便受到了侵权产品的干扰，这时，进行侵权判定，不存在消费者在不同商店购买产品才造成混淆的情况。这时，进行侵权判定只能依据权利人申请专利时提供的照片、图片为依据，看侵权产品与外观设计专利产品在设计风格、美感上是否相同、相近似。

④ 侵权判定比较对象

第一，进行侵权判定时，应当用被控侵权产品的外观设计同受专利保护的图片或者照片中反映出的外观设计相比较；当专利权人的产品外观设计与图片或者照片相同时，也可以直接比较两个产品的外观设计。

在外观设计专利侵权判断中，主要是将侵权产品或者侵权产品的图片、照片与外观设计专利产品的图片或者照片中展示的形状（造型）、图案及色彩进行比较，对比两者是否相同或者相近似。

应当注意的是，外观设计专利受到保护的是由专利权人在申请专利时提交的图片或照片中表示的某项产品的外观设计。产品是外观设计的必要载体。所以如果专利权人在申请以后将产品的外观进行改变，那么，这一产品就不可能受到原有的外观设计专利的保护。在侵权判断中，作为比较的依据应当是申请人在国务院专利行政部门申请专利时提交并经过授权公告的图片、照片，而不应当是专利权人在申请专利之后制造的专利产品。因为，前者确定了外观设计专利的保护范围。

只有当专利产品的外观设计与专利权人申请外观设计时向国务院专利行政部门提交的图片与照片相同，并经双方当事人均认可时，才可以直接将两个产品的外观进行比较。

第二，在原告和被告均获得并实施了外观设计专利权的情况下，如果两个产品的外观设计构成相同或者相近似，则可以认定实施在后获得外观设计专利权的行为，侵犯了在先获得的外观设计专利权。

由于审查制度的原因，在司法实践中经常会出现外观设计专利的重复授权，或者出现类似从属外观设计的情况。根据专利法规定的在先申请原则，在先申请的专利权应当给予保护。这时，无必要等待原告去向专利复审委员会请求宣告在后的专利权无效，换句话说，被告以自己也获得了相同或者相近似的外观设计专利权进行侵权抗辩是无意义的。

⑤ 不适用等同原则

进行外观设计专利侵权判定，不适用判定发明或者实用新型专利侵权中采用的等同原则和禁止反悔原则。

这是由外观设计专利与发明和实用新型专利保护的内容不同决定的。

等同原则是判定发明或者实用新型专利诉讼中常会遇到的判定是否构成侵权的原则。因为，发明和实用新型保护的是技术方案，既看不见，也摸不着，要依据专利权利要求书记载的必要技术特征和由必要技术特征组成的技术方案与侵权物的技术特征进行分析、对比，作出判断。运用等同原则时，不仅要看技术特征是否等同，还要看其功能、作用、目的、效果。得出的结论是，被控侵权物是否落入了专利权保护范围，或者侵权物的技术特征是否覆盖了专利的必要技术特征。而外观设计专利保护的内容与此不同，只对比侵权物的外观设计与专利产品的外观设计是否构成相同或者相近似即可，与等同原则的适用并不相关，也不存在落入保护范围或者覆盖技术特征的判定问题。

禁止反悔原则是等同原则之下的一个侵权判定原则，既然外观设计侵权判定不能适用等同原则，当然，也不应当适用禁止反悔原则。

（3）相同与相近似的认定

司法实践中，对比判断侵权产品与外观设计专利产品是否相同比较容易。一旦相同，认定侵权也无可争议。但现实生活中，侵权产品往往要改头换面，很少完全照办照抄，如产品形状、大小发生变化，图案有所改变等，在这种情况下，就要判断侵权产品与外观设计专利产品是否相近似。在进行外观设计专利侵权判断时，相近似应当被认定为侵犯专利权。

① 相同与相近似

判定是否构成对外观设计专利的侵权，认定标准是看被控侵权产品的外观设计与专利产品外观设计是否相同或者相近似，如果是，则构成侵犯外观设计专利权。

这里讲的相同或者相近似，应当主要指在视觉上、美感上的相同或者相近似。有人认为，依据专利法的规定，找不出被控侵权产品的外观设计与专利产品的外观设计不相同、不相近似就构成了侵犯专利权。对于"相同"的情况，属于人为抄袭、仿制，按侵权对待尚可接受，那么，"相近似"也作为侵权判定标准则无法律依据。

的确，《专利法》对专利权的外观设计在侵权认定中，并无标准上的具体规定。只能依据《专利法》第 11 条第 2 款、第 59 条第 2 款的规定进行推断，当侵权产品的外观设计与专利产品的外观设计相同时，侵权无疑；当侵权产品的外观设计与专利产品的外观设计相近似的时候，认定侵权人抄袭、模仿了他人专利产品外观设计中具有新颖性、富有美感的部分，因此，也构成对外观设计的侵权。

专利产品的外观设计与被控侵权产品的外观设计是否构成相同或者相近似，应当将两者进行比较。

第一，如果两者的形状、图案等主要设计部分（要部）相同，则应当认为两者是相同的外观设计。第二，如果构成要素中的主要设计部分（要部）相同或者相近似，次要部分不相同，则应当认为是相近似的外观设计。第三，如果两者的主要设计部分（要部）不相同或者不相近似，则应当认为是不相同的或者是不相近似的外观设计。

② 排除产品大小、物质、内部构造及性能

专利产品的外观设计与被控侵权产品的大小、材质、内部构造及性能，不得作为判定两者是否相同或者相近似的依据。

司法实践中，在具体进行外观设计侵权判断时，产品的大小、材质、内部构造及产品性能最容易被引起重视，被作为判定是否相同、相近似的注意点。但这些内容恰恰不是外观设计专利保护的内容，而是在授权审查中要被排除的内容。因此，在侵权判定中也同样不应当予以考虑。也就是说，在进行侵权判定时，被控侵权产品与专利产品大小的变化、材质的变化、结构的变化均可以不作考虑，不能认为是不相同的理由。

③ 排除公知设计部分

对要求保护色彩的外观设计，应当先确定该外观设计的形状是否属于公知外观设计，如果是公知的，则应当仅对其图案、色彩作出判定；如果形状、图案、色彩均为新设计的内容，则应当以形状、图案、色彩三者的结合作出判定。

在申请外观设计专利时，当要求保护的外观设计主要部位着重于色彩时，申请人就必须声明要求保护色彩。这时，申请人除提交一份黑白照片外，还应当提交一份彩色照片，并在简要说明中注明请求保护色彩，而不必用文字说明具体的颜色。彩色很难用文字准确表达，尤其是当一件产品的外观色彩是多种颜色组合时更是如此。

在进行侵权判断时，如果外观设计专利要求保护的专指色彩，而被控侵权产品与专利权人声明保护的色彩相同，就构成了侵权。怎样看待在一项外观设计中的形状、图案和色彩三者之间的关系呢？

如果外观设计专利的图片和照片中没有说明要求保护色彩，那么，其他人在相同的产品中采用了与专利设计相同或相近似的形状，就构成了侵权；采用了与专利设计相同或者相近似的形状，并增加了色彩，仍然构成侵权。

如果专利请求保护色彩，其他人在同类产品中采用了相同或者相近似的形状，色彩也相同，侵权成立；如果被控侵权物的形状不同或者不相近似，而色彩相同，就不构成侵权；如果形状相同，色彩不同，也不构成专利侵权。

④ 单一要部和多个要部

第一，在外观设计专利产品为单一要部的情况下，如果被控侵权产品与外观设计专利产品要部相同或者相近似，公知设计部分也相同或者相近似，则构成侵权；如果要部不相同，也不相近似，而公知设计部分相同或者相近似，则不构成侵权；如果要部相同或者相近似，公知设计部分不相同或者不相近似，则不构成侵权。

这种判断方法及作出结论的依据，主要是从外观设计产品整体出发的，而并非对外观设计专利局部进行保护。

【实例 4-12】香港坚弥有限公司诉香港美星国际公司、深圳宝安区公明合水口美星制品厂外观设计专利侵权纠纷案和香港坚弥有限公司诉冠孔电子（深圳）有限公司外观设计专利侵权纠纷案。

原告设计的"圣诞树玩偶"，经向国家知识产权局申请，于 1998 年 6 月获外观设计专利权。此外观设计主视图是一棵塑料小松树状玩偶，树的上部装有 2 个眼睛（遮掩在树叶中，通电时眼睛张开可见），下部有一个嘴巴状体，其颜色与树叶颜色相近，静止状态下掩盖于树叶中。

原告在市场上发现两被告产品。被告美星制品厂生产的圣诞树玩具主视图也是一塑料小松树玩具，树顶上有红五角星，上部有突出的大眼睛，中部有肉色大鼻子和相连的白色胡子。下部有个嘴巴状体，鼻子和胡子完全外露，眼睛和嘴静止时掩映在树叶中。

被告冠孔电子有限公司的被控产品是一塑料小松树状玩具，树前上部有白色粗大眉毛，中部有肉色大鼻子及白色大胡子，下部有一嘴状体。眉毛及鼻、胡子掩映在树叶中，通电时展开。

原告分别向法院起诉两被告，要求停止侵权并要求被告美星公司赔偿原告损失人民币 918 942.72 元。两被告答辩认为，其所生产的圣诞树玩具与原告外观设计专利权保护的"圣诞树玩偶"的外观设计根本不同，不构成侵权，请求法院驳回原告的诉讼请求。

受理法院审理认为，两被告所生产的圣诞树玩具与原告的专利产品虽是同一类产品，但因其形状是圣诞树，具有公知性，没有对比价值，而且主要部分（正面）有较明显的区别，被告的产品具有较显著的圣诞老人的特征，原告的专利产品却不具备圣诞老人的特征。两被告的产品与专利产品外观设计既不相同，也不相近似，不构成侵权。深圳中院据此驳回原告的诉讼请求。

原告不服一审判决，提出上诉。

本案的难点在于三方产品的外观都把圣诞树作为主题，将小树作为外观的主体加以拟人化，其创意是相同的，但表现出来的画面效果确实不同，认为相近似或不相近似都各有道理。

经评议，二审合议庭一致认为：认定近似性的关键在于，以小树为主体加以拟人化的玩具是否在原告申请专利之前所没有，如果此前从未有过，则专利外观设计与两侵权产品的近似性较易认定；否则，近似性难以认定。由于过去在市场上以小树为主体的拟人化的玩具形式多样，因此，不能将近似性的比较局限于以树为主体本身，而应观察其整体视觉效果。原告外观设计给出的是不完整的头部（仅有眼睛和嘴，在静止状态下不显见），是线条简单的玩偶或小丑形象，而非圣诞老人的形象；相反，两个被告产品圣诞老人头部的模样较完整，且其眉毛、胡子、大鼻子等配以红、白两色，给出的是较明显的圣诞老人的形象。两者的整体视觉明显不同，在市场上不会造成消费者误认。所以，应认定原告、被告的产品外观是不相近似的，两被告的产品不构成对原告外观设计专利的侵权。据此，二审法院判决：驳回上诉，维持原判。

将圣诞树作为玩具在现实生活中是已知的、常见的。外观设计专利仅在传统的圣诞树玩具上，设计两只隐藏的小丑眼睛和一张嘴，在玩具通电后才可显现；而被控侵权产品是在传统的圣诞树上设计了圣诞老人面部形象。在进行侵权对比时，排除传统的圣诞树部分，着重比较产品的要部、吸引消费者购买的部分，可见两者是不相近似的。至于侵权物是否借鉴了专利权人的设计思想，则不在分析对比之列。

第二，在外观设计专利产品为多个要部的情况下，其中一个要部或者几个要部不相同，也不相近似，从整体上观察也不相同或者不相近似的，则不构成侵权；如果从整体上看，仍构成相同或者相近似的，则构成侵犯专利权。

4.4.4.2　外观设计侵权诉讼中应注意的几个程序法问题

（1）外观设计保护从授权之日开始

有些外观设计产品属于短、平、快类的产品，产品上市后变化很快，占领市场时间较短，有的几年甚至几个月就会过期。对于这类产品的外观设计如果申请专利，必须先申请专利，后投放市场，申请专利和产品上市在时间上要有一定的间隔。否则，外观设计专利就得不到有效的保护。

【实例4-13】1993 年创办的薄涛制衣公司，以"创造经典与完美"为企业宗旨，其服装产品受到白领丽人的欢迎。企业老总薄涛较有专利意识，1995 年 9 月 29 日专门召开了"95 BOTAO 秋冬季服装专利产品发布会"，据说，这是中国首次外观设计专利服装发布会。❶ 为了防止同行抄袭其服装样式，在发布会之前的 9 月 28 日，其先将发布的 DH 款女式大衣等服装申请了外观设计专利。

但令薄涛公司没有想到的是，服装发布会之后，公司生产的新款大衣

---

❶ 林毅红. 服装界奋起反抄袭［N］. 中国青年报，1995-10-05.

刚一上市，仿制相同样式的大衣也上市了，并以低价格与之展开市场竞争。薄涛想起用法律手段反击，将仿冒者诉上法庭。但遗憾的是，被告将这批服装仅在秋、冬季上市，当 1996 年 4 月 27 日薄涛申请的外观设计专利被授权后，被告早已不生产销售这种大衣，改做其他服装了。被告在法庭上的答辩也很干脆，专利授权前已停止生产销售，其行为不构成侵权。

法院认定，在薄涛申请专利获得专利权之前，被告制造并销售的女式大衣的外观设计与薄涛申请外观设计的产品相同，但不构成专利侵权。因此，驳回了原告要求被告停止侵权、赔偿 120 万元经济损失的诉讼请求。❶ 原告不服，提出上诉。二审法院维持了一审判决。❷

薄涛作为外观设计专利权人，起诉他人侵权，不仅败诉了，而且为此付出了两审诉讼费 3.6 万元，受到了极大打击。每个服装款式都是设计师辛勤劳动的成果，设计师们希望自己的劳动得到应有的尊重，希望自己的设计成果受到法律保护，但薄涛公司为何会败诉呢？

这里涉及专利权人对专利权保护起算日的理解问题。对发明、实用新型和外观设计而言，专利权的保护年限从申请日起开始计算。但是，真正的专利保护期均从专利权被授予之日起。对发明专利而言，在专利申请公开至授权前有一个临时保护期；而实用新型和外观设计公告即授权，并无临时保护期，只有专利权被授予后，才能行使禁止权。因此，要想保护好自己的外观设计专利权，应当早申请外观设计，后公开产品，使申请日早于产品公开上市 1 年左右，最好是一授权就上市，不给侵权人仿冒以可乘之机。

【实例 4 - 14】 大连思凡时装有限公司于 1998 年年底向国家知识产权局提出两款女式大衣的外观设计专利申请，此后，这家公司的原生产部长离开公司成立了大连金鑫时装设计制作中心，并开始生产与"思凡"申请专利的女式大衣外观式样完全相同的女式羊绒大衣。

大连思凡时装有限公司于 1999 年 11 月，在获得外观设计专利权之后，将大连金鑫时装设计制作中心告上法庭，称被告侵犯了自己的外观设计专利权。而被告认为自己制作的两款女式大衣属自由公知技术，不构成侵权。

法院经过开庭审理此案，最后认定大连金鑫时装设计制作中心未经原

---

❶ 天津市第二中级人民法院（1996）二中知初字第 21 号民事判决书。
❷ 天津市高级人民法院（2000）高知终字第 11 号民事判决书。

告许可，擅自制作并销售其专利产品，侵犯了原告的专利权，在大连、沈阳等地的商场销售 81 件，共计获利 8.59 万元。法院判定被告立即停止侵权，并赔偿原告经济损失 8.59 万元。❶ 和前一案件相比，本案权利人的起诉时机把握较好。如果不是因为人员跳槽而发生了侵犯外观设计专利权的情况，也应在获得专利权后才提起诉讼为宜。

实践中，不仅服装，而且像鞋或者季节性较强的食品包装等外观设计专利的权利人均应注意这一问题，以使自己的外观设计专利获得最佳保护。其做法应当是，在产品宣传、上市前，先去申请外观设计专利，而在产品大规模投入市场时，该产品已经获得专利保护，这样，才能有效地防止他人仿制等侵权行为。

（2）防止依据失效外观设计专利提起侵权诉讼

专利权有效是获得保护的前提，专利权一旦被宣告无效、过期失效或权利人放弃，则不能再寻求法律保护。这一点实践中必须注意。

【实例 4 - 15】2001 年 7 月 3 日，四川省粮油食品进出口公司向法院起诉，称泸州老窖股份有限公司侵犯其酒瓶、瓶贴、酒瓶包装盒等 4 项外观设计专利权，该 4 项外观设计分别于 1995 年 7 月 1 日、7 月 15 日、9 月 6 日和 10 月 29 日获得专利权。原告在起诉状中称：在计划经济时代，原告、被告曾进行工贸协作方式合作。1995 年，原告、被告合作方式因经济形势变化，双方未能达成新的合作方式而中断，但被告一直在其出口及内销产品中采用原告获得专利权的外观设计包装，给原告销售及出口贸易造成极大损害，且被告采取低于原告产品价格方式销售侵权产品，进一步损害了原告的合法权益。根据原告产品包装装潢、瓶形及专利图形照片，比照被告产品包装装潢、瓶形以及被告产品广告，完全可以证实被告已侵犯原告专利权。根据被告产品销售数量、价格及原告因此所造成的实际损失及商誉损害，请求法院判令被告停止侵犯原告专利权，向原告赔礼道歉，消除影响；判令被告赔偿原告人民币 200 万元。

被告泸州老窖公司收到起诉状后，认为原告申请专利的外观设计本公司已使用多年，于是向专利复审委员会提出无效宣告请求。2001 年 8 月 27 日，专利复审委员会分别立案，受理了泸州老窖公司提出的无效宣告请求。随后，泸州老窖公司经过对原告专利状态的检索，发现在国家知识产权局专利登记簿记载的著录项目变更中，明确记载原告四川中粮公司获得专利

❶ 新华社. 服装样式别乱仿，一起官司警世人 [N]. 中国知识产权报，2002 - 01 - 23.

权的酒瓶、瓶贴、酒瓶包装盒等 4 项外观设计专利，均已由于专利权人未在规定期限之内缴纳第 6 年度年费，而于 1999 年 6 月 20 日和 21 日被终止，专利权终止日为 2000 年 2 月 14 日。据此，被告向法院提供了检索到的相关证据，认为原告既然专利权已终止，其已无权提起侵权诉讼。在这种情况下，原告于 2001 年 9 月 24 日，申请撤诉，法院裁定准许撤诉。❶案件告结。

上述案例看似个别情况，但在审判实践中这种实例并不少见，甚至出现国外的外观设计专利已在本国丧失效力之后，又在我国申请外观设计，并通过向法院起诉他人侵权，寻求司法保护的情况。

【**实例 4 - 16**】美国安提俄克公司（简称安提公司）起诉星光印刷（深圳）有限公司（简称星光公司）专利侵权案。原告安提公司是注册于美国俄亥俄州的一家专营相册的公司。该公司的霍勒斯于 20 世纪 60 年代初发明了一种条带相册，其特点是可以平整地翻开，有活页设计，可自由拆装。由于有专利的保护，安提公司在 60 ~ 80 年代，得以独家经营条带相册。90 年代该专利到期失效后，美国本土出现了很多竞争对手，美国美西公司就是其中之一。

1996 年美西公司与星光公司达成合作协议，制造条带相册供应国外市场。据星光公司称，他们生产的条带相册在美国销量不错，每星期都要出口一货柜的相册产品。

面对竞争对手，安提公司曾于 1998 年对美西公司提起诉讼。同年 7 月 30 日，俄亥俄州南部美国地方法院判决安提公司败诉，并判定安提公司的条带相册产品专利失效。安提公司随即向美国联邦第 6 巡回法院上诉，但于 1999 年被驳回。

2001 年 4 月 29 日，安提公司向国家知识产权局申请了条带相册的外观设计专利，并于同年 12 月 19 日获得授权。随后，该公司向中国海关总署提起海关知识产权保护备案。星光公司出口的相册于 2002 年 3 月在深圳被海关扣押。

在法院庭审中，星光公司提出两点答辩意见：一是自己受美西公司委托生产的相册外观与原告的专利不完全相似；二是原告安提公司的专利在美国已经失效，又向中国申请专利，这种行为属于一种恶意行为。在星光公司看来，安提公司申请外观设计专利，然后请求海关扣押他们的货物，

---

❶　四川省成都市中级人民法院（2002）成知初字第 42 号民事裁定书。

目的是阻止其出口产品，并对其商誉造成损害。由于我国宣告专利权无效要向专利复审委员会提出，而不是直接向受理专利侵权诉讼的法院提出，因此，程序复杂，时间较长，原告正是利用这一时间差，达到阻止中国企业正常出口经营之目的，是一种恶意竞争行为。❶

被告的答辩不无道理，很值得我们在实践中予以关注。如果被告陈述属实，在专利侵权诉讼中，可以允许被告运用在先公知设计进行侵权抗辩，以保护市场的公平竞争，制止恶意申请专利并滥用专利权行为。

（3）遇到他人的不该授权的外观设计如何处理

在外观设计权判断中，有时会遇到外观设计专利产品的主体形状是公知的、常见的，而又无图案及色彩标注，平面图案过于简单、简洁，致使保护范围过宽。对于这种有授权不当或者不该授权之嫌的外观设计专利，在侵权诉讼中，可以由当事人通过反诉专利权无效的方式解决，而不宜直接由法院认定该外观设计不予保护。

根据专利法的规定，我国专利权的授权机关只有国务院专利行政部门一家，有权对授权不当的专利权作出宣告该专利权无效决定的只有专利复审委员会；对专利复审委员会作出的无效宣告请求审查决定，当事人不服的，可以向北京市第一中级人民法院提起行政诉讼，由法院进行司法监督。但是，从根本上讲，宣告一项外观设计专利权是否有效，是法律赋予国务院专利行政部门和专利复审委员会的权力，其他机关均无此权限，目前，依照法律规定，人民法院也无此权限。

专利法之所以作出这样的规定，一方面，是由我国现行司法制度决定的；另一方面，也涉及对专利权效力的审查是一项专利性、技术性很强的工作，对此工作不宜放开，权利分散对专利制度的发展不利。仅以外观设计专利为例，根据《专利法》及《专利法实施细则》的规定，《专利审查指南》列出了不给予外观设计专利保护的客体，包括以下10项：

① 取决于特定地理条件、不能重复再现的固定建筑物、桥梁等。

② 因其包含有气体、液体及粉末状等无固定形状的物质而导致其形状、图案、色彩不固定的产品。

③ 产品的不能分割或者不能单独出售且不能单独使用的局部设计。

④ 对于由多个不同特定形状或者图案的构件组成的产品而言，本身不

---

❶ 李南玲. 在本国失效了，来中国打官司［N］. 中国技术市场报，2002 – 08 – 24.

能成为一种有独立使用价值的产品的构件。

⑤ 不能作用于视觉或者肉眼难以确定的形状、图案、色彩的物品。

⑥ 不是产品本身常规形态的外观设计。

⑦ 以自然物原有的形状、图案、色彩作为主体的设计。

⑧ 纯属美术书法、摄影范畴的作品。

⑨ 仅以在其产品所属领域内司空见惯的几何形状和图案构成的外观设计。

⑩ 文字和数字的字音、字义不属于外观设计保护的内容。

⑪ 产品通电后显示的图案。

由上可见，判断是否属于外观设计的保护客体是一项复杂的专业工作，并非根据当事人在答辩时说明的观点，法官便可以作出认定。况且，在对上述各项的执行中，仍有不同认识和标准，需要探索、研究和不断统一认识。如果在侵权诉讼中，任何法院的法官均可以对此作出认定，标准就更难统一，法律的严肃性更难掌握。

因此，一项外观设计申请只要获得了专利权，就应当受到法律保护。当事人如果对该外观设计专利权的效力有异议，应当通过请求宣告无效等途径解决，受理侵权案件的人民法院无权对专利权的效力问题在侵权诉讼中一并解决。而当被控侵权人以现有设计进行侵权抗辩时，受诉法院则可以对被控侵权人是否实施了现有设计作出认定。一旦现有设计抗辩成立，则可以直接判决侵权不成立。

4.4.4.3　外观设计侵权诉讼中应注意的几个实体法问题

外观设计产品的制造、销售、许诺销售与使用

① 对产品外观设计的使用

对产品外观设计的使用，是指该外观设计产品的功能得到了应用，而产品的外观设计在获得专利时，其产品的功能、技术性能是被排除在外观设计专利授权条件之外的。因此，《专利法》第 11 条第 2 款讲到外观设计专利权人的禁止权时，并未赋予外观设计专利权人使用其外观设计专利产品的禁止权。也就是说，根据《专利法》的规定，不存在使用外观设计专利权的问题。

与发明专利权和实用新型专利权相比，外观设计专利权的效力不包括"使用"外观设计专利产品的独占权。这是因为，赋予外观设计专利的主要目的在于，阻止他人未经许可在制造有关产品时复制受专利保护的外观设计，为达到这个目的，阻止他人未经许可而制造或者销售外观设计专利

产品就足够了，没有必要限制他人为生产经营目的使用外观设计专利产品。❶有人将其理由归为两点：一是只要禁止了他人未经许可而"制造或者销售"的行为，就可达到外观设计专利保护的目的；二是事实上不存在第三人以生产经营为目的而使用外观设计专利产品。❷

在司法实践中，有些人提出了不同意见，认为在专利法中，应当增加外观设计专利权保护"使用权"的规定，理由是：

第一，从外观设计专利权保护的客体来看，外观设计不仅涉及消费品（如餐具、台布、窗帘等），使其具有装饰美；还涉及生产资料（如机床、汽车、游艇等），使其具有功能美（或技术美），❸故一些外观设计在具有欣赏价值的同时，还具有实用价值。这就使以生产经营为目的使用外观设计专利产品成为可能。在现实生活中有许多，诸如某公园为经营目的而使用飞碟游艇，某公司为经营目的而利用一批新型灯具进行灯会展，某个体户使用造型别致的三轮摩托车在旅游区开展出租业务。

第二，外观设计专利权没有保护"使用权"，会造成外观设计专利权的内容不完整，专利保护不充分，难以达到禁止第三人未经许可而"制造或者销售"的目的。

【实例 4 – 17】王某申请并获得了"摩托车"的外观设计专利权。张某根据专利公报上公开的照片，将自己的摩托车按王某外观设计专利改装后自己使用。过了一段时间，张某将摩托车赠与了李某，李某用于开展出租业务。由于该摩托车造型美观，李某每天比普通出租车驾驶员多挣几十元钱（李某知道该摩托车是未经专利权人许可而改装的）。专利权人王某得知后提起诉讼，要求李某赔偿损失。很显然，王某的诉讼请求不会被法院支持，因为我国外观设计专利没有保护"使用权"。也正因为没有保护"使用权"的规定，在上述案例中，即使摩托车是某厂加工销售的，当使用者拒绝说明摩托车的来源时，专利权人仍一筹莫展。如果该案涉及的是发明或实用新型专利，情形就不同了。可见，我国对发明、实用新型和外观设计专利权的保护没有"一视同仁"。❹这虽然是少数人的观点，但结合审判实践看，这种争论是有意义、有价值的。

❶ 国家知识产权局条法司. 新专利法详解 ［M］. 北京：知识产权出版社，2001：79.
❷ 汤宗舜. 中华人民共和国专利法条文释义 ［M］. 北京：法律出版社，1986：45.
❸ 金宗盈. 产品外观设计的技术美及其专利保护 ［J］. 知识产权，1993（1）：42－43.
❹ 孙德生. 关于完善外观设计保护制度的几点建议 ［M］. 专利法研究 1997. 北京：专利文献
出版社，1997：205－206.

② 对产品外观设计的制造

对产品外观设计的制造，是指表现在权利人向国务院专利行政部门申请专利时提交的图片或者照片中的该外观设计专利产品被实现的行为，包括将含有外观设计专利的部件组装成完整的外观设计专利产品的行为。

③ 对产品外观设计的销售与许诺销售

对产品外观设计的销售，是指将制造出的外观设计专利产品的所有权从卖方有偿转移到买方的行为。也就是说，在认定被控侵权人是否实现了销售行为时，要看之前被控侵权人或者其他人有无制造行为。制造是销售的前提，没有制造行为就没有产品的产生，也就不可能有对该产品的销售行为。

许诺销售是销售行为的预备，是一种要约行为，以前对外观设计专利的许诺销售行为并不侵权。第三次修改《专利法》时在第 11 条中增加了对外观设计专利权"许诺销售"行为的禁止权，赋予了外观设计权利人禁止他人进行"许诺销售"行为的权利。

④ 实践中对制造、使用、销售行为的鉴别

对外观设计专利产品的制造行为和销售行为必须经过专利权人的许可，否则就可能造成侵犯专利权。

在司法实践中，对产品外观设计的使用行为、制造行为和销售行为，在具体案件中有时难以区分。而正确区分这三种行为又是依法认定是否构成侵权、保护外观设计专利权的关键问题之一。

【实例 4-18】南昌市公交出租汽车公司于 2001 年成立，有出租车 123 辆，车型为捷达和富康。2001 年 10 月申请出租车外观设计专利，将出租车车型定为捷达和富康，车身上半部为草绿色，下半部为银灰色。2003 年 6 月被国家知识产权局授予名称为"出租车"的外观设计专利权。

被告南昌第二出租汽车公司从上海大众汽车厂买了 30 辆桑塔纳轿车，车身上半部为富贵绿、下半部为银灰色，从 2002 年 4 月起投入出租车运营。2002 年 8 月双方发生纠纷。

在这里，车身颜色能否申请外观设计专利的问题，我们暂时不去讨论，只想讨论一下被告实施的是一种什么行为。即将上海大众汽车厂制造的桑塔纳轿车买回南昌，在车顶上装上有出租车标志的顶灯，然后开始从事出租车运营业务，这一行为是对外观设计专利产品的制造行为，还是使用行为？这一行为是侵权行为，还是不侵权的行为？

专利权人在向专利管理机关请求调处时认为，被请求人的出租车与我公司所拥有的"出租车"外观专利相近似，极易使一般消费者产生混淆，因此构成了侵权。而被请求人答辩时讲了两点意见：一是专利权人的外观专利不具备新颖性，应当被宣告无效；二是本公司的出租车与专利权人获得外观设计专利的出租车的车型、颜色有明显区别，不构成侵权。

专利管理机关对被请求人的答辩进行了分析驳斥，认为，外观设计专利是否有效，不属于本案审理范围；外观设计专利与被控侵权物外观设计相比，两个车体的形状相近似，车体上的颜色相近似，因此，两者之间构成相近似。关键的问题是，专利行政机关对被请求人实施的行为作了认定，指出：被请求人的行为"构成为生产经营目的制造被控侵权产品。出租车行业为一种特殊行业，出租车公司在从生产车辆的厂家购买普通车体后，尚需进行加装出租车顶灯等行为，才可将普通车体改造成出租车产品，该过程中含有改装制造行为"。被请求人争辩，本公司是按照当地政府客车管理处的统一要求在出租车上加装顶灯设备，除此，未对车辆作过任何外观改动，颜色也是原装出厂，没有任何侵权行为。❶

这个案件在法院审理中，法院支持了专利行政执法机关认定的意见，认为"被请求人一方在从生产厂家购买普通车体后，又加装出租车顶灯，含有改装制造行为"，且构成与外观设计专利的相近似，其行为构成了侵权。

这一认定结论是正确的。可以说，正是被请求人把普通轿车加装出租车顶灯的行为，使这些普通轿车产品跨入了出租车行列，具有与"出租车"外观设计专利的可比性。被请求人购买的这些车，如果不作出租车使用，肯定是不会构成对"出租车"外观设计专利侵权。因此，被请求人不仅实施了构成侵权的"使用"出租车行为❷，而且实施了构成侵权的制造出租车行为，应当承担相应的法律责任。

【实例 4-19】原告上海嘉洋实业发展有限公司获得一项"瓶盖"外观设计的专利权，之后，原告起诉安徽口子集团公司和上海联家超市有限公司侵犯其专利权。

本案在诉讼中，安徽口子集团公司向法院提供了涉讼瓶盖系江苏省高邮市丽华实业有限公司生产的证据，欲以此来说明自己只是该种涉讼瓶盖的使用者。

---

❶ 南昌市知识产权局（2002）洪知侵纠字第 01 号专利侵权纠纷处理决定书。
❷ 江西省南昌市中级人民法院（2002）洪行初字第 6 号行政判决书。

　　而原告认为，涉讼瓶盖虽由案外人丽华实业公司生产，但在被告与丽华公司所签的合同中明确约定：丽华实业公司应按"双方认可的样品生产"，整个瓶盖生产出来要与被告安徽口子集团公司的专用瓶子相配合，因此，瓶盖的结构、尺寸、外形、色彩均需由被告来确定，且瓶盖印有被告的单位名称及商标专用字体，据此，原告认为被告与案外人丽华实业公司之间不是一般的买卖关系，他们双方签订的合同从形式上看是"工矿企业购销合同"，但从内容上看，双方之间是一种委托加工关系。本案被告口子集团公司应是涉讼瓶盖的生产者。

　　原告的这一观点得到了一审法院的认同。

　　在现实经济生活中，与口子集团公司有同样想法的酒厂有很多，认为瓶盖是由瓶盖厂造出来的，如果发生侵权，专利权人要起诉也应该起诉瓶盖厂才对。当然，瓶盖厂也是该涉讼瓶盖的生产者，是否起诉瓶盖厂由原告决定。如果原告有确凿的证据证明涉讼瓶盖是哪家瓶盖厂生产的，自然也可以直接起诉生产涉讼瓶盖的瓶盖厂，或者在起诉酒厂的过程中将其追加为共同被告。但是这种产品本身的特点决定了生产该种配套瓶盖的瓶盖厂及其企业名称都没有在瓶盖上注明，让原告见到的是涉嫌侵权的瓶盖出现在某家酒厂生产的酒的包装上，所以，这时专利权人以酒厂和经销商作为起诉对象更多的是出于效率上的考虑，当然，还有效益上的考虑。

　　如果外观设计产品是一种"瓶盖"，而被告的行为是将买来的瓶盖用在瓶子上，瓶子里装上商品销售或者仅销售瓶子，其行为不应当认为是制造，因为一个完整的"瓶盖"外观设计产品，前边已有人制造出来了，实施人的行为是将买来的"瓶盖"产品使用在瓶子产品（而不再是"瓶盖"产品）或者其他产品上（如"饮料"产品、"酒"产品）。其实施的行为可能构成对外观设计专利产品的"销售"。

　　本案的特点在于，被告与瓶盖的制造者之间有一份合同，这份合同的性质又被法院认定为委托加工合同，双方在合同中明确约定，按"双方认可的样品生产"。双方这一约定明确将本案被告的行为与案外人丽华实业公司的行为连在了一起，可以认定双方共同从事了生产制造行为。

　　【实例 4－20】一个"垃圾筒"外观设计的专利权人，在大街上见到了和自己获得外观设计专利保护的形状相同的垃圾筒，垃圾筒上有大幅广告画，并注明了广告公司，但垃圾筒上未注明制造商。于是，专利权人向专利管理机关请求调处，指控广告商侵犯了其外观设计专利权。

　　专利管理机关调查了解到，当地环卫局要更换一批街头垃圾筒，于是在社会上向众多广告公司招标，最后由中标的广告公司出钱，环卫局委托一厂家定作了垃圾筒，广告公司中了标、出了钱之后，经过环卫局批准，有权在垃圾筒上做广告。所以，广告公司在答辩时称，自己在垃圾筒上做广告，并不构成对专利权人外观设计专利的侵权。

在这起纠纷中，谁应当是被指控侵权的垃圾筒产品的制造者呢？谁的行为构成了侵犯垃圾筒外观设计专利权？显然不应当是广告商，而应当是垃圾筒的实际制造厂家。在厂家不明的情况下，至少作为垃圾筒的主人当地环卫局应当承担责任。这种责任可能构成侵权，也可能不构成侵权。因为垃圾筒的产权属于环卫局。环卫局使用垃圾筒的行为并不构成对他人外观设计专利权的侵害。当然，如果在环卫局选择生产垃圾筒厂家时，一并选定了垃圾筒的样式，其委托制造的侵权责任就比较明显。但无论如何，广告商在垃圾筒上做广告的行为不能构成对外观设计专利产品的侵权。

【实例4－21】鞠某向国务院专利行政部门申请了一种"酒瓶"外观设计专利。鞠某作为银河酒厂职工，在其获得专利权之后，与银河酒厂签订独占专利实施许可合同，每年专利许可使用费为15万元。

古贝春集团作为甲方与乙方诸城经销处签订协议，甲方授权乙方作为古贝春系列酒在诸城市的总经销。双方商定：由乙方提供酒瓶，甲方提供剩余包装物及散酒，生产"古贝春头曲"，由乙方独立销售；乙方负责把酒瓶送到古贝春集团仓库。协议签订后，古贝春集团开始生产"古贝春头曲"酒产品并投入市场。该酒产品的包装盒上注明生产制造商为古贝春集团。使用的酒瓶为诸城经销处回收的旧酒瓶，由古贝春集团进行清洗消毒后灌制、包装。

鞠某发现古贝春集团擅自使用其设计并拥有专利权的酒瓶，大量制售"古贝春头曲"进行营利活动，使其专利权受到侵害，于是向法院起诉，请求法院判令被告立即停止侵权行为，赔偿其经济损失30万元。

古贝春集团辩称：① 我公司与诸城经销处签订协议，约定由乙方提供酒瓶，甲方提供剩余包装物及散酒，生产"古贝春头曲"酒，由乙方独立销售，并由乙方负责把收购的旧酒瓶送至我公司，我公司把酒瓶洗净消毒之后为乙方灌装。协议还规定我方给乙方的"古贝春头曲"价格中不包括酒瓶，酒瓶是归乙方所有的，我公司对酒瓶没有所有权、使用权，更谈不上获利，原告诉我公司侵犯了其酒瓶的专利权没有事实根据。② 原告的酒瓶在和酒及其他包装物一同售出时，售出的价格当中包括酒、酒瓶及其他包装物。售出后的专利产品——酒瓶、酒和包装物，它的所有权已发生了改变，即它不再属于原告，而属于购买方。根据专利权用尽原则，专利产品一旦进入流通领域，就不再受专利权人的控制，公众可以自由使用或销售。本案中，诸城经销处使用自己收购的、让我公司给其灌装白酒的酒瓶，并非是仿照原告专利产品制造的，而是原告已售出的产品，原告又主张侵权，不符合事实和法律规定。

综上，被告并未侵权，请求法院驳回原告诉讼请求。

一审法院经审理认为：① 古贝春集团以生产经营为目的，与诸城经销处签订生产销售"古贝春头曲"协议，利用后者提供的与专利产品设计相同或者相近似的旧酒瓶，制造并销售"古贝春头曲"，其行为侵犯了原告的外观设计专利权。② 古贝春集团辩称公司出售的是散酒和除酒瓶以外的剩余包装物，酒瓶为销售方诸城经销处自己所有的酒瓶，与该公司无关的抗辩理由不能成立。古贝春集团与诸城经销处所存在的内部经销关系，并不能产生对抗普通消费者的对外效力，亦不能成为排除自己为侵权主体的抗辩理由。虽然提供旧酒瓶行为系诸城经销处，但改变不了古贝春集团实际利用了与专利设计相同或相近似的酒瓶用于制造"古贝春头曲"并提供剩余包装物，将"古贝春头曲"以古贝春集团总公司的名义作为一个完整的商品投入市场流通的事实，而非以诸城经销处作为生产制造商取得消费者认知，其营利意图明显。③ 所谓专利权用尽原则，是指在专利产品合法地投入市场后，任何人买到了这种产品，无论是自己使用还是再次销售，都无须征得专利权人的同意。外观设计专利产品名称为"酒瓶"，其工业上的应用价值在于作为酒的包装物与酒作为一个整体投入市场。因此，专利权用尽应指使用这种设计的酒瓶的酒产品合法投入市场并售出后，购买者自己使用或再次销售该酒产品的行为。对于回收与专利设计相同或者相近似的酒瓶，并作为自己同类酒产品的包装物，以生产经营为目的的生产销售行为，已超出了专利产品合法购入者使用的内涵，而成为一种变相的生产制造外观设计专利产品的行为，因此，古贝春集团主张专利权人权利用尽的抗辩理由不能成立。

据此，一审法院作出判决：古贝春集团停止对原告外观设计专利权的侵权行为；被告赔偿原告经济损失 8 万元。

古贝春集团不服一审判决，提起上诉。二审法院认为：当专利权人许可银河酒厂独占实施，银河酒厂使用该外观设计专利酒瓶生产、销售白酒，白酒售出后，专利权人和银河酒厂已经获得了收益，体现在酒瓶上的专利权已经用尽，根据专利权用尽原则，购买者的使用或者再销售行为就不构成侵犯其专利权。上诉人生产、销售"古贝春头曲"，使用回收的旧酒瓶，因旧酒瓶上的专利权已经用尽，故无论这些旧酒瓶是否与被上诉人的外观设计专利酒瓶相同或相近似，都不构成对被上诉人外观设计专利权的侵犯，被上诉人的侵权指控不成立，其诉讼请求无事实和法律依据。二审法院作出终审判决：撤销一审判决；驳回鞠某的诉讼请求。❶

这一案件的终审判决在社会上引起不同反响。终审判决的结果是值得商榷的。这一案件与前述案件的不同之处在于，在区分行为人的制造、销售行为的同时，如何正确理解《专利法》中关于专利权用尽原则的规定。

《专利法》中规定专利权用尽原则，是为了保证商品的自由流通。如果专利权人把专利产品出售给批发商以后，批发商把这些产品出售给零售商，以及零售商把这些产品出售给消费者，都要一一经过专利权人的许可，或者说，专利权人有权禁止后两种买卖行为的话，就会大大阻碍商品流通。因此，人们一般认为专利权用尽原则是对专利权的一项重要限制。当然，这个原则只适用于合法地投入市场的专利产品。

结合本案，当专利权人许可他人使用其酒瓶外观设计专利作为酒的包装，销售到市场后，专利权人在售出的每一个酒瓶上的权利确已用尽。这时，经销商或消费者购买了由外观设计专利酒瓶装的酒之后，再进行销售或把酒喝掉、送人均是合法行为，专利权人已无权干涉。可见，专利权用尽原则是对专利权的一种限制，它指的是专利权人无权对合法投入市场的专利产品的使用行为或者销售行为加以干涉。

就本案而言，专利权人指控侵权的并非合法投入市场的专利产品的使用者或销售者，即被控侵权人并非银河酒厂生产白酒的代销商，也不是在市场上买了银河酒厂生产的白酒之后自己又进行销售，也非银河酒厂生产的白酒的直接消费者；而是"古贝春头曲"酒的生产销售商，只是其制造的散装白酒用的包装酒瓶与专利权人获得外观设计的酒瓶相同或相近似，被告当然应当承担侵犯外观设计专利权的责任。虽然，被告使用的酒瓶是通过回收得来的，但这与专利权用尽原则无关，以此作为侵权抗辩理由是站不住脚的。

再有，专利权用尽原则是针对专利产品的使用或者销售行为而言的，

---

❶ 李虹. 酒瓶外观设计专利侵权案件的几个法律问题//程永顺. 专利侵权判定实务［M］. 北京：法律出版社，2002：213.

这种专利产品是专利权人自己制造或者经专利权人许可由他人制造的。如果适用这一原则认定被控侵权人的行为不视为侵权，前提是被控侵权人使用或者销售的是专利产品，而不是其他人制造的侵权产品。这里涉及实施行为的性质认定问题。

那么，回收专利产品重新加以"利用"是一种什么行为？

白酒作为一种产品，并非外观设计的保护对象，获得外观设计保护的"酒瓶"才是专利法保护的对象。作为一种商品，"酒瓶"与酒是密不可分的；但是作为外观设计专利产品，酒瓶是可以独立存在的，酒瓶本身也可以成为一种商品。当专利权人造出酒瓶，或许可他人制造出酒瓶，直接销售酒瓶或者将酒瓶装上酒到市场上出售，他人通过正当渠道买到合法生产的酒瓶装散酒出售，或者买来合法生产的装在酒瓶中的白酒再销售均为合法行为。作为外观设计的酒瓶一旦使用了，即装了一次白酒，酒瓶中的白酒消耗（消费者喝掉）后，酒瓶即报废，这时它虽然还是酒瓶，但只能作为玻璃或陶瓷的原料，而不能再作为酒瓶外观设计专利产品加以利用，如果再作为旧酒瓶回收后直接加以利用，用其装酒，等于一个新的外观设计专利酒瓶又产生了。这个行为当然应得到专利权人的许可。

对废旧产品的回收利用在我国现实生活中很普遍。对一般产品的回收利用从法律上讲无可指责，如果是对废旧专利产品的回收利用则可能会引来麻烦。

当一件专利产品进入最终消费者手中，体现在该产品中的专利权确实已用尽，脱离了权利人的控制，该产品的所有权也已属于购买、使用它的消费者。但当该产品用完、报废后，如装在酒瓶中的酒已经消耗后，该专利产品（酒瓶）的使用价值也已不复存在。作为消费者可以把该产品（酒瓶）扔弃、当做废品卖掉。但是，作为收购废品（酒瓶）的人收购酒瓶之后做什么用则是个关键问题。这时，他如果进行废物利用，仅可以将该专利产品（酒瓶）当做原料即玻璃收购并利用，而不能当做酒瓶即专利产品收购并利用。如果收购者将他人废弃的专利产品作为废品收购后重新修理、刷新，并当做专利产品加以利用，这种行为无异于制造专利产品。回收旧酒瓶重新装入白酒的行为，等同于制造了一个新酒瓶，其行为法律应予禁止。因此，就本案而言，一审法院认定被控侵权者"回收与专利设计相同或相近似的酒瓶并作为自己同类酒产品的包装物，……成为一种变相的生产制造外观设计专利产品的行为"，这一认定更加准确。

（2）对销售"不知道"是侵权产品的理解

根据《专利法》第70条的规定，对外观设计专利而言，被控侵权人为生产经营目的销售不知道是未经专利权人许可而售出的专利产品，能证明其产品合法来源的，不承担赔偿责任。在司法实践中，正确理解这一规定，主要涉及以下问题。

① 什么是合法来源

销售的外观设计产品其来源是否合法，要由被告负责举证。这里的"合法来源"应当是指，使用者或者销售者销售的外观设计专利产品，是通过合法的进货渠道、正常的买卖合同和合理的价格从他人处购买的。外观设计不涉及使用行为，仅涉及销售行为。

② 专利产品上未指明专利标记，可否认定被告"不知道"

在外观设计侵权诉讼中，被告常用的一种抗辩是，原告未在自己产品上标明专利标记和专利号，其他人无法知道该产品拥有专利权。因此，自己的销售行为是在不知道的情况下进行的，不应承担赔偿责任。专利产品上标明专利标记和专利号，是专利权人的一项权利而非义务，专利权人可以行使亦可以放弃。标记与否并不影响专利侵权的认定。

③ 对"不知道"的认定

被控销售行为发生时通过外观设计侵权诉讼，法院最终认定被告销售的产品是侵权产品，这时可否认定，被告销售侵权产品的行为已属于明知，而不属于"不知道"的情形？对于这个问题要作具体分析。

第一，如果案件诉讼之前，已有人民法院的生效判决认定涉案商品为侵权产品，且专利权人已向其发出停止销售侵权行为的警告，作为销售商的被告仍为经营目的实施销售行为，这时，应当认定销售商已明知，并应承担民事侵权的全部责任。此时，不应再考虑商品是否有合法来源的问题。

第二，如果本案诉讼之前，没有人民法院的生效判决认定涉案商品为侵权产品，而是在本案发生侵权诉讼时法院才认定涉案产品为侵权产品，那么，即使专利权人已向其发出停止销售侵权行为的警告，作为销售商的被告所销售的产品只要符合"合法来源"的条件，其只应承担部分侵权责任，而不应推定其事先也应知道该产品为侵权产品。

第三，被控侵权的销售商与他人之间的"供货约定"不能免除被控销售商的停止侵权责任。如在上海嘉洋实业公司诉上海联家超市有限公司与安徽口子集团侵犯其"瓶盖"外观设计专利侵权案中，上海联家超市有限公司在与安徽口子集团公司上海办事处签订的供货合同中，约定："供应商保证交付的商品符合中国有关知识产权及工业产权法律法规。供应商在此承担全部责任，负责向家乐福商业公司提供所有有效证明、批准证书、营业执照及任何其他中国法律法规所要求的文件。"此条款虽然表明供应商上海道远实业公司曾向销售商上海联家超市有限公司保证，他们提供的包含涉讼的"50°金口子酒"在内的所有产品均符合中国有关知识产权及工业产权法律法规，但对于销售商来说，这只能证明其所销售的该产品有合法的来源，在不知道该产品侵权的情况下可不承担赔偿责任，但在侵权诉讼中，仍不能免除承担停止侵权的责任。

④ 销售商在得到侵权警告时，是否要主动停止销售行为

如何认定销售商在知道其销售的可能是侵权产品的情况下，仍继续实施销售的行为？比如在销售过程中，曾得到过专利权人发出的侵权警告，其是否应当主动停止销售行为？

过去我们讲，只要权利人向销售商发出侵权警告，一方面可以认为销售商已知道自己销售的可能是侵权产品，另一方面可以就此确定销售地法院可以有侵权诉讼的管辖权。仔细研究，这样做似乎有值得斟酌的地方。

进行侵权判定是一个复杂的技术和法律问题。权利人的警告不等于法院的生效判决，只是一方向另一方作出的提示、提醒，属于一面之词。销售商销售的产品是否构成对他人专利权的侵权，还要经过行政机关或者司法机关的认定。尤其是有的权利人，为了某种商业目的，如尽快占领市场、进行不正当竞争，采取向竞争对手不断地发出侵权警告，过后并不向人民法院提起侵权诉讼，如果销售商主动停止销售行为，等于实际上承认了自己的行为属于侵权。如果最终没有行政机关或者司法机关作出的侵权判定，这样的结果对销售商、对产品制造商就很不公平，可能还会引发产品制造商和销售商之间的合同纠纷。退一步讲，即使被警告的销售商销售的商品确实构成了侵权，也应通过司法判决判定其应当从何时起停止侵权行为，而不应由专利权人的一纸警告函决定。

而如果权利人在向销售商发出停止侵权的警告之时，已有行政机关作出的行政决定或者人民法院的判决在先，且销售商销售的产品与行政决定或者法院判决认定侵权的产品相同，这时，销售商收到警告之后，应当主动停止销售行为。如果对权利人的警告置之不理，就应当认为销售商是在知道自己销售的是侵权产品的情况下，继续实施销售侵权行为。

当然，销售商在知道销售的商品可能会侵犯他人专利权的情况下，也可以主动与商品制造商或者供应商沟通，由商品的制造商或提供商解决与

专利权人的侵权问题，以免给各方当事人带来更多的麻烦。

（3）成套产品与组合产品的侵权认定

有的外观设计专利产品是成套产品或者组合产品，被控侵权人仅仿制了成套产品或者组合产品中的部分产品，是否构成侵权？要回答这个问题，必须先搞明白什么是成套产品和组合产品，它们在授予专利权时有什么不同的条件。

在外观设计专利申请中有两种制度，一种是"一项设计一申请"制度，另一种是"多项设计作为一件申请"的制度。这两种制度存在很大差异。以日本为首的亚洲地区大多数国家采用"一项设计一申请"制度，而欧美地区一些国家一般采用"多项设计可以合案申请"的制度。在一项设计一申请的制度中，设立了成套外观设计专利申请制度，但符合成套外观设计专利申请的条件是很苛刻的。

① 什么是成套产品

成套产品是由两件以上各自独立的产品组成，其中每一件产品有独立的特性和使用价值，而各件产品组合在一起又能体现出其组合使用的价值，例如，由咖啡杯、咖啡壶、牛奶壶和糖罐组成的咖啡器具，就可以按成套产品申请外观设计专利。

② 成套产品申请外观设计专利的条件

根据专利法的规定，成套产品申请外观设计专利，必须同时具备两个条件。

第一个条件是，产品属于同一类别。根据《专利法》第 31 条第 2 款及《专利法实施细则》第 35 条第 2 款的规定，两项以上的外观设计可合案申请的条件之一是该两项以上外观设计的产品属于同一类别，即该两项以上外观设计的产品属于国际外观设计分类表中同一小类。例如，餐用盘、碟、杯、碗、筷，烹调用的锅、盆、餐刀、餐叉，都属于 07 类，但餐用盘、碟、杯、碗属于 07 - 01 小类，锅、盆属于 07 - 02 小类，餐刀、餐叉属于 07 - 03 小类，因此，锅、碗、餐刀不属于同一小类，不能合案申请。碗、碟属于同一小类产品，可以合案申请。需要说明的是，属于同一小类的产品并非是合案申请的充足条件，其还应当满足《专利法》第 31 条第 2 款有关成套出售或使用的要求。

第二个条件是，产品成套出售或者成套使用。根据《专利法》及《专利法实施细则》的规定，两件以上同一类别的产品在满足一定条件的情况下，可以作为一件申请提出，这种成套产品应当是习惯上成套出售、同时成套使用的两件以上的产品，而且，它们的设计构思和设计风格应当保持一致。

同时出售的含义，应限定为习惯上同时出售的产品，也就是通常在市场上成套出售的产品，例如，由床罩、床单和枕套等组成的五件套床上用品。为促销而随意搭配的产品，如书包和铅笔盒，虽然在销售书包时赠送铅笔盒，但这不应认为是同时出售，不能作为成套产品提出申请。

同时使用的含义，是指人们在使用其中一件产品时，会产生使用联想，从而想到另一件或另几件产品的存在，而不是指必须在同一时刻同时使用这几件产品。也就是说，这些产品，如咖啡器具中的咖啡杯、糖罐、牛奶壶等，在使用过程中是互相关联的，所以符合同时使用的原则。

设计构思相同，是指成套产品中各产品的设计风格是统一的，即对成套产品的形状、图案或者其结合以及色彩与形状、图案的结合所作出的设计是统一的。

形状的统一，是指各个构成产品都以同一种特殊的造型为特征，或者各构成产品之间以特殊的造型构成组合关系，即认为符合形状统一。

图案的统一，是指成套产品中各产品上图案设计的题材、构图、表现形式、色彩等方面必须是统一的。若其中有一方面不同，则认为图案不统一。例如，咖啡壶上的设计以兰花图案为设计题材，而咖啡杯上的设计图案为熊猫，由于图案所选设计题材不同，则认为图案不统一，不符合统一和谐的原则，因此不能作为成套外观设计申请。

对于色彩的统一，不能单独考虑，必须与成套产品中各产品的形状、图案综合考虑。当各产品的形状、图案符合统一协调的原则时，如果产品的色彩相同则可作为成套产品合案申请；如果各产品的色彩变化较大，破坏了整体的和谐，不能作为成套产品合成一件申请提出。

符合上述规定的两项以上外观设计可以作为一件申请提出，授权后成为成套外观设计产品专利。

需要注意的是，成套产品外观设计专利申请除了应当满足上述一般条件以外，构成成套产品的每一件产品都必须具备授权条件；其中一件产品不具备授权条件的，该成套产品也就不具备授权条件。

③ 成套产品外观设计侵权的认定

根据上述《专利法》《专利法实施细则》和《专利审查指南》对成套产品外观设计获得专利权的要求及理解，在侵权判定中，我们可以得出这样的结论：对成套产品的外观设计，被控侵权人全部模仿了，构成相同或者相近似的，无疑构成侵犯外观设计专利权；如果被控侵权人仅模仿了成套产品中一件、两件产品的外观设计，仍然构成侵犯外观设计专利权。

④ 组合产品申请外观设计的条件

组合产品的外观设计与成套产品的外观设计不同。对于一些由数件物品组合为一体的产品，其中每一件单独的构成部分没有独立的使用价值，组合成一体时才能使用，成为一个完整的产品。例如，扑克牌、积木、插接组件玩具等，这些物品应当视为一件产品，只能作为一件产品提出外观设计专利申请，不属于成套产品范围之内。

⑤ 组合产品外观设计的侵权认定

在外观设计专利无效审查中，不能因为组合产品中有的组件是公知公用的产品或设计，就否定整个组合产品外观设计专利的新颖性。在进行侵权判断时，也应当多从组合产品整体上进行认定，而不应仅注意它的各个组件，即被控侵权人仅模仿了组合产品外观设计中的部分组件，并不构成侵犯外观设计专利权，因为组件不能单独获得专利保护。只有当被控侵权人制造、销售、进口的外观设计产品与获得专利保护的组合产品的外观设计专利产品全部相同或者相近似时，才构成侵犯外观设计专利权。

(4) 关于产品外观设计的部分保护问题

① 部分外观设计专利

部分外观设计专利，是指产品的一部分可以申请外观设计专利，并可以部分授予专利权。

关于产品外观设计的部分保护问题，不同的国家存在很大的差异。美国以及欧洲一些对外观设计采取登记制的国家采用对产品外观设计的部分保护制度，而日本、韩国等国家对产品外观设计的部分长期以来不给予保护。直至 1998 年日本外观设计法对此项规定进行了重要修改，其中第 2 条第 1 款规定了外观设计的定义：本法所称的外观设计是指对产品（包括产品的一部分，除第 8 条外）的形状、图案、色彩或者其结合的、通过视觉引起美感的设计。申请部分外观设计专利时，产品的名称应以完整的产品名称命名，部分外观设计被授予专利权时，相关的同一类产品均受到保护。随后，韩国相继设立了产品部分外观设计的保护制度。实践证明，对产品部分外观设计给予保护对鼓励发明创造、保护专利权人的合法权益是有着积极作用的。

② 我国尚不保护部分外观设计

《专利法》并没有对外观设计部分保护的规定，从《专利法》第 11 条第 2 款、第 23 条、第 59 条第 2 款的规定可以看出，我国保护的是完整的外观设计专利产品。在《专利审查指南》第 1 部分第 3 章 "外观设计专利申请的初步审查" 中，明确规定产品的不能分割、不能单独出售或者使用的部分，如袜跟、帽檐、杯把等，属于不给予外观设计专利保护的客体。这里也强调了外观设计专利产品的完整性，而不能是产品的部件，如冰箱的门。但是，目前在我国已获得专利权的外观设计中，对产品局部的申请，有的已经获得了批准，有的则未被批准专利。这说明审查人员在执行《专利审查指南》的过程中，标准并不统一，这是值得在审查中引起注意的。

从外观设计保护的发展趋势来看，随着对产品外观设计保护水平的提高，我国将来可能向外观设计部分保护方向发展。目前，在《专利法实施细则》中已有迹象，例如，《专利法实施细则》第 27 条第 2 款规定："申请人应当就每件外观设计产品所需要保护的内容提交有关视图或者照片。" 第 28 条第 1 款规定："外观设计的简要说明应当写明外观设计产品的名称、用途，外观设计的设计要点。"

在《专利审查指南》中，对外观设计的审查不仅规定了综合判断，而且还规定了要部判断。随着时间的发展和对外观设计专利保护水平的提高，我国在修改专利法时，将对外观设计产品的部分保护写入其中并非不可能。

值得注意的是，在关于产品外观设计的部分保护问题上，目前我们不应该受外国的立法、判例的影响，也不能受学者学术观点的左右。通过前面的分析可见，我国的《专利法》尚无对产品外观设计部分保护的规定，而是将外观设计产品作为一个完整的产品给予保护。在侵权认定中，尤其是认定被控侵权物与外观设计专利是否构成相同或者相近似时，应严格按照现行法律标准予以判断，不能随意将保护水平提高，将部分相同或者相近似而整体观察并不相同、不相近似的相关对比物认定为侵犯外观设计专利权。

（5）关于从属外观设计专利

《专利法》第 51 条规定："一项取得专利权的发明或者实用新型比以前已经取得专利权的发明或者实用新型具有显著经济意义的重大技术进步，其实施又有赖于前一发明或者实用新型的实施的，国务院专利行政部门根据后一专利权人的申请，可以给予实施前一发明或者实用新型的强制许可。在依照前款规定给予实施强制许可的情形下，国务院专利行政部门根据前一专利权人的申请，也可以给予实施后一发明或者实用新型的强制许可。"

根据此条规定，人们习惯地引申出基本专利与从属专利的概念。但是，《专利法》在这里明确规定的从属专利针对的是发明或者实用新型专利，从未指向过外观设计专利。专利法虽然进行过三次修改，但在这一规定上，以前强调的是后者比前者"在技术上先进"，现在强调的是后者比前者"具有显著经济意义的重大技术进步"。而外观设计专利从不考虑技术上的先进与进步。因此，在这里没有讲外观设计的从属专利问题。

那么，从外观设计定义本身能否得出从属外观设计专利的存在呢？2001 年修改前的《专利法实施细则》第 2 条第 3 款对外观设计所下的定义是：专利法所称外观设计，是指对产品的形状、图案、色彩或者其结合所作出的富有美感的并适于工业上应用的新设计。而 2001 年修改后的《专利法实施细则》第 2 条第 3 款对外观设计的定义作了修改，规定："专利法所称外观设计，是指对产品的形状、图案或者其结合以及色彩与形状、图案的结合所作出的富有美感并适于工业应用的新设计。"在这里取消了单种的色彩可以成为外观设计专利的规定。

根据《专利法》和《专利法实施细则》的相关规定一般可以认为，在外观设计专利保护中，并不存在从属外观设计专利。作为产品的外观设计和相同产品的另外一个外观设计或者相同、相近似，或者不相同、不相近似。不存在相同或者相近似的情况下，又增加了一部分不相同或者不相近似的外观设计，如果是这样，就应当认定是不相同或者不相近似的外观设计。

但是，在实践中出现的情况往往并非如此简单。按照修改前《专利法》的规定，在单独的色彩可以作为外观设计专利保护的情况下，可能会出现从属外观设计产品。即在他人获得产品形状的外观设计专利产品上面，如果有人申请了单独要求保护色彩的外观设计，这时就可能会出现从属外观设计产品。当然，《专利法实施细则》对外观设计的定义作出修改之后，这种情况将会大大减少。但是，依照修改前《专利法》的规定，在后取得的外观设计专利权是否属于从属外观设计专利呢？

在实践中还有一种情况，在先的专利权人取得了一项产品形状的外观设计专利权，申请专利时未强调保护图案，或者从照片、图片上看，图案不突出、不明显，或者无图案。而在后的申请人在这一形状设计上面加上了图案和色彩，又申请了一项新的外观设计专利。这时，在后的申请仍然可能获得外观设计专利权。在这种情况下，先后两个外观设计专利是什么关系，实施在后的外观设计专利要不要经过在先专利权人的许可？实践中对这个问题仍有不同看法。实际上，这种情况与前面讲的在产品形状上将单独的色彩申请，并获得外观设计专利的情况一样，可以按照从属外观设计专利对待。

在日本，近年来由于许多企业生产出的产品相互近似，为保护这些企业的产品，日本对外观设计法作了进一步的修改。一个申请人可以就许多相类似的产品申请类似的外观设计。即同一申请人、同一日申请、一个主外观设计，其余为从属外观设计。这样，获得类似外观设计专利权的，专利权人的保护范围明显扩大。他人产品的外观设计即使与从属外观设计有相同点，也构成侵权。❶

由于日本对外观设计的审查条件包括创造性标准，其如此修改外观设计法，对保护专利权人是有利的，允许从属外观设计专利，如同可以申请防御商标一样。而我国的情况则不同，我国专利法对外观设计专利授权并无创造性的要求，因此，对从属外观设计的标准也不宜放得过宽。否则，会为某些人的搭车、模仿等投机行为创造机会，造成一些人总是跟在他人外观设计产品后面去"补缺"，别人申请了产品形状外观设计，他去申请相同产品、相同形状的图案外观设计；别人申请了形状、图案外观设计，他去申请另一种图案或色彩的外观设计。其结果，一方面造成外观设计专利权过滥、过多，美感和新颖性水平不高；另一方面造成大量相近似、区别不大、不宜判断的外观设计专利产生。这一点，不论是外观设计授权、无效宣告审查，还是作侵权判断，都是值得引起重视的。

（6）运用公知设计进行侵权抗辩

在外观设计侵权诉讼中，被告用自己实施的是在先公知设计进行抗辩，而不去反诉专利权人的外观设计专利无效，法院应当怎么办？这个问题是有争议的。

在全国法院知识产权工作会议上，曹建明院长讲话中提到："被控侵权人以公知技术抗辩成立的，应当认可该抗辩理由，不能既认定属于公知技术，又因该技术全面覆盖专利技术，就不适用公知技术抗辩。对于更接近公知技术而与专利技术有一定差别的，应当认定不构成侵权。"❷有人认为，这一讲话内容，对外观设计侵权中的公知设计抗辩也适用。其实，这

---

❶　吴冬. 由日本外观设计法修改看中国外观设计的发展［N］. 中国知识产权报，2002－01－25.
❷　最高人民法院民三庭. 知识产权审判指导与思考［M］. 6卷. 北京：法律出版社，2003：13.

种理解是不妥当的。这一讲话内容明显在讲发明与实用新型侵权中以公知技术抗辩的情形，而不应包括外观设计侵权中的公知设计抗辩。

在外观设计侵权诉讼中，用公知设计抗辩有两种情况：其一，产品外观设计专利与侵权物相同，侵权物与公知设计也相同，在这种情况下，应当通过反诉专利权无效程序解决。其二，产品外观设计专利与侵权物相近似，侵权物与公知设计相近似，外观设计专利与公知设计也相近似。在这种情况下，人民法院可以根据被控侵权人的抗辩，作出判断，看侵权物更接近外观设计专利，还是更接近公知设计：如果是更接近公知设计，则根据公知设计抗辩原则判定不侵权；反之，如果侵权物更接近外观设计专利，则认定构成侵权。

（7）外观设计侵权损失赔偿额计算问题

① 产品外观设计与产品本身融为一体不可分时，怎么计算赔偿额

所谓产品外观设计与产品本身不可分，是指外观设计就是附着在产品上的设计，如"微型吸尘器""扫帚""立体贺卡""服装"等外观设计产品。对于这类产品外观设计发生侵权，计算侵权损失赔偿额是较为容易的。可以说，权利人受到的损失就是销售额的下降，侵权人的获利就是销售侵权产品的获利。对于消费者而言，购买的就是这个带有新设计的产品，就是为该新设计而掏钱消费。因此，可以将被告的销售利润全部作为侵权赔偿额。

② 产品的包装瓶、盒、袋、箱外观设计被侵权，怎样计算损失赔偿

我们先看几则实际生活中发生的案例。

【实例4-22】1996年7月5日，原告为防止出售豆腐变酸，将从某塑料厂购买的用于盛装豆腐的塑料箱重新设计，将原塑料箱的两个长侧面分别改钻了每五个圆孔为一组，每个圆孔直径约为1公分，每个长侧面钻三组圆孔的"豆制品箱"，向国家知识产权局提出了"豆制品箱"外观设计专利申请。1997年4月24日，被授予专利权。

被告渤海豆制品公司自1996年12月初开始生产豆腐，在未经原告许可的情况下，对其从某塑料厂购买的塑料箱擅自按照原告已向国家知识产权局申请了外观设计专利的"豆制品箱"进行仿制，并用其盛装豆腐销售。

该案起诉到法院后，法院认为由于被告使用的用于盛装豆腐的"豆制品箱"与原告已取得外观设计专利权的"豆制品箱"外观设计相同或相近似，致使原告的豆腐销量受到影响。自1997年4月24日至7月9日，原

告豆腐的销售利润与 1996 年同期的两个半月相比下降了 133 949.65 元人民币。被告渤海豆制品公司的行为已构成对原告专利权的侵权，依法应停止侵权，并应根据原告利润的实际下降额人民币 133 949.65 元及市场上该专利权被侵权的实际情况，赔偿因其侵权给原告造成的相应的经济损失人民币 66 947.82 元，并作出相应判决。❶

【实例 4 - 23】深圳市捷康保健有限公司 1997 年 12 月 24 日申请了名称为"包装盒"的外观设计专利，1998 年 8 月 22 日被授予专利权。捷康公司提出专利申请后，即用此包装盒作为自己的"冰糖燕窝"产品的外包装推向市场。深圳市万基公司从 1998 年中开始，未经捷康公司许可，采用了和这一外观设计极为相似的包装盒，向市场推出了"万基燕窝王"保健产品。1999 年 5 月 21 日，捷康公司向法院起诉，请求法院判令万基公司停止生产和销售使用这一包装的产品，公开赔礼道歉，并赔偿经济损失 50 万元。❷

万基公司于答辩期内向国家知识产权局申请撤销捷康公司的外观设计专利。1999 年 6 月 12 日国家知识产权局受理了该撤销请求，并于同年 11 月 25 日作出维持专利权有效的决定。

诉讼中，捷康公司变更赔偿数额，要求对被告的生产销售利润进行审计，以审计报告确认的万基公司的侵权获利额为损失赔偿额。

一审法院认定被告行为构成侵犯专利权，判决万基公司立即停止生产销售侵权产品，销毁库存侵权产品，并赔偿原告捷康公司人民币 12 187 462.46 元。

万基公司不服提出上诉，二审法院终审判决维持了一审判决。本案成为"目前我国外观设计专利侵权赔偿的最高纪录"。❸

【实例 4 - 24】一项"药瓶"外观设计专利的专利权人，起诉一企业制造销售了侵权药瓶。被告反诉专利权无效，专利复审委员会维持专利权有效。在法院审理中，原告称，由于被告的侵权行为导致其专利产品大量积压，企业被迫停产改行。而被告并不否认其制造的 500 余万只药瓶与专利药瓶的外观设计相近似，但仍认为原告专利权应当被宣告无效，并再次向专利复审委员会提出无效宣告请求。法院经过审理，判决被告立即停止制

❶ 辽宁省大连市中级人民法院（1997）大经初字第 337 号民事判决书。
❷ 郑发. 捷康专利案引起多方关注 [N]. 法制日报，2001 - 05 - 01.
❸ 田文. 深圳一公司外观设计专利被侵权获巨额赔偿 [N]. 人民法院报，2001 - 02 - 18.

造、销售侵权产品行为，并赔偿原告经济损失 55 万元。❶

上述三个案例，有一个共同特点，即外观设计产品实际上都是消费者购买商品的包装物。不同点在于，当发生侵权之后，法院采取的损失赔偿额的计算方法明显不同，其结果也必然差距很大。

在实例 4-22 中，被告是一家制作豆制品的公司，其行为只是仿制了一批"豆制品箱"，并使用其装豆制品，到市场上去销售豆制品，即使其仿制行为构成了侵权，也不应将原告豆腐的销售利润下降或者被告销售豆腐的利润作为"豆制品箱"外观设计专利侵权的赔偿计算参照物，豆腐与盛装豆腐的豆制品箱不是一回事。即便新颖的豆腐箱吸引了消费者，消费者买的也仅是豆腐。至于使用该豆制品箱可以使豆腐延长变质时间，则属于功能带来的效果，即使有利润也不属于可保护的外观设计带来的。而应当按照外观设计产品豆制品箱的价格、利润计算损失赔偿额。

在实例 4-23 中，对损失赔偿额的计算显然过高了。从原告外观设计专利授权的 1998 年 8 月 22 日至原告提起诉讼的 1999 年 5 月 21 日，时间仅 9 个月，至终审判决也仅 2 年多时间，不知被告要制造销售多少这种包装盒才会获利如此之多。经过分析可见，被告将该侵权包装盒用在了"万基燕窝王"这一价格较贵重的营养品产品上，而 1 200 多万元的赔偿依据正是对"万基燕窝王"等营养食品的获利审计结果，而不是对包装盒的利润审计结果，难怪人们看了报道会认为赔偿额有些高了。在侵权诉讼中，如果认定被告获利了，尤其是被告获利多了，一定是消费者购买侵权产品的多了，那么，消费者买的是什么？是包装盒，还是包装盒里面的燕窝营养品？包装盒在吸引消费者的目光及购买欲方面占有多大比例，对此问题应当进行分析。如果不加分析，就会很容易将燕窝营养品这一不侵权产品的销售利润，作为包装盒这一侵权产品的销售利润进行了赔偿，这种计算损失赔偿额的方法是值得研究的。

在实例 4-24 中，法院在计算损失赔偿额时考虑得似乎更恰当、更合乎实际一些。在法院查明被告承认制作了 500 万只侵权药瓶的事实后，计算出赔偿额 55 万元，每只药瓶 0.1 元左右（不知是什么样式、性质、材料的药瓶），但这毕竟是按侵犯外观设计专利药瓶本身在计算损失赔偿额。

③ 产品外观设计被用在另一个产品中，是另一个完整产品的一个组成部分，怎样计算赔偿额

---

❶ 戴晓翔. 杭州中院判决外观设计专利权人赔偿 95 万元［N］. 中国专利报，1997 - 10 - 22.

我们先看一个案例：某旅游用品公司于 1998 年 12 月 31 日向国家知识产权局申请了"插扣"外观设计专利，1999 年 10 月 8 日被授予专利权。李某于 1999 年 3 月 5 日申请了"摄影包锁"外观设计专利，1999 年 11 月 3 日被授予专利权。之后，李某将专利权有偿转让给某照相器材公司。两公司均将各自的外观设计产品用于摄影器具包上。

2002 年年初，某旅游公司诉某照相器材公司侵犯其专利权，要求停止侵权，并赔偿损失。

经对比，"插扣"和"摄影包锁"两个外观设计属相同产品，且形状相同，图案相似，属于重复授权无疑。但由于被告某照相器材公司受让的专利，申请及授权均在后，其受让后的实施行为明显属于侵权。但问题是怎么计算赔偿额，一方面，被告受让的专利申请在后，但当时原告的外观专利并未公告，仍处于保密状态，说明申请专利的李某并无抄袭原告专利，在侵权赔偿中应否予以考虑？另一方面，该外观设计专利产品是用在摄影包上的锁，而照相器材公司销售的是摄影器材包，应当怎样计算赔偿额？

关于第一个方面，实际上是由一种外观设计专利的抵触申请造成的重复授权，在后的外观设计专利应当被宣告无效。即使在表面有效、形式有效的情况下，对其实施行为也必然构成对在先专利权的侵权；只是在赔偿上，由于其明显无故意、无过失，实际中这种情况也不多见，且带有先用权性质，因此，如果将这一个案的具体情况和其他侵权行为一并对待似有不公。如果适用 30 万元以下定额赔偿时，这种个案的情况，就可以作为一个主要因素予以考虑。

关于第二个方面，在实践中比较多见。近年来见诸报端的案例也较多。例如，实例 4 - 19 中，原告主张权利的是一项"瓶盖"的外观设计专利，被告将该"瓶盖"用在了一种白酒瓶上，原告经过向法院诉讼，法院判决两被告停止侵权行为，公开赔礼道歉，并由安徽某酒业集团赔偿原告经济损失 10 万元，超市赔偿原告经济损失 2 万元。虽然不知这 12 万元的赔偿额是如何计算出来的，但和前述案例一样，这里也遇到了同样的问题，即被诉侵权的瓶盖仅仅是装在瓶中的白酒这一商品中的一个组成部分，在计算侵权损失时应如何考虑？

在实践中，由于对这一问题研究不够，造成权利人在诉讼请求中也不知如何计算为好，因而出现过这样一则案例。

消费者在购买这类商品时，是什么吸引消费者的购买欲望呢？可能是商品本身，如白酒、饮料或者摄影包；也可能是商品的包装，如酒的瓶子形状，饮料瓶子上的图案，摄影包的颜色、大小、形状。但这些均与外观设计无关，而产品上的外观设计仅仅是锁吊、瓶盖等部件，当然，这也可能成为吸引消费者购买的着眼点，但必定在消费者购买商品中所占成分及比例很小。一旦发生侵权，能否拿全部商品如白酒、饮料、摄影器材包所获得的利润作为专利权人的侵权损失向其索赔呢？显然不可以，而应当作出具体的划分，否则赔偿额的计算范围就扩大了。

④ 原告的外观设计专利产品未生产上市，对损失赔偿额有何影响

产品与商品不同，产品上市进入流通领域才变为商品。而专利法保护的是外观设计专利产品，因此，不论已获得专利权的产品外观设计是否进入流通领域，均应给予保护。在进行侵权判断时不应考虑专利权人的外观设计是否已经生产出产品，是否已在市场上销售，而应当依《专利法》第59 条第 2 款的规定进行侵权与否的判定。

但是，专利权人未就获得专利权的外观设计专利产品上市，也未许可他人生产制造该外观设计专利产品，在侵权诉讼中，对损失赔偿额的计算是有影响的。至少专利权人无法要求按原告的损失计算赔偿额。而且在要求按被告获利计算损失赔偿额时，也会受到限制。如无法采用被告销售数量乘以原告产品利润的计算方法等。

⑤ 在侵权诉讼过程中产生的损失怎么办

从原告提起侵权诉讼，要求被告停止侵权、赔偿经济损失，法院立案后至审理结案，往往要经过一段时间，有的案件要经过一年甚至几年的时间。在这段时间内，由于法院尚未对被告实施的行为是否构成侵权作出认定，因此，被告在自己认为不侵权的情况下，往往会继续实施原来的行为。而当法院作出一审或者终审判决时，一般会在判决主文中讲明，从判决生效起，被告停止侵权行为，如立即停止、判决之日起停止、判决书生效后若干日内停止等；并于何时赔偿原告经济损失的数额。对前一项在理解上一般不会有异议，法院判决从何时开始停止侵权行为，被告就应当履行判决结果。但对后一项，往往会产生新的异议，突出的问题是，在诉讼期间被告仍在继续实施侵权行为，这时赔偿问题怎么办？原告在起诉时要求被告进行赔偿，一般仅指在起诉之前，如果有具体诉讼请求数额，也是计算到诉讼之前。那么，对诉讼过程中侵权的数额要不要赔，怎么赔？实践中一直有不同看法。

一种看法是，法院根据当事人起诉时的请求，仅计算到当事人起诉之前，对诉讼中的损失不予考虑。

　　一种看法是，法院可以根据当事人的请求，一直计算到终审判决之前，以免当事人为此段时间的赔偿再行起诉，形成诉累。

　　一种看法是，对此期间的损失赔偿问题可以不予考虑，如果当事人要求，应当另行起诉，因为一、二审开庭审理时，不可能一直审查到诉讼中的损失计算情况。

　　目前在司法实践中，对此问题的认识和做法不统一。实际上，一旦发生侵权诉讼，被控侵权人或者自动停止了生产，或者改变了产品的结构、形状，即已与专利产品产生了变化；当然也有少数的情况，被告认为自己不侵权，且一直不主动停止被控侵权行为。对于这种情况，多数法院的做法是让原告另外起诉，而不在同一案件中一并解决。因为，此时不仅涉及损失计算问题，还可能涉及认定其实施行为是否仍构成侵权的问题，如果一并解决，则必须在开庭审理中即对诉讼中的实施行为及获利一并进行审理，即使这样做了，也会涉及开庭之后到判决之前的损失赔偿问题。

　　⑥ 发生侵权后，原告的利润未下降，被告未获得利润，是否认定原告就没有损失

　　当发生侵权行为后，在有些情况下，原告的利润不降反升，这时，是否可以证明原告没有损失，而不再考虑赔偿呢？显然不是。

　　一个产品在市场上获利的多少、利润升降情况，并不都与侵权行为时间的长短、侵权产品的多少直接挂钩。但发生了侵犯专利权的行为，一定会在权利人的获利多少上有所反映。有些产品由于受市场欢迎，或受季节等其他因素影响，当发生侵权行为后，权利人在市场上所获利润没有明显下降或者反而上升的情况并不少见，但这并不能说明，权利人没有损失。可能在没有侵权的情况下，权利人获利会更多。即便是由于有了侵权行为发生，使某种商品在市场更加看好，也不能说明侵权就有理，侵权人获利应当归他自己。正因如此，法院判决时还规定了计算权利人损失赔偿额的另一种方法，即被告的侵权获利。

　　那么，经过当事人举证、法院调查或者审计，均不能证明被告侵权之后有获利行为，这时是否就可以判定被告不向原告作出赔偿？这种观点显然也站不住脚。法律上之所以规定赔偿这种民事责任形式，是因为被告的侵权行为给原告造成了经济损失，而并非被告获利了才作赔偿，而被告人获利仅仅是计算损失赔偿额的一种方法。在被告实际上未获利，或者经过调查查不清被告获利的实际数额的情况下，完全可以采取其他损失赔偿计

算方法，如定额赔偿，而不能由此认定原告人没有损失，不作出损失赔偿的判决。

4.5 侵犯专利权的法律责任

专利权是一种财产权。它同其他财产权一样应当受到法律的保护，谁侵犯了他人的专利权，谁就应当承担相应的法律责任。根据我国《民法通则》和《专利法》的规定，侵犯专利权的民事法律责任主要有停止侵权、赔偿损失、清除影响等几种方式。

4.5.1 停止侵权

停止侵权是专利侵权人应承担的主要法律责任之一，也是保护专利权的最有效措施之一。

所谓停止侵权，是指侵权人应当停止擅自制造、使用、许诺销售、销售、进口专利产品或者使用专利方法以及使用、许诺销售、销售、进口依该专利方法直接获得的产品的行为。专利权人将发明创造申请专利获得专利权的目的就在于用法律保护自己的专利权，禁止他人未经其许可而制造、使用、许诺销售、销售、进口其专利产品或者使用其方法的行为，从而保持自己对该专利享有独占权。因此，在专利侵权诉讼中，所有专利权人都要求侵权方停止侵权行为，以消除由于侵权人的非法竞争行为对其构成的威胁。

专利权人或者利害关系人在诉讼中要求法院采取责令侵权人立即停止侵权行为时，可以申请人民法院作出财产保全或者先予执行的裁定，但同时应当提供担保。及时采取这种措施，对停止制造专利产品或者停止使用专利方法的侵权行为更为必要。

但是，人民法院在诉讼中采取停止侵权行为的临时措施应当极其慎重。原因在于：在专利侵权诉讼案件审理中，人民法院一旦作出停止侵权的裁定，尤其是停止制造行为，对被告的利益得失关系极大。在诉讼之初，当原告手中的专利权稳定状况不十分明确、侵权事实未全部查清的情况下，一旦采取了停止侵权行为的临时措施，给被告造成的结果将是不堪设想的。只有在专利权的有效性已经确认，侵权事实已经证明无疑的情况下，人民法院才会采取这种临时措施。

当然，根据原告的诉讼请求，在案件审结时，判决被告停止侵权行为是必须的。为了保证这一判决结果的有效执行，恢复专利权人被侵犯的权利，人民法院还可以根据专利权人的请求，没收、销毁侵权产品或者责令侵权人将侵权物品交给专利权人，由专利权人进行处理，以切实做到停止侵权人继续使用、许诺销售、销售的侵权行为。

没收、销毁侵权产品，是对侵权行为的一种财产性制裁方式，其目的在于有效地制止专利侵权行为。这种方式在一般判决中可以不用，但在下列情况下应当适用：

① 判令侵权人停止制造侵权行为后，对制造侵权产品的生产线、专用模具、专用设备应当没收并予以销毁。

② 对侵权人制造的质量低劣的假冒专利产品，应当没收并予以销毁。

③ 对侵权人仿制的侵权产品，可以根据专利权人的要求没收并予以销毁，或者责令将侵权物交给专利权人，由专利权人进行处理。

由于没收、销毁侵权产品所造成的损失也应当由侵权方承担。

法院判决被告停止侵权行为，应当明确、具体，以便于判决结果的执行。所谓判决应当明确、具体，是指通过案件审理，查明侵权事实，认定被告的哪种行为构成侵权，侵权指向的标的是什么，是方法还是产品；如果是产品，是哪种型号的产品等。根据认定的事实作出停止制造、停止使用、停止销售或者停止进口行为，而不应只判停止侵权行为。

当然，法院的判决结果要与原告的诉讼请求相对应。这就要求专利权人作为原告提出诉讼请求时应当明确具体。司法实践中在同一诉讼案件中主要有以下几种情况：

① 同一被告针对同一专利，同时实施了几种侵权行为。如被告针对同一方法专利实施了使用专利方法并销售制造出的产品两种侵权行为，或者针对同一产品专利实施了制造、使用、销售三种侵权行为，原告可以在一个诉讼案中同时要求被告停止制造、使用、销售侵权行为。

② 同一被告针对不同专利，同时实施了几种侵权行为。在这种情况下，原告最好是分别起诉，以被侵犯的专利为依据，提起不同的侵权诉讼。

③ 不同被告针对同一专利，实施了几种不同的侵权行为。如有的被告实施了制造行为，有的被告实施了使用行为，有的被告实施了销售行为，原告在作为一个案件提起诉讼时，要根据各个被告实施的不同侵权行为，要求各个被告停止相应的侵权行为。

④ 不同被告针对同一专利，实施了相同的侵权行为。如几个被告同时制造了侵权产品或者销售了侵权产品，原告最好分别诉讼，如果要放在一个案件中提起诉讼，则必须分清各个被告的制造、销售行为是否相同，制

造、销售范围、数量是否一致，并根据他们在行为上的区别分别提出停止侵权的请求。

法院在作出停止侵权的判决时，要注意区分当事人的不同诉讼请求和被告人实施的具体侵权行为，在判决主文中作出明确表达。尤其应当注意：

① 停止制造、使用、许诺销售、销售、进口等全部侵权行为，还是其中一种或两种侵权行为。

② 停止使用专利方法行为，还是停止使用销售依专利方法制造出的专利产品行为。

③ 停止侵权的范围。

④ 如果被告制造的产品有多种类型，则应明确停止对哪些型号产品的侵权行为。

4.5.2 赔偿损失

损害赔偿是对违反法律规定、侵犯他人财产所有权或者人身权的一种法律制裁方式。专利权是一种无形财产，当这种财产受到侵犯，并给权利人造成经济上的损失时，专利权人或者利害关系人有权依法要求侵权人赔偿经济损失。可以说，赔偿损失是承担民事责任最普通、最基本、使用最广的方式，也是对被侵害的专利权的一种重要的补救措施。

在专利侵权诉讼中，专利权人或者利害关系人一般都要提出赔偿经济损失的要求。如果对权利人提出的赔偿损失问题解决不好，就可能会出现"赢了官司输了钱""损失大、赔偿少""打官司得不偿失"的局面，不能依法有效地保护知识产权，还可能会助长侵权违法之风。

4.5.2.1 关于实际损失

《民法通则》第118条规定，公民、法人的著作权、专利权、商标专用权、发现权、发明权和其他科技成果权受到剽窃、篡改、假冒等侵害的，有权要求停止侵害，消除影响，赔偿损失。对于赔偿损失，《民法通则》确定的基本原则是赔偿全部实际损失。依据这一原则，在确定专利侵权的损失赔偿额时，应当尽量做到不让侵权人在经济上占便宜，要使权利人因侵权受到的经济损失得到足够的、合理的赔偿，以有效地制止专利侵权行为，保护发明创造专利权。

对于实际损失的理解在实践中有不同看法，但一般应当认为是实际发生的损失，不包括可能发生或者逾期可能发生的损失。当然也没有惩罚性赔偿。但是，在具体案件中原告证明损失的具体数额难度很大。因此，实践中出现了酌情判决损失赔偿额的情况。实际上，在适用定额赔偿的计算方法时，就要根据具体案情由法官在规定的赔偿额度内酌情确定具体数额。这其中难免有个别案件对被告似乎带有惩罚性，但仍不能归为惩罚性赔偿。将来随着对知识产权保护力度的不断加大，对严重的侵犯专利权行为是否应当规定惩罚性赔偿，还要看未来的立法修改情况。

4.5.2.2　损失赔偿额的计算方法

根据专利法和最高人民法院有关司法解释的规定，具体赔偿数额的计算方法主要有以下几种。

（1）以专利权人因侵权行为受到的实际经济损失，作为损失赔偿额

专利权人实际所受的损失也就是他所损失的利润额。由于市场上有了侵权产品，势必会夺走专利产品的一部分市场份额，使其销售额下降，从而使专利权人损失一部分利润。

在某些情况下，专利权人能计算出自己的实际损失额的，可以以专利权人的实际损失数额，作为专利侵权的损失赔偿额。专利权人因被侵权所受到的损失，可以根据专利权人的专利产品因侵权所造成销售量减少的总数乘以每件专利产品的合理利润所得之积计算。权利人销售量减少的总数难以确定的，侵权产品在市场上销售的总数乘以每件专利产品的合理利润所得之积，可以视为专利权人因被侵权所受到的损失。使用这种方法计算侵权损失，特别是利润额的减少，专利权人必须证明其与侵权行为的因果关系。在实践中，由于市场情况是非常复杂的，在有些情况下，专利权人要证明利润的下降完全是由于他人侵权行为所致十分困难，因此，专利权人要提供证据，证明利润下降与侵权行为之间的关系，往往是十分困难的。但是，只要专利权人或者利害关系人能够举证证明，损失是由侵权人的侵权行为造成的，且合情合理，便可以作为法院作出赔偿经济损失的依据。

在实践中，有时专利权人的专利产品还未投入市场就遭到侵权，或者专利产品在市场上销售额下降与该产品质量、销售范围、环境、气候等诸多因素相关，此时就无法依这种计算方法确定损失赔偿额。

（2）以侵权人因侵权行为获得的全部利润额作为损失赔偿额

侵权行为是一种违法行为，因此，由侵权行为带来的利益属于非法获利，应当归专利权人所有。因此，在计算侵权赔偿数额时，可以将侵权人因侵权行为带来的利益作为专利权人的损失赔偿额。计算侵权人因侵权所获得的利益，可以根据该侵权产品在市场上销售的总数乘以每件侵权产品的合理利润所得之积计算。侵权人因侵权所获得的利益一般按照侵权人的营业利润计算，对于完全以侵权为业的侵权人，可以按照销售利润计算。

由于市场的复杂情况，有时侵权人所得利益和专利权人的所失利益之间的因果关系很难证明，因而，实际上要求专利权人证明侵权人获得了多少利润也很困难。如果要求侵权人提供自己的获利证明，那么他会说没有获得利润或者只获得很少利润。要弄清楚侵权人的利润，势必要审计其全部账目，有时这是一项繁重的工作。尽管如此，在司法实践中，这种做法是经常采用的。如果要采取这种方式计算损失赔偿额，还应当考虑下列因素。

① 在计算侵权产品的成本时，如果侵权产品的成本比专利产品高，应以专利产品的成本为准。这样可以防止侵权人在计算获利时，故意加大成本，以减少赔偿额。

② 如果侵权人是采取比专利产品低的价格在市场上倾销侵权产品，应当以专利产品的销售价格来计算侵权人所得。

当然，在以侵权人因侵权行为获得的利润额作为损失赔偿额时，应当根据认定的侵权事实，注意查清侵权物在被告整个经营中所占的比例，侵权物在整个产品中所占的比例，防止认定的赔偿数额与被告实际获取的利润差距过大。如果被告主动出示侵权获利证据的，应当认真质证，仔细核实，以查明真伪，防止被告蒙混过关。

（3）参照专利许可使用费数额的倍数合理确定损失赔偿额

这是一种比较简便易行的办法，即以专利实施许可的使用费的数额为基数，根据案件的具体情况乘以一定的倍数，作为专利侵权的损失赔偿额。如果专利权人在专利侵权诉讼前已经与他人就同一专利签订了许可合同，那么，该合同中所定的许可使用费标准便可以作为损失赔偿额的基数。这种使用费也可以按照有关行业或者企业通常的使用费标准，或经专利权人和侵权人双方谈判商定的标准来确定。根据最高人民法院有关司法解释的规定，被侵权人的损失或者侵权人获得的利益难以确定，有专利许可使用费可以参照的，人民法院可以根据专利权的类别，侵权人侵权的性质和情节，专利许可使用费的数额，该专利许可的性质、范围、时间等因素，参照该专利许可使用费的 1～3 倍合理确定赔偿数额。在具体案件中，至于判决采用 1 倍、2 倍还是 3 倍，应当由法官根据具体案情确定。

但是，适用这种方式计算损失赔偿额时，也应当防止一方利用虚假合同，以得到不恰当的高额赔偿费。在目前的环境下，专利权人为了适用订立专利许可合同时所定的许可使用费数额作为侵权损失赔偿额，制造一份虚假专利许可合同，是非常容易的，但审查该合同的真伪却十分困难。因此，如果采用此种方法计算损失必须慎重，要看专利许可合同是否实际履行，是否备案，是否定税，使用费是否实际支付。当然，如果被侵犯的专利权根本没有转让或者许可，或者专利许可费明显不合理的，这种计算方法也不可适用。

（4）定额赔偿

由于在专利侵权行为定性之后，如何计算损失赔偿数额是一个十分复杂的问题，上述三种计算方法有时并不能解决实践中遇到的全部问题。因此，专利法规定，权利人的损失、侵权人获得的利益和专利许可使用费均难以确定的，人民法院可以根据专利权的类型、侵权行为的性质和情节等因素，确定给予人民币 1 万元以上 100 万元以下的赔偿数额。

4.5.2.3　对赔偿额计算方法的适用

在审判实践中，对于上述赔偿额的计算方法，人民法院有权根据当事人的请求及案件的不同情况，选择适用。当事人双方商定用其他计算方法计算损失赔偿额的，只要是公平合理的，人民法院可以允准。

在具体案件适用损失赔偿额的计算方法时应注意以下几点：

第一，原告有权选择适用其中一种计算方法。如果选择适用专利权人损失的，其应当提供相应的损失证据；如果选择适用侵权人获利的，可以要求法院对被告财务账目进行审计。

第二，原告直接选择适用定额赔偿的，应就其主张说明理由，并根据主张的具体数额提供相应证据，如侵权情节等，以供法院在作出判决时参考。

第三，人民法院根据专利权人的请求以及具体案情，可以将专利权人因调查、制止侵权所支付的合理费用计算在赔偿数额范围之内。但原告必须提出请求及相关证据。法院不能主动对此作出赔偿判决。而且，在判决中，如果适用前三种损失赔偿额的计算方法的，可以考虑合理的调查费赔偿；如果适用定额赔偿的，不应再考虑合理的调查费等。

第四，如果当事人在诉讼中根据法院查明的事实，变更请求赔偿数额的，应当允许，不应将此作为变更诉讼请求对待。因为，此时当事人要求赔偿的诉讼请求并无变化，只是赔偿数额发生变化。当然也可以撤回要求赔偿的请求，由当事人协商解决。

4.5.3　消除影响

所谓影响，主要是指侵权情节恶劣，侵权产品损害了专利产品在消费者心目中的信誉。例如，侵权人用质量极其低劣的仿制品在市场上大量销售，使消费者误认为这种专利产品的质量就是很低劣；或者侵权人冒用了专利权人的名义，败坏了专利权人良好的信誉。对这些情况，消除影响是非常必要的。

消除影响主要是责令侵权人通过新闻媒介，如在报纸、杂志上发表声明，或者在广播、电视中发表讲话、声明，承认其侵权行为，并作出不再侵权的保证。原则上，侵权人在什么范围造成损害，就在什么范围内消除影响。

在专利侵权诉讼中，对消除影响的运用应当慎重，因为在有些情况下，法院判决责令侵权人消除影响会涉及执行的问题，如果判决过滥，执行不利，反而会削弱法律的权威性。

对于一般侵权行为，尤其是专利权人通过侵权诉讼与侵权人订立了专利实施许可合同，并已作了损失赔偿的，则不一定再要采取其他形式消除影响。因为，一般的专利侵权行为只是给专利权人造成经济上的损失，对专利权人的信誉基本上没有影响。尤其是不可轻易判决赔礼道歉。

赔礼道歉作为一种民事责任形式，是我国民事法律责任中所特有的。在司法实践中，有些专利侵权纠纷当事人之间就是为了赌一口气。通过赔礼道歉，对方气消了，纠纷也就解决了。但是，《民法通则》中规定赔礼道歉这种民事责任形式，主要是针对精神损害、人身损害而言的；而专利权主要是一种财产权、独占权。侵权人由于自己开发新产品前未作检查，结果造成了侵犯他人专利权，其停止侵权、赔偿损失已足矣，再令其赔礼道歉就过于牵强。因此，在专利侵权案件中原告一般不应将此作为诉讼请求。如果确有必要被告应向原告作出赔礼道歉的，赔礼道歉可以当庭由当事人面对面进行。对原告精神损害造成较大影响的，也可以通过报刊、广播等新闻媒介进行。这时，这种民事责任方式又与承担消除影响的民事责任相似。具体适用哪种方式赔礼道歉，要根据具体案情而定。

以上几种承担民事责任的方式，可以单独适用，也可以合并适用。

4.6 假冒专利

假冒专利行为在旧《专利法》中分别规定为假冒他人专利行为与冒充专利行为，是旧《专利法》及《专利法实施细则》中规定的两种特殊侵权行为。假冒他人专利行为既侵犯了他人的专利权，又侵害了消费者的利益；而冒充专利行为虽然未侵犯特定专利权人的权利，但却侵犯了国家专利管理秩序和消费者的利益，因此，都属于专利法禁止之列。从本质上看，假冒他人专利行为与冒充专利行为都是作假欺骗的行为，即冒用专利号或者专利标记，借用专利的名义欺骗公众、损害公共利益、扰乱正常市场秩序。从形式上看，两者的区别主要在于：假冒他人专利行为冒用的是他人已经取得、实际存在的专利；冒充专利行为冒用的是实际上并不存在的专利。

实践中，由于我国专利申请量和授权量巨大，即使行为人按照专利编号的规则随便杜撰一个专利号，也有可能与实际存在的某个专利号相同。因此，究竟是构成"假冒他人专利"还是"冒充专利"，有时与行为人的主观意愿无关，完全由偶然因素决定。从法律责任上看，两者的区别主要在于：假冒他人专利行为有可能在侵犯他人专利权的同时，也侵犯了该专利权人的标记权，行为人还要承担相应的民事侵权责任。但是，从欺骗公众、扰乱市场秩序的角度来看，冒充专利行为的社会危害性并不亚于假冒他人专利。因此，从行政管理和行政处罚的角度而言，两者没有区分的必要，应归为一类，同等对待。

4.6.1　假冒专利行为

根据《专利法实施细则》第 84 条的规定，下列行为属于假冒专利的行为：

（1）在未被授予专利权的产品或者其包装上标注专利标识，专利权被宣告无效后或者终止后继续在产品或者其包装上标注专利标识，或者未经许可在产品或者产品包装上标注他人的专利号；

（2）销售第（1）项所述产品；

（3）在产品说明书等材料中将未被授予专利权的技术或者设计称为专利技术或者专利设计，将专利申请称为专利，或者未经许可使用他人的专利号，使公众将所涉及的技术或者设计误认为是专利技术或者专利设计；

（4）伪造或者变造专利证书、专利文件或者专利申请文件；

（5）其他使公众混淆，将未被授予专利权的技术或者设计误认为是专利技术或者专利设计的行为。

但是，专利权终止前依法在专利产品、依照专利方法直接获得的产品或者其包装上标注专利标识，在专利权终止后许诺销售、销售该产品的，不属于假冒专利行为。

销售不知道是假冒专利的产品，并且能够证明该产品合法来源的，由管理专利工作的部门责令停止销售，但免除罚款的处罚。

4.6.2 对假冒专利行为的行政处罚

目前,我国某些地区侵犯专利权和假冒专利的问题还比较突出,不仅扰乱了市场秩序,也严重影响到我国创新能力的提高。对此,除了加强宣传教育、提高公众的知识产权意识之外,加大行政处罚力度、增加违法行为成本是必要的管理手段。为此,《专利法》加大了对假冒专利行为进行行政处罚的力度,规定在有违法所得的情况下,没收违法所得,可以并处没收违法所得 4 倍以下的罚款;在没有违法所得的情况下,可以处 20 万元以下的罚款,以充分发挥行政处罚的制裁和威慑作用。构成犯罪的,依法追究刑事责任。❶

4.6.3 假冒他人专利罪

假冒他人专利罪必须具备以下特征:

(1)假冒他人专利罪的直接客体是专利权人的专利权,即必须有被侵害的对象——专利权的存在,且该专利权是在有效期限之内。不是直接侵害他人有效专利权的行为,不构成本罪。

(2)假冒他人专利罪的行为主体是一般主体,即只要达到一定年龄并有责任能力的自然人就可以成为本罪的主体。

(3)假冒他人专利罪的行为人主观方面必须有假冒的故意,过失不能构成本罪。也就是说,行为人是以自己的名义实施他人专利,假冒他人专利是在明确的动机驱使下,为达到一定目的而实施的行为,因此,它只能是故意行为。但是,犯罪的动机和目的不影响本罪的构成。

(4)行为人客观上实施了假冒他人专利的行为,即未经专利权人的许可,实施了《专利法实施细则》规定的假冒他人专利行为。

(5)所涉假冒他人专利的行为情节严重。

根据专利法的规定,对假冒他人专利的行为,情节严重的,可按假冒他人专利罪追究刑事责任。所谓"情节严重",是指因假冒他人专利而给专利权人的权益造成严重损害,严重干扰专利管理秩序或者给社会造成严重后果、影响很坏的情况。例如,因假冒的产品质量低劣造成重大事故,使国家财产或者公民生命财产受到严重损失的;用劣次商品冒充专利产品大量销售牟取暴利的;假冒他人专利行为在国内外造成严重影响的;用危险方法假冒他人专利方法造成重大事故的;多次实施假冒他人专利的;大

---

❶ 国家知识产权局条法司编. 专利法第三次修改导读 [M]. 北京:知识产权出版社,2009:79 – 81.

量制造劣次假冒产品给国家财产造成重大损失的；给专利权人的权益造成严重损害的；给国家专利管理秩序造成严重混乱的；等等。这些都属情节严重，应追究直接责任人员的刑事责任。

此外，假冒他人专利罪所追究的应当是直接责任人员，即对假冒他人专利负有直接、主要责任的人员。

《中华人民共和国刑法》第 216 条规定："假冒他人专利，情节严重的，处三年以下有期徒刑或者拘役，并处或者单处罚金。"据此规定，对构成假冒他人专利罪的直接责任人员，可以判处 3 年以下有期徒刑、拘役或者罚金。

但是，有一点必须明确：依法追究了直接责任人员的刑事责任，仍不能免除假冒他人专利的单位或者个人的民事责任。受害人还可以根据《中华人民共和国刑事诉讼法》第 53 条之规定，提起附带民事诉讼，请求赔偿经济损失；也可以另行提起民事诉讼。

本章思考与练习

1. 直接侵犯专利权的行为有哪些？
2. 间接侵犯专利权行为的特征及表现形式是什么？
3. 如何理解"先用权"原则？
4. 专利权的保护范围如何确定？
5. 专利侵权判定的基本原则有哪些？
6. 外观设计专利侵权判定有何特点？

第5章 企业应对专利侵权纠纷策略

本章学习要点

1. 请求确认不侵犯专利权
2. 侵犯专利权的诉讼时效
3. 专利侵权诉讼的举证责任
4. 专利侵权诉讼中的临时措施
5. 专利侵权诉讼中的鉴定问题

5.1 企业专利权法律保护若干策略

无论企业是已经拥有自己的专利,还是没有自己的专利,都同样需要有自己的专利保护战略,在没有起诉他人侵权或者没有被他人控告侵权的情况下,就应当对企业在行业中的位置做到心中有数,从而能对企业所处的专利环境作出分析,把防御措施事先做到位,在纠纷发生之前最大限度地保护自身的合法权益,并最大限度地做好诉讼或者被诉的准备,做到未雨绸缪,防患于未然。

5.1.1 请求确认不侵犯专利权

5.1.1.1 问题的提出

请求确认不侵犯专利权在我国是一类新的专利纠纷案件,它的产生有特殊的背景。

1984年制定的《专利法》第62条规定,不视为侵犯专利权的情形中有一种称为"非故意行为",即"使用或者销售不知道是未经专利权人许可而制造并售出的专利产品的"不视为侵犯专利权。

进入20世纪90年代,随着中国专利申请量及授权量的增加,专利侵权纠纷开始增多。但在专利侵权案件中出现了一种情况,即专利权人起诉使用者或销售商侵犯了专利权,使用者或者销售商便用"不知道"进行抗辩，从而摆脱了承担侵权责任。因为，专利权人也很难拿出被告应当知道的证据。为了防止被告作此抗辩，专利权人普遍采取了一种做法，即发现侵权行为之后，先向其发出停止侵权的警告。因此，警告函、律师声明大量出现。因为，有了这些警告信和律师函，被告就不能再以"不知道"作为抗辩理由了。很快，随之而来的另一种情况又出现了，即专利权人到处散发律师函、警告信，并不与被警告人协商解决侵权纠纷，也不通过其他途径解决纠纷，只要被警告人退出了市场或不再使用、销售被警告的"侵权产品"，专利权人的产品进了市场就行了。而此时被警告人就变得很被动。如果其不再实施使用或者销售行为，就等于承认了其行为的违法性，但是否真的违法并无权威结论；如果继续实施使用或者销售行为，一旦发生侵权诉讼，其不可以用"不知道"、"非故意"进行抗辩，势必要承担侵犯专利权的责任。而在幕后的产品制造商则更加被动，有时会不明不白地丢了市场，或者与销售商、代理商发生合同纠纷。

于是有的商家或者产品的制造者为了变被动为主动，提起不侵权诉讼，请求法院确认自己实施的行为不构成侵犯他人的专利权。但是，由于在中国的民事诉讼法及专利法中均无此程序规定，往往投诉无门。在这种情况下，有的企业便提起了"侵害名誉权"之诉。认为专利权人在报刊上刊登或市场上散发警告信、律师函的行为构成了侵害名誉权，对其商誉造成了损害。

然而，这类民事纠纷并非专利纠纷，它由普通法院民事审判庭审理，而不像专利纠纷在专门指定的法院及审判庭审理。但是，这种案件名义上是侵犯名誉权纠纷，实际上审理的内容仍然是原告实施的行为是否构成了对被告（专利权人）专利权的侵害。这就使得受诉法院审理中遇到许多困难。

正是在这种情况下，随着这些纠纷的增多，业界要求法院直接立案审理请求确认不侵犯专利权案件的呼声日渐高涨。

5.1.1.2 相关司法解释及案例

2002年7月12日，最高人民法院民三庭针对江苏省高级人民法院"关于苏州龙宝公司诉苏州朗力福公司请求确认不侵犯专利权纠纷案的请示"作出批复，指出："依据《中华人民共和国民事诉讼法》第一百零八条和第一百一十一条的规定，对于符合条件的起诉，人民法院应当受理。本案中，由于被告朗力福公司向销售原告龙宝公司产品的商家发函称原告的产品涉嫌侵权，导致经销商停止销售原告的产品，使得原告的利益受到了损害,原告与本案有直接的利害关系;原告在起诉中,有明确的被告;有具体的诉讼请求和事实、理由;属于人民法院受理民事诉讼的范围和受诉人民法院管辖,因此,人民法院对本案应当予以受理。

"本案中,原告向人民法院提起诉讼的目的,只是针对被告发函指控其侵权的行为而请求法院确认自己不侵权,并不主张被告的行为侵权并追究其侵权责任。以"请求确认不侵犯专利权纠纷"作为案由,更能直接地反映当事人争议的本质,体现当事人的请求与法院裁判事项的核心内容。"

这一批复第一次明确了人民法院可以受理当事人提出的请求确认不侵犯专利权纠纷案件,并作为专利民事纠纷案件的一种。

从此之后,多家法院受理了这类纠纷。与此同时,出现了被警告侵权的人起诉专利权人请求法院确认不侵犯专利权,而专利权人则起诉被告侵犯自己的专利权,两个互为原告、被告的案件当事人在不同的法院起诉并分别被法院受理,法院之间发生了管辖权争议,有的还请示到最高人民法院。

2003 年 12 月 3 日最高人民法院民三庭针对山东省高级人民法院和江苏省高级人民法院的请示,发出了《关于美国伊莱利利公司与常州华生制药有限公司专利侵权纠纷案件指定管辖的通知》,指出:山东省青岛市中级人民法院受理的(2003)青民停字第 1 号美国伊莱利利公司申请责令常州华生制药有限公司停止专利侵权行为一案及(2003)青民三初字第 1416 号美国伊莱利利公司诉常州华生制药有限公司专利侵权纠纷一案,与江苏省南京市中级人民法院受理的(2003)宁民三初字第 212 号常州华生制药有限公司诉美国伊莱利利公司确认不侵犯专利权纠纷一案,均涉及 91103346.7 号中国专利,均针对常州华生制药有限公司制造、销售和许诺销售"华生奥氮平"药品的行为提出申请或者诉讼请求。江苏省南京市中级人民法院实际立案受理案件在先。依据《民事诉讼法》第 37 条第 2 款和最高人民法院《关于在经济审判工作中严格执行〈中华人民共和国民事诉讼法〉的若干规定》第 2 条之规定,山东省青岛市中级人民法院应当将其受理的美国伊莱利利公司诉常州华生制药有限公司专利侵权纠纷两案移送江苏省南京市中级人民法院合并审理。同时,鉴于常州华生制药有限公司对美国伊莱利利公司申请责令常州华生制药有限公司停止专利侵权行为一案中山东省青岛市中级人民法院作出的(2003)青民停字第 1 号民事裁定书提出复议申请,而有关案件之间在程序上相互牵连,请山东省青岛市中级人民法院一并将该案移送江苏省南京市中级人民法院,由江苏省南京市中级人民法院对该复议申请一并依法作出决定。

人民法院在审查专利权人提出的诉前责令被申请人停止有关行为的申请和当事人对人民法院因此作出的裁定复议申请时，应当注意：采取诉前责令停止有关行为的措施涉及双方当事人重大经济利益，既要积极又要慎重，要重点判断被申请人构成侵权的可能性。特别是在专利侵权案件中，如果被申请人的行为不构成字面侵权，其行为还需要经进一步审理进行比较复杂的技术对比才能作出判定时，不宜裁定采取有关措施；在被申请人依法已经另案提出确认不侵权诉讼或者已就涉案专利提出无效宣告请求的情况下，也要对被申请人主张的事实和理由进行审查，慎重裁定采取有关措施。

有关法院应当注意严格执行民事诉讼法关于立案受理的有关程序规定，依法及时送达法律文书，并保持法律文书的严肃性。

山东省青岛市中级人民法院应当在收到本通知之日起 7 日内将全部案卷和有关材料备齐，向江苏省南京市中级人民法院移送。

2004 年 6 月 24 日，最高人民法院又针对河北省高级人民法院和北京市高级人民法院的请示发出了《关于本田技研工业株式会社与石家庄双环汽车股份有限公司、北京旭阳恒兴经贸有限公司专利纠纷案件指定管辖的通知》。通知指出："河北省高级人民法院《关于石家庄双环汽车股份有限公司与本田技研工业株式会社确认不侵犯专利权纠纷一案管辖争议问题的请示报告》和北京市高级人民法院京高法发 ［2004］ 74 号《关于本田技研工业株式会社诉石家庄双环汽车股份有限公司、北京旭阳恒兴经贸有限公司侵犯外观设计专利权纠纷一案管辖权问题的请示》收悉。经研究，现就有关案件管辖问题通知如下：

"一、确认不侵犯专利权诉讼属于侵权类纠纷，应当依照民事诉讼法第二十九条的规定确定地域管辖。涉及同一事实的确认不侵犯专利权诉讼和专利侵权诉讼，是当事人双方依照民事诉讼法为保护自己的权益在纠纷发生过程的不同阶段分别提起的诉讼，均属于独立的诉讼，一方当事人提起的确认不侵犯专利权诉讼不因对方当事人另行提起专利侵权诉讼而被吸收。但为了避免就同一事实的案件为不同法院重复审判，人民法院应当依法移送管辖合并审理。

"二、本案当事人针对不同专利所提出的诉讼请求，不论其具体请求内容和依据的事实、理由如何，均系可分之诉，可以依法由有管辖权的人民法院分别审理。

"三、河北省高级人民法院请示的由河北省石家庄市中级人民法院于2003 年 10 月 16 日立案受理的石家庄双环汽车股份有限公司诉本田技研工业株式会社确认不侵犯专利权纠纷案〔（2003）石民五初字第 00131 号〕，涉及本田技研工业株式会社名称为"汽车"的 01319523.9 号外观设计专利。北京市高级人民法院请示的由该院于 2003 年 11 月 24 日立案受理的本田技研工业株式会社诉石家庄双环汽车股份有限公司、北京旭阳恒兴经贸有限公司专利侵权纠纷案，涉及本田技研工业株式会社名称为"汽车"的申请号为 01319523.9 外观设计专利和名称为"汽车保险杠"的申请号为01302609.7 和 01302610.0 外观设计专利。河北省石家庄市中级人民法院在（2003）石民五初字第 00131 号案中还受理了石家庄双环汽车股份有限公司增加的确认不侵犯本田技研工业株式会社申请号为 01302609.7 和01302610.0 外观设计专利的诉讼请求，并应北京旭阳恒兴经贸有限公司的申请通知其作为第三人参加该案诉讼。但从当事人未交纳案件受理费的事实和签收有关送达回证的日期看，不能表明河北省石家庄市中级人民法院在北京市高级人民法院立案受理专利侵权诉讼案件之前已经实际依法受理了该增加的诉讼请求。

"四、河北省石家庄市中级人民法院受理的该确认不侵犯专利权诉讼和北京市高级人民法院受理的专利侵权诉讼，均涉及本田技研工业株式会社申请号为 01319523.9、01302609.7 和 01302610.0 的外观设计专利，均需要对是否存在有关的侵权法律关系分别作出认定，但两个法院就不同专利发生的纠纷立案受理的时间先后有所不同。根据《中华人民共和国民事诉讼法》第三十七条第二款和《最高人民法院关于在经济审判工作中严格执行〈中华人民共和国民事诉讼法〉的若干规定》第 2 条之规定，北京市高级人民法院应当将其受理的涉及本田技研工业株式会社申请号为01319523.9 外观设计专利的诉讼移送河北省石家庄市中级人民法院合并审理，河北省石家庄市中级人民法院应当将其受理的涉及本田技研工业株式会社申请号为 01302609.7 和 01302610.0 外观设计专利的诉讼移送北京市高级人民法院合并审理。

"五、请你们接到本通知后即分别向指定管辖的法院移送有关诉讼材料；如涉及级别管辖问题，依照民事诉讼法等有关规定处理。"

在司法实践中，也有的专利权人遇到这类诉讼后，并未提出管辖权异议，有的纠纷已经过法院审理，原告提出的请求确认不侵犯专利权的请求获得了支持。

【实例5－1】黑龙江省某制药有限公司（以下简称A公司）于2002年12月1日经国家药品监督管理局批准生产注射用血塞通，按国家药品监督管理局标准生产销售了注射用血塞通（冻干）产品。昆明某制药集团股份有限公司（以下简称B公司）2003年8月4日致函A公司称：我公司是专利申请号为96101652.3和96107464.7所有人，贵公司生产、销售注射用血塞通粉针剂行为，违反专利法规定，侵犯我公司的专利权，立即停止生产、销售侵权产品。同年8月11日B公司在《中国医药报》刊登"严正声明"，称："最近发现市场上出现非本公司生产的注射用血塞通粉针剂产品及销售。""立即停止生产、销售上述侵权产品注射用血塞通粉针剂的一切生产经营活动，并保留对侵权者依法追究其相应法律责任的权利。"A公司于同年8月26日向哈尔滨市中级人民法院提起诉讼，请求法院依法确认A公司生产的注射用血塞通不侵犯B公司的"三七皂甙粉针剂""皂甙类粉针剂注溶剂"专利权。

一审法院经过审理认为，原告的行为不构成对被告专利权的侵权。被告给原告发函，指责原告侵犯其专利权，并在专业报刊上发表"严正声明"，目的在于阻止原告生产销售注射用血塞通（冻干），客观上也的确对原告的生产经营活动及商誉造成一定影响和损害。原告启动司法救济程序，澄清涉案事实，请求确认其生产销售注射用血塞通（冻干）的合法性，证据充分，于法有据。被告在证据交换时没有提供证据，庭审时没有就其抗辩主张提供相应的证据，其抗辩理由不能成立。综上，原告诉讼请求有理，法院予以支持。根据《专利法》第56条第1款的规定，判决：原告黑龙江省某制药有限公司生产销售的注射用血塞通（冻干），不侵犯被告昆明某制药集团股份有限公司"三七皂甙粉针剂""皂甙类粉针剂注溶剂"发明专利权。

B公司不服一审判决，依法提出上诉。二审法院作出终审判决：驳回上诉，维持原判。

本案是一起请求确认不侵犯专利权纠纷案件，双方当事人诉讼争议的焦点是：A公司生产、销售的注射用血塞通（冻干）产品是否落入B公司专利权的保护范围，是否侵犯了B公司发明的"三七皂甙粉针剂""皂甙类粉针剂注溶剂"的专利权；B公司给A公司发函和在报刊上发表声明的行为对A公司的生产经营活动、商誉是否构成影响和损害。诉讼的起因是，B公司给A公司发函，指责该公司侵犯其专利权，并在专业报刊上发表"严正声明"，法院认为，专利权人的这一行为，其目的在于阻止原告公司生产销售注射用血塞通（冻干），其行为客观上确实对 A 公司的生产经营活动及商誉已经造成一定影响和损害。因此，B 公司的发函行为和在传播媒体——专业报刊上发表"严正声明"的行为违背了事实，已经给 A 公司的正常生产、销售构成影响，亦给其信誉造成损害，并由此作出了判决。

由于我国《民事诉讼法》中对请求确认不侵权诉讼无明文规定，在最高人民法院的批复发布后，在业界引起较大反响。又由于最高人民法院的几次批复均针对下级法院请示的不同问题，而对这类案件的许多具体问题未作出全面的规定，造成司法实践中对许多问题的认识歧义。

首先，请求确认不侵权之诉属于何种性质？

有观点认为，请求确认不侵犯专利权属于确认之诉。诉讼的目的是要求法院确认其实施的行为不构成对他人专利权的侵害。也有观点认为，请求确认不侵权之诉本质上仍是侵权之诉。只是侵权诉讼的原告应当是专利权人或者利害关系人，而请求确认不侵权之诉的原告是某项实施行为人。还有一种观点认为，请求确认不侵权实际上是专利侵权诉讼中的一种抗辩，它不应单独作为一种诉讼，法院立案后，专利权人一旦进入诉讼，请求确认不侵权之诉就应当转变为专利侵权之诉。而最高人民法院在前述相关司法批复中仅明确："确认不侵犯专利权诉讼属于侵权类案件"。实际上，仅明确至此是不够的，对于这一问题仍有待研究。

其次，请求确认不侵权纠纷案件怎样进行审理？

在目前的司法实践中，这类案件从管辖到审理内容再到判决主文的写法，都存在许多争议问题。各地法院做法不统一，法官及学者的看法也不一致，亟待由立法或者司法解释作出明确规定。

5.1.1.3　请求确认不侵权案件的处理

（1）起诉条件

《民事诉讼法》第 108 条规定了 4 项民事案件的起诉条件，即原告是与本案有利害关系、有明确的被告、有具体的诉讼请求和事实及理由、属于人民法院受理民事诉讼的范围和受诉人民法院管辖。确认不侵犯专利权之诉也应符合上述条件。但是，原告请求人民法院确认不侵犯他人专利权，应当具备什么样的事实和理由却有不同观点。

第一种观点认为，只要原告意识到其行为可能侵犯他人专利权，即可向人民法院起诉。这种观点简称"意识说"。这种观点为原告诉权的行使提供了过大的空间，很可能造成大量的滥诉行为，使权利人疲于奔命，同时也增加人民法院的审判压力，造成大量司法资源的浪费。

第二种观点认为，原告意识到其行为可能侵犯他人专利权，并积极寻求同权利人进行协商，但未寻求到权利人，或者与权利人协商未果，且该权利人迟迟不向人民法院起诉其侵权行为，致使原告蒙受或可能蒙受重大损失的，原告有权提出确认不侵犯他人专利权之诉。这种观点简称"接触说"，它克服了第一种观点使原告诉权空间过于宽泛的缺点，要求原告在起诉前应当尽量同权利人接触，不承认无任何接触原告即提出不侵犯他人专利权之诉。这对保证权利人的利益是恰当的，同时也对原告诉权进行了适当的限制。

第三种观点认为，权利人意识到原告可能存在侵权行为后，积极同原告接触协商未果而迟迟不起诉的，且权利人的该行为已经严重威胁到原告的经济活动，或者即将威胁到原告的经济活动的，原告可起诉确认其行为不侵犯专利权。这种观点简称"威胁说"。它对提起这种诉讼要求条件严格，必须是给原告的利益造成了威胁。

对于上述观点，应当说第二种和第三种观点较可取。即在请求确认不侵犯专利权案件起诉时，作为原告在提交证据证明起诉事实和理由时，应当能证明以下几点：其一，原告必须实施了某种行为。如果没有实施任何行为，那就不可能侵犯他人的专利权，他人不可能对其提出侵权之诉，原告也就不可能也无必要提出确认自己不侵犯他人专利权的请求，也就不成其为原告了。其二，该行为被认为侵犯了他人的专利权。这里的关键是谁认为其行为侵犯了他人的专利权。实际上专利权侵权的判断极为复杂，必须具备专门知识的法官才能对其作出判断。而在诉讼之前，所有对某一行为是否侵犯他人专利权的判断实际上都不过是一种推测。在这里讲的被认为侵犯了他人的专利权，主要指对专利权人而言。专利权人向原告人发出了警告信、律师函等就可以作为证据。其三，原告自认为其行为不侵犯他人的专利权。正是因为专利权人认为原告侵犯了其专利权，而原告自认为其行为并未侵犯其专利权，双方因此发生了争执，而专利权人却迟迟不向人民法院起诉并导致了原告的损失，原告才向人民法院请求确认其行为未侵犯他人专利权。如果原告也认为其行为侵犯了他人的专利权，则其请求人民法院确认其未侵犯他人专利权似乎就没有意义。为此，原告应当向法院提供其认为不侵权的证据。其四，双方为解决此纠纷曾有过接触的证据，无论原告人接到专利权人的警告信之后主动找专利权人协商，还是专利权人找原告协商，双方应当为此作过协商、谈判，而不是原告人接到专利权人的警告信马上就提起诉讼。当然，原告找专利权人协商可能根本找不到，也可能专利权人故意逃避不见，也可能协商未果。专利权人找原告协商也可能一次不成，又来一次。但对专利权人找原告协商要看双方是否有诚意，如果协商不成，专利权人应当在一定期限内寻求其他解决途径，如提起侵权诉讼。而如果专利权人故意不协商，或久商不决，又不通过其他途径解决纠纷，对原告造成了影响及损失，原告才可提起请求确认不侵犯专利权的诉讼。对此，原告亦应提供相应证据。

在实践中，有的行为人在开发新产品或者新产品上市之前，为了防止被他人起诉侵犯专利权，于是先向法院起诉，请求法院作出一个不侵犯专利权的确认判决，应当说这种起诉虽然表面上符合《民事诉讼法》第 108 条的形式要件，但是也不应当予以立案。否则，就会造成滥诉。

2009 年 12 月 21 日最高人民法院在《关于审理侵犯专利权纠纷案件应用法律若干问题的解释》第 18 条中规定："权利人向他人发出侵犯专利权的警告，被警告人或者利害关系人经书面催告权利人行使诉权，自权利人收到该书面催告之日起一个月内或者自书面催告发出之日起二个月内，权利人不撤回警告也不提起诉讼，被警告人或者利害关系人向人民法院提起请求确认其行为不侵犯专利权的诉讼的，人民法院应当受理。"明确了这类纠纷案件的起诉条件。

（2）诉讼管辖

从级别管辖上看，请求确认不侵犯专利权的案件应当按照最高人民法院关于特别指定管辖的规定，由有专利纠纷案件管辖权的中级人民法院审理。对此，实践中并无异议。

但是，在地域管辖上如何划分，实践中有较多争议。被告所在地人民法院有管辖权是无可争议的，主要争议在于是否应当以侵权行为地确定管辖法院。由于在司法解释中对侵权行为地的解释越来越宽，因此，原告认为专利权人发了警告信，原告收到警告信、律师函的地点就是侵权行为地，专利权人如果在报刊上刊登侵权声明，则报纸销售到何地，或者人们在何地可以看见该报纸，何地的法院就有管辖权。正因如此，目前，全国法院已受理的请求确认不侵犯专利权的案件无一例外都由原告所在地的法院管辖，这一情况应当引起注意。

请求确认不侵犯专利权之诉也属于民事纠纷案件，按照民事诉讼法规定的一般民事案件的管辖原则，应当以被告所在地和侵权行为地确定管辖为宜。尤其应当强调以被告所在地确定管辖为主，以侵权行为地法院管辖为辅；或者再加以条件限制，如可将律师函、警告信发出地、请求确认不侵权产品的销售地等作为侵权行为地，而不能以律师函、警告信的收发地或报刊的销售地作为侵权行为地，尤其不能以原告所在地确定管辖。只有这样才可以保护专利权人，对专利权人比较公平，也可以减少滥诉，防止地方保护主义。

（3）合案审理还是分案审理

当一件专利侵权诉讼已经提起并在法院立案之后，被告人不应当就同一事实再以专利权人为被告，到另一法院起诉请求确认其不侵权。其只要在专利侵权诉讼中作出抗辩，并陈述理由及证据，其诉讼请求就可以得到满足。

相反，当一件请求确认不侵犯专利权的诉讼已经立案，这时被告即专利权人就同一事实向另外的法院提起专利侵权诉讼，法院应当可以受理。但是，在审理中，两个法院会发生审理上的冲突，先作出的判决结果会对后一个案件造成影响，或者产生矛盾。为了防止出现矛盾，做到统一司法，应当将这两个案件尽量合并审理。比如，请求确认不侵犯专利权的案件已立案，在答辩期间，被告即专利权人作出答辩，同时认为原告的行为构成侵犯专利权的，受诉法院应当立案，将两者作为同一案件并将案由确定为侵犯专利权诉讼，这样可以减少诉累，达到审判协调。如果在答辩期内，被告不作答辩，而到另一法院对原告提起侵犯专利权诉讼，这时，已立案的两个法院应当协商，将两个案件合并审理，且以立案侵权诉讼的法院审理为宜；这虽然与《民事诉讼法》的规定不完全一致，但对审理这类案件是有利的，否则，法院的判决主文不易表述，且会对专利权人造成不公。如果在答辩期内，被告专利权人不作答辩，也不应诉，之后又另行起诉专利侵权的，法院可以分别审理，并分别作出判决，但应当注意协调判决结果的一致性。尤其是在被告即专利权人缺席的情况下，作出判决应当特别慎重。

（4）审理及判决内容

审理请求确认不侵犯专利权案件与审理专利侵权案件在模式、步骤上是一致的。原告应举出相应的证据，如自己实施行为涉及的产品、方法，其主张不侵犯专利权的内容，如权利要求书及说明书等文本，其主张不侵权的理由等。这时，如果专利权人出庭应诉，法院审理的内容实际上就是围绕原告实施的行为是否构成了对被告专利权的侵犯。

由于原告主张自己的行为不侵权，在审理结果的判决主文中，如果侵犯专利权的结论成立，则应当判决驳回原告的诉讼请求。如果侵犯专利权的结论不成立，则应支持原告的诉讼请求，判决原告的实施行为不侵犯被告的专利权；至于原告的其他诉讼请求，如对被告发警告信给自己造成的名誉损失要求赔偿等请求，则应当驳回。因为，请求确认不侵权之诉的判决不具有可执行性，也不应当具有给付之内容，当事人也无须申请强制执行，这一点与侵犯专利权诉讼的判决结果是不同的。

5.1.2　专利申请阶段的权利保护

根据专利法的规定，发明专利申请公布之日起至公告授予专利权之日前有一个期间，此期间根据其技术方案及所涉及领域的不同，有长有短。此期间又叫"临时保护期"。在此期间专利法给已经公布的发明专利技术以临时性保护，这种保护与对专利权的保护不同，因此发生的纠纷与专利侵权诉讼也不同，不能等同于专利侵权诉讼，准确的案由是发明专利临时保护期费用纠纷。

发明专利临时保护期费用纠纷有几个特点：

（1）发明专利获得专利权之后才能提出诉讼请求

《专利法》第 13 条规定：发明专利申请公布以后，申请人可以要求实施其发明的单位或者个人支付适当的费用。但专利申请人并不能立即请求管理专利工作的部门进行调解，也不能立即向人民法院起诉。

1993 年 1 月 1 日起施行的《专利法实施细则》第 77 条规定："对于在发明专利申请公布后、专利权授予前使用发明而未支付适当费用的单位或者个人，在专利权授予后，专利权人可以请求专利管理机关处理，也可以直接向人民法院提起诉讼……"2001 年 7 月 1 日起施行的《专利法实施细则》对本条内容作了修改，管理专利工作的机关不再对此类纠纷作出决定，而是进行调解，但是，专利权人请求管理专利工作的部门调解，应当在专利权被授予之后提出。也就是说，这类专利纠纷如果要通过行政或诉讼的方式解决，必须是在获得专利权后才能提出请求。

（2）只能请求实施方支付适当的费用

对临时保护期的实施行为，在专利权授予后，专利权人可以请求管理专利工作的机关调解，也可以直接向人民法院起诉。但其只能请求实施方支付适当的费用。

支付这种费用与专利侵权赔偿额不同，它必须"适当"，即应当比侵权赔偿数额低，不应当直接依照专利侵权赔偿数额的计算方法，它类似于专利实施许可合同的转让费。

（3）可以与专利侵权纠纷合案审理

在很多情况下，这种临时保护期的实施行为往往从临时保护期一直持续到授予专利权之后，这时，专利权人不仅有权请求实施方支付适当的费用，还有权要求对方停止侵权行为，赔偿经济损失，为此发生的纠纷诉讼，前一段为临时保护期的费用纠纷，后一段为专利侵权纠纷，可以列两个案由，将临时保护期费用及侵权赔偿数额分别计算。

（4）临时保护期费用纠纷仅针对发明专利

值得注意的是，临时保护期的费用纠纷仅指发明专利，而不包括实用新型和外观设计专利。但在过去有的司法解释及教科书中认为3种专利都有临时保护期，显然是不符合专利法规定的。

5.1.3　权利冲突问题

在专利侵权诉讼中，被告可以举证证明自己被指控侵权的产品或者产品的制造方法也享有某项民事权利。如专利权人指控被告实施的行为侵犯了其专利权，被告则证明自己也获得了专利权，或者有商标权、属于知名商品特有的名称、包装、装潢、属于商业秘密等。至于被告认为自己制造的产品或者使用的方法属于知名商品特有的名称、包装、装潢或者商业秘密，由于这些民事权利并不需要由某个国家机关审查授权，法院对此抗辩可以依法进行审查。而对被告能证明自己也获得了相同类别的专利权或者不同类别的专利权，获得了注册商标权等，这时的权利冲突处理起来就比较麻烦，而且在实践中观点常常出现不一致。

5.1.3.1　权利冲突及其产生原因

在专利侵权诉讼中产生权利冲突，主要有以下两个原因：

一是根据《专利法》的规定，对实用新型和外观设计专利申请不进行实质审查，申请人的申请只要无明显不符合《专利法》规定条件的，大多可以被授予专利权，根据其他相关法律规定，有些民事权利或知识产权权利是自然产生或者在使用中产生的，如作品的著作权、知名商品特有的名称、包装、装潢及商业秘密权，因此，容易产生权利冲突。

二是有的权利人在权利形成过程中，不善于利用检索或者有意"搭车""模仿"，又想规避侵权，便将本不属于自己的权利通过一定的法律程序，使之变为自己的权利，从而构成与他人的权利相冲突。

5.1.3.2　对权利冲突纠纷处理

审理专利侵权纠纷案件时，涉及权利冲突的案件应当注意几个基本原则：

（1）公平原则

公平原则是《民法通则》规定的一项原则，它要求民事主体应本着公平的观念实施民事行为，人民法院应当根据公平的观念处理民事纠纷。公平原则是适用法律原则，它可以弥补法律规定的不足。由于民事活动本身十分复杂，法律不可能事无巨细地作出规定，在法律没有明确规定的情况下，就应当适用公平原则。公平原则也是一项重要的司法原则。人民法院在审理民事案件中，应当根据公平合理的观念，使案件的审理既符合法律，又公平合理。

（2）诚信原则

诚信原则是指民事主体在从事民事活动时，应当诚实、守信用，不得规避法律，不得以损害他人为目的而滥用民事权利。人民法院在审理民事纠纷案件中，当法律规定不足或不清时，可以从民法的宗旨出发，依据诚信原则，公平合理地处理民事纠纷。

（3）保护在先权利原则

保护在先权利原则体现在《专利法》《商标法》《著作权法》等知识产权单行法之中。侵犯他人在先权利获得的权利不应获得保护。但是，保护在先权利原则与专利的先申请原则、商标的先注册原则又有不同。一项新的发明创造如果不申请专利，它就不能获得专利法意义上的保护，但可以作为商业秘密予以保护；一个商品或者服务的标记如果不及时注册商标，它可以作为非注册商标使用，但不能受到像注册商标一样的保护。相同的发明创造、相同的商标谁先申请先注册谁就可能获得垄断权、排他权、独占权。但是，如果这种权利与他人的在先权利发生了冲突，仍然优先保护他人在先合法的民事权利。为此，最高人民法院在《关于审理专利纠纷案件适用法律问题的若干规定》中明确指出：人民法院受理的侵犯专利权纠纷案件，涉及权利冲突的，应当保护在先依法享有权利的当事人的合法权益。

具体的做法应当是：在专利侵权诉讼中，如果发生权利冲突，应当审查哪个权利在先，哪个权利在后。如果当事人以在先的权利起诉在后的权利人实施了侵权行为，应当保护在先权利。如果在后行为人实施的技术也获得了专利权，则仍可能判决其构成对在先专利权的侵权（最高人民法院1993 年 8 月 16 日对北京市高级人民法院请示的批复［1993］经他字第 20号）。当在先权利人已请求宣告在后专利权无效的情况下，如果对是否构成侵权不易认定的，或者在先专利权人请求中止侵权案件审理的，人民法院也可以中止侵权诉讼，等待专利权无效的审查结果。

如果当事人以在后取得的专利权起诉在先的权利人实施了侵权行为，诉讼中在先权利人对在后权利人的权利提出争议的，如反诉其专利权无效，法院应当中止侵权诉讼，先解决权利冲突。在后专利权被宣告无效的，则驳回当事人的起诉，也可以由当事人撤诉解决纠纷。如果在后专利权被维持有效，在先权利也有效的，可以判定在先权利人不侵犯在后专利权，除非两者是从属专利的关系。

对于涉及其他权利冲突的，也应依上述审判原则及方式处理。

5.2　提起或应对专利侵权诉讼若干策略

有些企业在立项研究开发、制造、销售新产品时，往往不注意是否已有他人申请专利或已获得专利权，总认为只要是自己单位研制开发的产品就有权制造、销售。而一旦被他人指控侵犯了别人的专利权时，又不知如何是好，或置之不理、死不认账；或惊恐不安、束手无策。其实这两种态度都是不可取的，而应冷静下来，积极寻找解决纠纷的必要对策。除了了解上述有关专利权属、无效以及侵权的判定等以外，企业还必须对侵权诉讼中的程序问题以及一些诉讼技巧有所了解。

5.2.1　侵犯专利权的诉讼时效

5.2.1.1　一般诉讼时效

（1）诉讼时效

诉讼时效，是指权利人在法定期间内不行使权利，就丧失了请求人民法院保护民事权益的权利的法律制度。在我国，保护公民和法人的民事权利，是人民法院的一项重要任务。但是，权利的保护是有时间限制的，在法定诉讼时效期间内，人民法院对权利人的诉讼请求依法予以保护；超过了法定诉讼时效期限的，人民法院则不再予以保护。这种规定就是诉讼时效。

根据《民法通则》第135条的规定，时效期间届满以后，权利人丧失的仅仅是依诉讼程序强制义务人履行义务的权利。这种权利又叫"胜诉权"，或者称为"实体意义上的诉权"。实体意义上的诉权是胜诉权，程序意义上的诉权是起诉权。时效期间届满以后，权利人丧失的是胜诉权，而不是起诉权。实践中，常有一种说法，认为一旦超过了法定诉讼时效，人民法院就不再受理当事人的起诉了，这种说法是不确切的。依照法律规定，诉讼时效届满后，当事人向人民法院提起诉讼的，只要符合《民事诉讼法》第108条规定的关于起诉条件的，人民法院就应当立案受理，这是为了保护当事人的诉权。立案后，经过调查审理，如果认定原告的诉讼请求已超过诉讼时效期限，又没有中止、中断或者延长的情况，则应当判决原告人丧失胜诉权。

（2）诉讼时效的中止与中断

诉讼时效的中止，就是在诉讼时效期间内，权利人无过错又无法行使请求权时，时效期间暂停计算。《民法通则》第139条规定，在诉讼时效期间的最后6个月内，因不可抗力或者其他障碍不能行使请求权的，诉讼时效中止。从中止时效的原因消除之日起，诉讼时效期限继续计算。

诉讼时效的中断，就是在诉讼时效期限内，因法定事由的发生致使已经进行的时效期限全部归于无效。法定事由消除后，诉讼时效重新起算。对于诉讼时效中断的法定事由，《民法通则》第140条作了规定：诉讼时效因提起诉讼、当事人一方提出要求或者同意履行义务而中断。从中断时起，诉讼时效期限重新计算。

由此可见，诉讼时效的中止与中断的主要区别有两点：第一，发生的原因不同。中止的原因是发生了不以权利人意志为转移的不能预见、不能避免并不能克服的客观事件；中断则是由于当事人主观上主张权利或者承认义务而引起的。第二，法律后果不同。中止是在诉讼时效期限内，只是把中止的时间扣除不计，待中止的事由消除后，连同已经进行的时效连续计算；中断则是原来已经进行的时效均为无效，时效期限完全重新计算。

5.2.1.2　专利侵权的诉讼时效

《专利法》第68条第1款规定：侵犯专利权的诉讼时效为2年，自专利权人或者利害关系人得知或者应当得知侵权行为之日起计算。正确理解和执行专利侵权的诉讼时效，应当注意以下问题：

（1）明确专利权生效日

专利侵权的诉讼时效应当从专利授权日以后的得知、应当得知之日起计算。只有在专利权人取得专利权，并且在专利权有效的情况下，权利人才有可能制止他人的侵权行为。

《专利法》第39条规定：发明专利申请经实质审查没有发现驳回理由的，由国务院专利行政部门作出授予发明专利权的决定，发给发明专利证书，同时予以登记和公告。发明专利权自公告之日起生效。

《专利法》第 40 条规定：实用新型和外观设计专利申请经初步审查没有发现驳回理由的，由国务院专利行政部门作出授予实用新型专利权或者外观设计专利权的决定，发给相应的专利证书，同时予以登记和公告。实用新型专利权和外观设计专利权自公告之日起生效。

依据《专利法》的上述规定，专利权人或者利害关系人起诉他人侵犯专利权，应在专利权公告日之后，而不能以收到专利证书的时间为准。

《专利法实施细则》第 54 条第 1 款规定：国务院专利行政部门发出授予专利权的通知后，申请人应当自收到通知之日起 2 个月内办理登记手续。申请人按期办理登记手续的，国务院专利行政部门应当授予专利权，颁发专利证书，并予以公告。

根据 2000 年修改的《专利法》第 39 条和第 40 条的规定，发明专利权、实用新型专利权和外观设计专利权自公告之日起生效，改变了 2000 年修改前《专利法》自颁发专利证书之日起生效的规定。这一规定对专利侵权纠纷案件的审理同样意义重大。例如，以往的专利侵权诉讼中，专利权人拿到专利证书即可向法院起诉，但是，此时该专利权内容尚未公告，公众并不得知专利权利内容及范围，专利权人向法院提供的专利权利要求书不是最终文本或者不是授权文本，当被告反诉专利权无效时并无针对性，造成对被告的不公平。《专利法》的这一修改，既有利于保护专利权人的利益，也可以公平地保护各方当事人的利益。

（2）"得知"或者"应当得知"

对诉讼时效的起算日，各国专利法规定不尽相同。我国专利法规定是从专利权人或者利害关系人"得知"或者"应当得知"侵权行为之日起计算。由于我国幅员广阔，信息传递不够发达、迅速，采取"得知"或者"应当得知"之日起计算时效是较为适宜的。

所谓"得知"即"知道"。得知侵权行为，是指权利人知道有侵权行为的事实发生，它是以权利人承认为前提的，是专利权人或者利害关系人一种主观上的状态，别人很难证明。在一般情况下，一旦权利人知道自己的权利受到了侵害，2 年的诉讼时效期间即应开始计算。

所谓"应当得知"即"应当知道"。应当得知侵权行为，是法律上的一种推定，它是针对权利人的客观方面而言的。是指某一侵权行为一旦发生，在符合一定条件下，不论专利权人或者利害关系人是否实际知道，都视为他应当知道侵权的事实已发生，2 年的诉讼时效期间也由此开始计算。

在实践中，正确理解和掌握"应当得知"，是适用诉讼时效开始的法律规定的一个重要问题。在这里，应当明确，不管权利人实际上是否知道自己的权利受到侵害，只要客观上存在应当知道的条件和可能，由于权利人主观上的过错或者过失，本应知道却没有知道其权利受到侵害的，法律上也视为"应当得知"。具体分析"应当得知"可以包括以下几种情况：

第一，权利人主观上疏忽大意，致使应当得知的事情没有知道。例如，权利人应邀参观一个发明展览会，在展览会期间，专利侵权产品就摆放在展台上，但是由于权利人没有注意，致使本应看到的侵权产品而没有看到，直到 2 年以后因在市场上又见到了同一行为人制造的该侵权产品在出售，这时才提起诉讼。应当认定权利人在 2 年前的发明展览会上就"应当得知"了。

第二，权利人主观上认识错误，致使应当知道的事情没有知道。例如，权利人在市场上见到了公开销售的专利侵权产品，但是误认为是自己制造的产品或者误认为该产品外观有所变化，可能不构成侵权，而未及时提起诉讼，直至过了 2 年以后才起诉，应当认定其在 2 年前就"应当得知"了。

第三，客观情况表明，权利人应当知道自己的权利已被侵害。关于权利被侵害的事实，权利人否认自己早已知道，但客观情况能够证明权利人应当知道自己的权利已被侵害的，诉讼时效应从那时开始计算。例如，侵权者早已在报纸、电视、电台上做了广告宣传，这种广告宣传中已经披露了技术上的具体内容，而不是一般的几句广告词，在这种情况下，虽然权利人可能未见到报纸、未看电视或者未听到广播，但也应认定专利权人"应当得知"了。

（3）哪个阶段的"得知"或者"应当得知"

一项发明创造如果申请的是发明专利，从提出专利申请到专利权终止，一般要经过三个阶段，即：

第一阶段，专利申请日至公开日。

第二阶段，专利申请公开日至授权日。

第三阶段，专利申请授权日至专利权终止日。

一项发明创造如果申请的是实用新型或者外观设计专利，则要经过两个阶段，即从申请日到授权日，从授权日到专利权终止日。

那么，专利侵权诉讼时效应当从哪个阶段中最早得知日开始计算，实践中有不同看法。正确的认识应当是从专利申请授权日至专利权终止日这一阶段的最早得知日开始计算。理由是，侵权诉讼必须以享有专利权为基础。没有权利，也就谈不上侵权。

那么，从什么时候开始专利申请人才享有专利权呢？专利权不是一种生来就有的权利，只有经国务院专利行政部门授权，申请人才享有专利权。根据专利法的规定，专利权保护的有效期限从申请日开始计算，即专利权授权后，专利权人享有专利权之日可追溯至专利申请日。那么，最早的侵权得知日即可能是申请日，这个申请日是否可以成为诉讼时的起算日呢？显然不行。原因在于：在专利权正式授予前，当时的权利并未确定，且有的专利申请日距专利授权日往往超过 2 年的诉讼时效期间，权利人的利益无法获得真正保护。在第二个阶段，专利法仅给予发明专利权人一种临时保护。在这个阶段，由于专利权未最终确定，所以出现了他人的实施行为，也还谈不上侵权，但应当向专利权人支付适当的费用。因此，侵权的诉讼时效如果从这个阶段的最早得知日期开始计算，专利权人的合法权益也无法得到真正保护。因此，一项发明创造只有在被正式授予专利权之后，专利权人"得知"或者"应当得知"了侵权行为后，诉讼时效才开始计算。对实用新型和外观设计专利而言也是一样。

（4）对连续实施的侵权行为怎样计算诉讼时效

专利侵权与一般的民事侵权有所不同，一般的民事侵权只要发生了，被侵权人就可能知道了。或者说，一般的民事侵权发生大多有一个侵权"时间点"。而对于专利侵权，大多数侵权行为发生时专利权人并不知晓，而是当侵权产品在市场上出现后专利权人才知道，而且侵权行为不是一个"点"，而是一个"线"，要持续一段时间。因此，在司法实践中，经常遇到的问题是，对于连续实施的侵权行为，权利人得知或者应当得知权利被侵权时间早已超过 2 年的，人民法院如何审理并作出判决？

比如，侵权者侵犯专利权的行为一直延续了多年（这里排除断断续续的侵权行为），在这期间，曾出现过专利权人对侵权行为得知或者应当得知的情况，但专利权人未在 2 年的诉讼时效内及时提起侵权诉讼。过了 2 年的诉讼时效期间以后，专利权人向法院起诉，要求侵权人停止侵权，赔偿经济损失。受诉法院在诉讼中查明，诉讼时效无中止或者中断的情况，这时，对专利权人提出的停止侵权、赔偿经济损失的诉讼请求应当怎样处理？对此问题，多年来实践中一直有以下几种不同看法。

① 侵权人应当停止侵权、赔偿损失。理由是：侵权行为在一直延续，直到专利权人提起诉讼时，侵权行为仍在进行。

这种观点等于不考虑诉讼时效。照此观点，专利权人过了诉讼时效再提起诉讼,不仅可以获得起诉权,而且还得到了胜诉权。显然是不符合《民法通则》关于诉讼时效的规定的。

② 侵权人应当停止侵权,但不作经济赔偿。理由是:虽然诉讼时效已过,但是,专利权是一种国家授予专利权人的独占权,只有让侵权人停止侵权,才能保护专利权人手中专利的独占权。由于诉讼时效已过,对过去给专利权人造成的经济损失,不应再作赔偿。

这种观点似乎较公平合理。但是,由于专利权人手中的专利对任何第三者都有禁止权。依此观点,这种禁止权总处于不确定状态,权利人随时可以提起侵权诉讼,诉讼中虽然得不到损失赔偿,实际上等于专利权人获得了部分胜诉权,即专利权人手中的禁止权随时可以发挥作用。这与法律中规定诉讼时效的目的也是不相符的。

③ 侵权人不停止侵权,也不作损失赔偿。法院应当判决驳回专利权人的诉讼请求。持这种观点的理由是:

第一,不论侵权行为的发生是一个时间点,还是一个延续的过程,对诉讼时效规定的适用都是一样的,即从得知或者应当得知侵权行为发生之日起 2 年,过了这个时效期间,专利权人就侵权行为提起诉讼,就不应当再得到法律的保护。

第二,法律上规定诉讼时效,其目的就是要使已经发生的事实能处于相对稳定的状态,而不是总处于不稳定的状态。专利侵权行为的发生有的是出于行为人的故意,也有的是由于行为人的过失引起的。对于故意侵权行为,过了诉讼时效,专利权人不追究侵权责任,"侵权人"可能认为专利权人已经默许了其实施行为,或者已经放弃专利权;对于善意的侵权行为,在应当得知他人已有专利权而实际不一定知道的情况下,"侵权人"的"侵权行为"已经实施多年,此时,如果再允许专利权人禁止其实施,对"侵权人"来讲是不公平的,也不利于社会经济生活的稳定。侵权人实施侵权行为固然于法无据,但是,专利权人在诉讼时效期间内故意不予追究,实际上等于放弃权利,是对侵权行为的一种默认。

第三,驳回专利权人的诉讼请求,就等于专利权人允许侵权方继续实施侵权行为,专利权人仍然享有独占权。而对侵权人而言,就相当于取得了对该专利的默认使用权。当然,专利权人对任何未超过诉讼时效的第三方仍有权提起诉讼,要求其停止侵权,并赔偿损失。

上述观点,各有理由。如果以诉讼时效已过为由,判决权利人失去全部胜诉权,驳回权利人的诉讼请求,则会造成一方面侵权行为仍继续进行,另一方面权利人的独占权会受到挑战的局面。如果认为诉讼时效未过，又显然与事实、与法律规定不相符。为了合情合理地解决这一问题，最高人民法院曾在《全国首次部分省市知识产权审判工作座谈会纪要》中指出，对于这种情况，权利人仍有权要求侵权人停止侵权行为，但是，侵权赔偿的数额仅应从起诉前 2 年开始计算，而不能从侵权行为开始时计算。这一意见后来被明确写入最高人民法院的司法解释中。

最高人民法院相关司法解释规定：侵犯专利权的诉讼时效为 2 年，自专利权人或者利害关系人知道或者应当知道侵权行为之日起计算。权利人超过 2 年起诉的，如果侵权行为在起诉时仍在继续，在该项专利权有效期内，人民法院应当判决被告停止侵权行为，侵权损害赔偿数额应当自权利人向人民法院起诉之日起向前推算 2 年计算。

当然，如果侵权行为自终止之日起超过 2 年的，权利人再提起民事诉讼，请求保护其权利，则将失去胜诉权。

这一司法解释，明确了在专利侵权连续发生的情况下，专利权人可以随时要求被告停止侵权行为，体现了对专利权人的尊重及保护。

5.2.1.3 临时保护期使用费的诉讼时效

《专利法》第 13 条规定：发明专利申请公布后，申请人可以要求实施其发明的单位或者个人支付适当的费用。《专利法》第 68 条第 2 款规定：发明专利申请公布后至专利权授予前使用该发明未支付适当使用费的，专利权人要求支付使用费的诉讼时效为 2 年，自专利权人得知或者应当得知他人使用其发明之日起计算，但是，专利权人于专利权授予之日前即已得知或者应当得知的，自专利权授予之日起计算。

而 1993 年 1 月 1 日起实行的《专利法实施细则》第 77 条规定：对于在发明专利申请公布后、专利权授予前使用发明而未支付适当费用的纠纷，专利权人应当在专利权授予后，请求专利管理机关调解。虽然上述规定没有涉及向人民法院起诉的问题，但是应当理解为只有在发明专利申请授予专利权之后，专利权人才能够就合理使用费的纠纷向人民法院起诉。

根据 2000 年修改的《专利法》的规定，对发明专利申请公布后至专利权授予前使用该发明未支付适当使用费的诉讼，其诉讼时效的期间也是 2 年，计算方法有两种：一般情况下，诉讼时效的计算与专利侵权诉讼时效的计算方法相同，从专利权人得知或者应当得知他人使用其发明之日起计算；特定情况下，如果专利权人于专利权授予之日前即已得知或者应当得知他人使用其发明专利的，诉讼时效则从专利权授予之日起计算。

《专利法》之所以对要求支付发明专利使用费的诉讼时效的计算方法作出特别的规定，是因为这样的诉讼只能在发明专利权授予之后提出，而发明专利从公布申请到授予专利权需要一段较长的时间，对于在此期间使用发明而未支付使用费的行为，如果按照一般情况那样规定以专利权人得知或者应当得知行为之日起计算时效，则可能在大部分情况下都超过了 2 年的诉讼时效，显然不利于有效保护专利权人的权利。针对这种现象，《专利法》规定了可以从专利权授予之日起计算诉讼时效。但是，如果专利权人实际上是在授予专利权之后过了一段时间才得知或者应当得知有人在临时保护期内使用了其发明专利，则依然以得知或者应当得知之日来计算诉讼时效。因此，两种计算诉讼时效的方法实质上表达了以两者中后到期者为准的含义。这样的规定克服了原有规定的不足，能够更好地保护专利权人的合法权益。

5.2.2　专利侵权诉讼的举证责任

5.2.2.1　专利侵权诉讼的一般举证责任

民事诉讼的证据，是指能够证明民事案件真实情况的客观事实。在一般民事诉讼包括专利诉讼中，证据具有极其重要的作用，打官司实际上就是"打证据"。

（1）证据的作用

民事诉讼证据的意义和作用在于：

第一，证据是当事人进行诉讼的前提条件。原告起诉或者被告反驳以及提出反诉，都应提供证据来证明自己所主张的事实。

第二，证据是人民法院查明事实，分清是非，正确适用法律，及时审理民事案件的基础。民事案件的事实是民事法律关系发生、变更或者消灭的客观情况以及民事纠纷发生的原因、争执焦点等。这些事实，都是在当事人向法院起诉前发生的，法官不可能亲自见到。因此，法官只有依法全面客观地审查核实证据，才能使法院的审判建立在可靠的基础上。

第三，证据是保护当事人合法权益的工具。民事诉讼中的直接利害关系人都想从有利于自己的方面提供证据材料，因此，民事权利人要依法保护自己的合法权益，必须依靠证据来加以证明，不然是难以确认民事权利义务关系的。

（2）举证责任

在民事诉讼中由谁来举证呢？根据民事诉讼法的规定，举证责任是指在民事诉讼活动中，当事人对自己的主张必须提供相应的证据，否则，将有可能承担败诉的不利后果。

当事人提出的主张，包括原告提出的诉讼请求、被告对原告诉讼请求的反驳与反请求、第三人提出的诉讼请求等。在民事诉讼活动中，当事人提出的诉讼请求是其行使权利的一种方式。因此，在其行使权利的同时，就必须同时承担提供证据来证明其诉讼请求的责任。

当事人提供证据，既是其在法律上主张权利必须履行的行为，又是其应该承担的责任。当事人的这个行为责任还要产生一定的结果，这个结果也必然要由当事人来承担。这就是说，如果当事人不能举出证据或举出的证据材料不能证明案件事实，当事人将承担由此造成的结果，即败诉的风险结果，在法院也查不到证据的情况下，就成为一种现实的结果。

（3）举证责任的承担

民事诉讼中的举证责任，不是由双方当事人共同承担的，这就是说，对同一主张或者事实，不是由双方当事人同时承担举证责任，而只能由一方来负举证责任。《民事诉讼法》第64条明确规定：当事人对自己提出的主张，有责任提供证据。这就是举证责任分担的原则。它有以下几个特点。

① 谁主张，谁举证

《民事诉讼法》对举证责任的分担，明确地规定了"谁主张，谁举证"的原则。主张和举证是前因和后果的关系，主张是举证的前提，举证是主张的后果。如果当事人提出主张，就必须提供证据予以证明。

在诉讼中，原告提出了诉讼请求，也就是提出了主张，那么，原告对其主张的事实就必须提供证据。被告在诉讼中也不是简单地应诉，承认原告的主张，大多数被告人在诉讼中都提出反驳的主张和理由，有的甚至提出反诉。反驳和反诉都是以一定的权利和事实主张为内容的，所以，被告也应对其主张提供证据，予以证明。

② 当事人对权利主张和事实主张都需要举证

当事人提出的主张包括权利主张与事实主张，如原告主张自己有一项专利权，原告是利害关系人、原告的权利是合法取得的等，即属于权利主张；原告指控被告侵权、要求被告承担经济赔偿等，即属于事实主张。在诉讼中，当事人在提出权利主张的同时，也提出其权利存在所依赖的事实。那么，无论是对权利主张还是对事实主张，都要提供证据予以证明。就是说，提出权利主张和事实主张的当事人对此都负有举证责任。

③ 对同一权利或者事实的主张，不能双方都负举证责任

原告和被告的诉讼请求往往是对立的，他们的主张往往是截然相反的，

因此，在诉讼中双方当事人不可能对同一权利或者事实主张分别负举证责任。在诉讼中，原告和被告基于对同一事物提出不同的主张，只能对各自的主张分别负举证责任。有时原告和被告可能会对同一权利或者事实的存在与不存在、真实与虚假，负相反方向的举证责任。但无论如何，当事人不能对同一主张共同负举证责任。否则，会导致责任不明确，使当事人互相推诿责任，这就违背了法律规定举证责任制度的初衷。

5.2.2.2　方法专利侵权的举证责任

在专利侵权诉讼中，涉及方法专利侵权时，有时会发生特殊的举证责任，这就是举证责任的倒置。

（1）举证责任的倒置

根据《民事诉讼法》的规定，在有些特殊侵权案件的诉讼中，由于主张事实的当事人在客观上难以或者无法提供证据，如果再适用举证责任分担的一般原则，就会使当事人之间的举证责任分担不均衡，造成一方败诉的风险过大。对于这类案件的举证，法律会作出相应的规定，根据当事人对证据的接近程度和取得证据的难易程度来确定谁承担举证责任，即出现举证责任的倒置。

举证责任的倒置，是指原告对自己提出的事实主张或权利主张一开始就可以不提供全部证据加以证明，而由被告举证证明原告的主张不成立，否则即由被告承担不举证的责任。一般说来，适用举证责任倒置，必须符合一定的条件，这些条件是：

① 必须是法律或法规明确规定的特殊类型的侵权纠纷案件，不能在实践中随意扩大举证责任倒置的适用范围。

② 需要举证证明的对象，必须是特定的责任对象，不能超越被告人正当的责任范围。

（2）方法专利侵权举证责任倒置的法律依据

《专利法》和最高人民法院的司法解释或者相关文件对方法专利侵权举证责任曾作过不尽相同的规定。

① 1985 年 4 月 1 日实施的《专利法》第 60 条第 2 款规定：在发生侵权纠纷的时候，如果发明专利是一项产品的制造方法，制造同样产品的单位或者个人应当提供其产品制造方法的证明。根据这一规定，制造方法专利发生侵权的时候，由被告负举证责任。

② 1992 年 7 月 14 日《最高人民法院关于适用〈中华人民共和国民事诉讼法〉若干问题的意见》第 74 条规定：在诉讼中，当事人对自己提出

的主张，有责任提供证据。但在下列侵权诉讼中，对原告提出的侵权事实，被告否认的，由被告负责举证。其中第一种情况就是：因产品制造方法发明专利引起的专利侵权诉讼。这一规定，同 1985 年《专利法》的规定是相对应的。

③ 1992 年第一次修改的《专利法》将第 60 条第 2 款修改为：在发生侵权纠纷的时候，如果发明专利是一项新产品的制造方法，制造同样产品的单位或者个人应当提供其产品制造方法的证明。

1992 年《专利法》只在"产品"的前面加了一个"新"字。一字之差使关于方法专利举证责任转移的范围大为缩小。之所以要作这样的修改，是因为依照 1985 年《专利法》的规定，不论何种产品，只要原告有方法专利，被控告的侵权人均有举证责任，表面看似乎对方法专利权加强了保护，但实际上对于传统产品，被告侵权的人能轻而易举地举出一种传统方法来证明他没有使用专利方法，这样做的结果是，败诉的还是专利权人。如果专利权人不明白这个道理，到处起诉，则既使用其他方法生产该产品的单位应负有举证责任，被告也要无端耗费时间和精力来应诉。所以，这种规定实际上不利于维持正常的生产秩序，也不利于专利权人正确地行使其权利。因此，1992 年《专利法》规定举证责任转移的条件为被控侵权人使用专利方法生产的产品应当是新产品。因为如果一项新产品的制造方法是受专利法保护的，这种专利方法可以说是绝无仅有的。如果有人制造与这种新产品同样的产品，则他很可能是使用专利方法制造的。

由于这种产品是新的，存在这种产品是依专利方法所制造的可能性。原告只需证实被告制造的是同样的产品，就可以要求未经许可而制造同样产品的被告提供其产品制造方法的证明。如果被告能够证明他的产品是用专利方法以外的方法制造的，他就没有侵权。反之，如果被告提不出相反的证明，尽管《专利法》没有明确规定，但应当视为依专利方法所制造，就是侵权。

④ 1998 年 7 月 20 日《最高人民法院关于全国部分法院知识产权审判工作座谈会纪要》中指出：人民法院对于当事人的某些主张，应当根据法律并从实际情况出发，实行"举证责任倒置"的原则，即一方对于自己的主张，由于证据被对方掌握而无法以合法手段收集证据时，人民法院应当要求对方当事人举证。例如，在方法专利和技术秘密侵权诉讼中的被告，应当提供其使用方法的证据，被告拒不提供证据的，人民法院可以根据查明的案件事实，认定被告是否构成侵权。

在该纪要中规定的"方法专利"比较模糊，结合该纪要的发布时间和之前的法律规定，应当理解为"新产品的制造方法专利"才是恰当的，而并非又扩大到了任何方法专利均实行举证责任倒置，这一点是值得注意的。

⑤ 2000 年第二次修改后的《专利法》第 57 条第 2 款规定：专利侵权纠纷涉及新产品制造方法的发明专利的，制造同样产品的单位或者个人应当提供其产品制造方法不同于专利方法的证明。这一修改，强调被告必须提供"不同于专利方法的证明"，否则，将可能构成侵犯他人专利权。2008 年第三次修改后的《专利法》第 61 条第 1 款沿用了该规定。

（3）关于举证责任倒置的界限

① 1993 年以前的方法专利侵权均实行举证责任的倒置

1992 年《专利法》第 69 条第 2 款规定，本决定自 1993 年 1 月 1 日起施行。本决定施行前提出的专利申请和根据该申请授予的专利权，适用修改以前的《专利法》的规定。据此可见，由于专利的申请、审查、授权及专利权有效期均是一个动态的过程，因此，1992 年《专利法》施行后，与1985 年《专利法》同时适用，而并非 1985 年《专利法》废止不再适用的情况。

对 1993 年以前申请或者已经授予专利权的方法发明专利，发生侵权纠纷时，在举证责任上仍应依照 1985 年《专利法》的规定，一律实行举证责任倒置。即由制造同样产品的单位或者个人（被控侵权人）提供其产品制造方法的证明。只要原被告之间制造的产品相同，专利权人认为或者怀疑被控侵权人使用其专利方法制造产品，就可以提起方法专利侵权诉讼，这时就应当实行举证责任倒置。可见，这一规定对专利方法所制造的产品范围并没有加以限定，对专利权人方法专利的保护过于宽泛，对被告的要求过于苛刻。

值得注意的是，1985 年《专利法》在规定举证责任倒置时，强调的是制造方法发明等专利，而不包括使用方法、工作方法专利。

就方法发明专利而言，在我国受《专利法》保护的专利发明有制造方法、工作方法和使用方法等。制造方法，指对原材料加工、制造成各种产品的方法，如机械、化学、生物等；工作方法，指为了达到一定的工作目的作用于某种物质上的方法，如输送、测量、通信、消毒方法等；使用方法，指为了实现特定用途对一种产品、设备或方法的新的应用。在上述方法专利中，使用方法和工作方法不存在举证责任的转移问题，只有制造方法才可能涉及举证责任的倒置。

② 1993 年以后方法专利侵权实行部分举证责任倒置

一件专利侵权诉讼案件会涉及多项证据，1992 年《专利法》虽然规定对新产品制造方法实行举证责任倒置，但由于同样的旧产品仍可能是由新的制造方法得来的，因此，并非全部方法专利侵权案件的证据均由被告举证，而原告只要是取得了一项方法专利，在诉讼中一切证据均可以不提供。这时举证责任的倒置也是有范围的。

在 1992 年《专利法》规定举证责任倒置时，强调举证责任倒置条件的发生必须是针对新产品的。而在制造方法这一点上，1992 年《专利法》同 1985 年《专利法》并无区别。

一种制造方法获得专利权后，这项新的制造方法可能会制造出一种新的产品，也可能是一项旧产品即已有产品的新制造方法。根据第一次修改的专利法的规定，只有新产品制造方法发生了侵权时，举证责任才倒置。也就是说，根据第一次修改的专利法的规定，在制造方法专利发生侵权时，有的实行举证责任倒置，有的不实行举证责任倒置，其关键看其是否能制造出新产品。

2000 年《专利法》对实行举证责任特有的证据内容更加明确，就是被控侵权人使用的与专利方法不同的新产品的制造方法。2008 年《专利法》沿用了 2000 年《专利法》的规定。

（4）方法专利举证责任倒置之前，原告负有初步举证义务

任何民事诉讼都是由原告提起的，所以，在诉讼中举证责任应首先从原告开始。原告应就诉讼请求所依据的事实负举证责任。对于新产品制造方法的举证虽然法律规定了实行举证责任倒置，但并非原告仅提供一份诉状，而不用提交任何证据。举证责任的倒置也应在专利权人提供初步证据之后才发生。作为专利权人的原告必须提交的初步证据应当证明的事实包括：

① 原告是专利权人或者利害关系人；

② 原告有一项产品制造方法的有效发明专利；

③ 该方法专利使用的结果是产生一项新产品；

④ 被告制造了与其方法专利制造出的新产品相同的产品。

原告只有在完成了上述举证的情况下，证明未经原告许可而制造出的新产品不是依原告方法专利所制造出来的举证责任才由被指控侵权的被告承担。这就是说，举证责任的倒置仅针对原告无法举证的、被告使用的制造方法而言，并非一切诉讼证据。

【实例 5-2】某化工厂于 2000 年 1 月 3 日向国务院专利行政部门申请了一种化工产品的生产方法发明专利，2002 年 7 月 24 日获得专利权，2001 年年底该化工厂发现另一化工厂销售了与其专利方法生产出的专利产品相同的产品，于是在 2003 年向法院起诉，请求法院判令被告停止侵权，赔偿经济损失。

法院在审理中，原告提供了科技成果鉴定报告，以证明其产品在其专利申请日前属于国内新产品，同时提交被告生产相同产品的证据，申请法院采取证据保全措施，对被告的生产方法进行调查固定。法院采纳了原告请求，到被告单位进行了证据保全，但从现场勘验结果看，无法查明被告所采用的工艺条件，遂责令被告提交生产记录。被告在举证期限内提交的公开出版物表明该产品在原告申请专利之前，国内已有研究所或生产厂家拥有该产品，至少可以证明该产品在原告申请涉案专利之前已在国内出现过，或已生产出来。被告在开庭前提交了其产品的生产工艺流程图，但以保管不善为由未提交生产记录。

这时，对案件的处理产生了不同的观点，一种观点是，被告不提交生产记录，等于不负举证责任倒置的责任，应当认定其行为构成侵权；另一种观点是，由于被告已举证证明原告生产方法制造出的产品不是"新产品"，所以是否构成侵权的举证责任尚未发生转移。后一种观点道理显然更充分一些。当原告认为是新产品并举出一般证据后，被告提出反证认为不是新产品时，法院应先作出认定。只有当确认原告方法专利制造出的产品是"新产品"之后，举证责任倒置才开始发生。而不应过早要求被告举证证明自己使用的生产方法与原告的专利方法不同。

【实例 5-3】1993 年 4 月 10 日，原告华新生化所向国家知识产权局提出了"从猪脑中提取脑蛋白水解液的方法"的发明专利申请，2000 年 1 月 15 日，被授予发明专利权。专利号为 93103863.4。

在该专利说明书中载明："脑活素是近年来由奥地利依比威药厂新开发出现于市面的一种新药。但是关于该药的提取方法一直处于保密阶段，还未见到国内外公开刊物报导其提取方法。本发明的目的在于提供一种从猪脑中提取脑蛋白水解液的方法，通过临床证明，所得的提取物，其作用与脑活素相同。"

原告华新生化所向法院起诉称：1996 年 8 月，被告毕奥普罗药业公司未经原告许可，擅自使用原告申请专利的方法，生产脑蛋白水解物注射液。被告在知悉原告专利申请已被获准的情况下，仍继续无偿使用原告专利方法进行生产。被告的行为侵犯了原告的专利权，请求法院判令被告停止侵权行为，赔偿原告经济损失 99 万元。

法院在审理本案时查明：早在 1988 年 9 月 7 日，国家卫生部药政管理局曾向香港凯健有限公司颁发了产地为奥地利、名称为脑活素（脑蛋白水解液）针剂的《进口药品许可证》，许可证号为 880588。

在本案审理期间，原告华新生化所与被告药业公司均认同脑活素针剂与脑蛋白水解物注射液为相同药品。

一审法院认为，本案争议的焦点系对被告毕奥普罗药业公司涉嫌侵犯原告华新生化所专利权的行为，谁应承担举证责任的问题。根据法律规定，原告华新生化所作为方法专利权人可以从两个不同的方面支持其诉讼请求：一方面原告华新生化所可以直接证明被告药业公司的侵权事实；一方面原告华新生化所也可以证明其专利方法系新产品的制造方法，再由被告毕奥普罗药业公司对其制作方法进行举证。在本案审理中，原告华新生化所未能证明其专利方法是新产品制作方法，因此，本案不适用专利法中关于新产品制造方法举证责任倒置的规定。相反，在原告华新生化所的专利说明书中记载，该专利方法生产的脑蛋白水解液治疗作用与奥地利依比威药厂开发的脑活素均相同，而且进口的脑活素也是奥地利依比威药厂所生产的。另外，根据被告毕奥普罗药业公司提交的《进口药品许可证》，脑活素（脑蛋白水解物）针剂已通过国家卫生部药政管理局审查，准予进口，生产药厂为奥地利依比威药品有限公司，产地奥地利，批准日期为 1988 年 9 月 7 日，有效日期为 1992 年 7 月 6 日。可以认定该药品于 1992 年 7 月 6 日前我国已进口，进口日期早于本案专利的申请日。因此，本案所涉及的专利不是新产品的制造方法。原告华新生化所要求被告药业公司对侵权事实承担举证责任，有悖于法律规定。根据 1992 年修改的《专利法》，在产品制造方法发明专利引起的专利侵权诉讼中，举证责任倒置原则仅适用新产品制造方法，而不是适用所有的产品制作方法。原告华新生化所在不能证明其专利方法为新产品的制造方法时，其对被告毕奥普罗药业公司的侵权事实应当负举证责任。原告华新生化所将专利法中的"新产品"解释为专利技术的新颖性，将新药解释为专利法中的"新产品"，对此，法庭多次指出原告华新生化所的理解与法律规定有误，并责令其对诉讼主张进行举证，但是，在本案审理期间，原告华新生化所对其诉讼主张始终未尽举证义务。因此，判决：驳回原告北京市华新生化技术研究所的诉讼请求。法院判决后，华新生化所不服，提起上诉。请求二审法院查明事实，依法改判。

在二审庭审中，华新生化所明确认为其获得专利权的专利方法系新产品脑蛋白水解液的生产方法。

在二审法院审理期间，上诉人华新生化所认为被上诉人毕奥普罗药业公司在一审期间提交的"自创脑蛋白水解液生产方法"与其专利方法相同，但华新生化所同时认为，毕奥普罗药业公司提交的生产方法与其自己在生产中实际使用的生产方法并不相同。此外，华新生化所未提交其他相关证明毕奥普罗药业公司侵犯其专利权的证据。

二审法院经过审理认为，专利法意义上的新产品是指在专利申请日之前与国内市场已经销售的产品不同的产品。即该产品与已有的同类产品相比，在产品的组分、结构或者其质量、性能、功能方面有明显区别。上诉人华新生化所的专利方法所得到的产品为脑蛋白水解液，该水解液系用于制备脑蛋白水解物注射液的原液。依据《新药证书及生产批件》及附件，经对脑蛋白水解液和脑蛋白水解物注射液两物品的性状、鉴别、检查、含量测定等进行比较，以及两者均为猪脑组织经复合蛋白酶水解、分离、精制而成的情况，虽然脑蛋白水解液与脑蛋白水解物注射液名称不同，前者为浓缩液，后者为无菌制剂，但该两物品的结构、性能、功能并无明显区别；前者是利用后者，并无须同行业技术人员的创造性劳动制备而成。由于本案专利方法在申请日之前，国内市场已进口并销售脑蛋白水解物注射液，可确认实施本案专利方法所得到的脑蛋白水解液并不具备专利法意义上新产品的要件，不属于专利法意义上的新产品，上诉人华新生化所主张其依据专利方法生产出的脑蛋白水解液系新产品不能成立。

在一般的专利侵权诉讼中，根据法律规定，专利权人为支持其权利被侵犯的诉讼主张，应就诉讼请求所依据的事实直接负举证责任。在涉及发明专利是一项新产品的制造方法的侵权诉讼时，根据专利法的相关规定，权利人在先证明该专利使用的结果是产生一项新产品，且被告制造了与其方法专利制造出的新产品相同产品之后，再由制造同样产品的被告提供其产品制造方法的证据，即新产品的制造方法专利侵权实行举证责任倒置原则。由于脑蛋白水解液不具专利法意义上新产品的条件，本案举证责任不适用专利法中关于新产品制造方法举证责任倒置的规定，应由华新生化所就其主张毕奥普罗药业公司侵犯其专利权所依据的事实负举证责任。故一审法院认定以制作方法涉及新产品才适用举证责任倒置原则与专利法的立法本意并不相悖。

根据《民事诉讼法》的规定，提出诉讼主张的一方当事人负有提供相关证据和事实支持其主张的举证责任。根据 1992 年修改的《专利法》第 60 条第 2 款的规定，涉及新产品的制造方法专利侵权，应由权利人举证证明该专利方法使用的结果是产生一项新产品。由于上诉人华新生化所主张实施其专利方法生产出的产品是新产品不能成立，则未发生举证责任倒置的情形。即仍应由上诉人华新生化所负责提供相关证据和事实证明被上诉人毕奥普罗药业公司侵犯其专利权。由于上诉人华新生化所既不能证明实施其专利方法所获产品为新产品，也无相关证据和事实证明被上诉人毕奥普罗药业公司侵犯其专利权，则应承担其主张因举证不能而不能成立的后果。因此，二审法院判决驳回上诉，维持原判。

结合案情分析本案可见，一、二审法院的认定及判决结果是正确的。理由是：

① 本案涉及的是药品——脑蛋白水解液——生产方法的发明专利侵权案，专利申请日是 1993 年 4 月 10 日，对其保护应当适用 1992 年《专利法》的规定，即首先由原告举证证明其生产方法可以生产出一种新产品。

② 脑蛋白水解液是否为新产品，当事人双方有不同看法，但证据表明，它不是一种新产品，即这种药品于专利申请前的 1988 年 9 月 7 日已合法有效地进口我国。因此，被告毕奥普罗药业公司使用的制药方法是否与原告华新生化所的专利方法相同，应当由原告举证，而不能实行举证责任倒置。

③ 本案原告华新生化所不能举证证明被告毕奥普罗药业公司使用了与其专利方法相同的方法。此时，被告毕奥普罗药业公司在诉讼中向法院提供了自己的制造方法，而原告华新生化所认为该制造方法与专利方法相同，但并非毕奥普罗药业公司实际使用的制造方法。至此，原告华新生化所既不能举证证明被告毕奥普罗药业公司的制造方法，又不认可被告毕奥普罗药业公司自己提供的制造方法，因此，法院依法进一步进行比较。审理的结果，只能驳回原告华新生化所的诉讼请求。

（5）关于新产品的标准及举证责任

根据 2000 年《专利法》的规定，新产品的制造方法专利侵权，实行举证责任倒置。那么，什么是"新产品"，应当由谁举证证明是否为"新产品"呢？

新产品是指与市场上已经销售的产品不同的产品。人民法院在审理侵权案件时可以根据案情作出认定。根据最高人民法院《关于审理侵犯专利权纠纷案件应用法律问题的解释》的规定，判别是否为"新产品"的标准应当是授予专利权时所要求的"新颖性"标准。只要某种产品在专利申请日前为国内外公众所知，就不再属于新产品。

确认是否为新产品，对专利权人的举证不宜太苛刻，原告人只要在专利文件中提到是一种新产品的制造方法，或者在诉讼时称是一种在申请专利前市场上未曾见过的新产品即可，因为对于不存在的东西，原告是无法举证证明的，最多只能证明一种新产品是何时上市的。

对于一种新产品上市，有时可以举出证据证明，如在税收方面的优惠政策、为新产品上市举办的一些专门宣传活动等。但在多数情况下，证明一个产品是第一次上市也并非易事，而往往要靠被告提出反证，证明在专利权人的新产品上市之前，市场上已有相同产品，专利权人上市的新产品已经不是新产品，这种证据在有些情况下反而容易得到。通过前面的案例可见，在司法实践中，人民法院往往是在原告举证和被告反证之后，才能对是否为"新产品"作出认定。

(6) 被告怎样负举证责任

当举证责任依法倒置后，被告或者举证，或者不举证。如果举证了，则应对其举证进行质证。就质证的结果而言，如果被告使用的制造方法与专利的制造方法相同，则构成侵权；如果被告使用的制造方法与专利的制造方法不同，则不构成侵权。如果被告不举证，等于被告不能举证证明自己的制造方法不同于专利方法，则应被推定为使用了专利权人的方法发明专利，从而认定被告行为构成侵犯专利权，由其承担侵权的法律责任。这就要求被控侵权人必须举证，而且向法庭提供的证据必须能够证明与原告的专利方法不同，才能排除侵犯专利权的嫌疑。

在实践中，较常见的情况是，被告举出了证据，举出了自己制造新产品的方法，但该制造方法并不能证明和其实际使用的制造方法的一致性，在这种情况下，不能认为被告的举证责任已经完成，被告的举证责任仍没有发生转移。被告的举证必须能够证明自己实际使用的制造方法是什么。其实在这方面，被告若想作个假证，欺骗不懂技术的法官，是十分容易的。因此，在证据认定时必须要把好这一关。在有些情况下，当被告对自己使用的制造方法举出书面证据后，根据常理或者原告的举证认为被告举证可能与其实际使用的方法不同时，可以依法进行现场勘验或者技术鉴定，以认定被告举证的真实性。当然，在采用现场勘验或者进行技术鉴定时应当注意为当事人保守技术秘密。

5.2.3　专利侵权诉讼中的临时措施

在专利侵权案件中，作为权利人，在诉讼前或者诉讼中请求法院采取临时措施或者保全措施是十分必要的。一方面，如果能够得到法院诉前令对方停止有关行为的临时措施的保护，可以有效地及时制止侵权行为；同时，如果权利人能够胜诉，财产保全措施可以保障今后的生效判决得到有效的执行，权利人的利益可以真正实现。另一方面，在诉讼结束之前采取停止有关行为的保全措施可以更有效、彻底地打击侵权人，有助于权利人在市场竞争中获得进一步的优势地位。

5.2.3.1　诉讼前停止有关行为

2000 年《专利法》中规定的诉前停止侵犯专利权行为的措施，在英美法系和大陆法系中被称为"临时性禁令"，在 TRIPS 第 50 条中称为"临时措施"。虽然称谓各有不同，但在实质上都是符合 TRIPS 执法要求的一项同等的司法措施，具有相同的功能与效力。这类纠纷的最大特点是发生在诉讼之前，申请人先要求法院下发停止侵权的裁定，它实际上只是一种程序上的案件，它只解决程序问题，而不解决实体问题。对于实体上是否构成侵犯专利权，是否应当停止侵权，则要通过另外的正式侵权诉讼解决。

为了在司法实践中更好地执行这一临时措施，最高人民法院于 2001 年 6 月 7 日发布了《关于对诉前停止侵犯专利权行为适用法律问题的若干规定》，对诉前停止侵犯专利权行为这一临时措施作了具体规定。

（1）申请诉前停止侵犯专利权行为的主体

《专利法》第 66 条第 1 款规定，专利权人或者利害关系人可以在起诉前向人民法院提出申请采取责令停止有关行为和财产保全的措施。但是，专利法对利害关系人的范围没有进行界定。最高人民法院根据《专利法》的立法精神和多年来专利审判实践经验，对利害关系人的范围进行了界定，指出申请的利害关系人包括专利实施许可合同的被许可人、专利财产权利的合法继承人等。专利实施许可合同的被许可人中，独占实施许可合同的被许可人可以单独提出申请；排他实施许可合同的被许可人在专利权人不申请的情况下，可以提出申请。由此可见，有权提出申请诉前停止侵犯专利权的人同有权提起专利侵权诉讼的主体基本上是一致的。实践中的区别在于，普通专利实施许可合同的被许可方经过许可方即专利权人的特别授权，亦可以作为专利侵权诉讼的原告或者共同原告提起诉讼，但它不是提起申请诉前停止侵犯专利权的主体。这说明对申请诉前停止侵犯专利权行为的案件而言，在主体上限制更加严格。

（2）申请诉前停止侵犯专利权案件的管辖法院

专利权人或者利害关系人如果申请诉前停止侵犯专利权行为，首先遇到的问题是向哪些法院提出申请。由于申请责令停止侵犯专利权行为的案件与专利侵权案件的性质基本相同，都具有较强的专业性。专利侵权案件的诉讼管辖权是集中由各省、自治区、直辖市省会所在地中级人民法院，经济特区中级人民法院以及经最高人民法院指定的部分计划单列城市的中级人民法院行使。所以，为保证统一执法和审案质量，便于与专利侵权案件的管辖相协调，最高人民法院规定，专利权人或者利害关系人诉前申请人民法院采取责令停止有关侵权行为时，应当向有专利案件管辖权的人民法院提出。所谓"有专利案件管辖权的人民法院"，一是指对专利案件有指定管辖权的法院，即有权审理专利权纠纷案件的法院；二是指根据民事诉讼法的规定，就具体案件享有地域管辖权的法院，即侵权行为地或者被告住所地的法院。只有两者都符合条件的法院，才享有对诉前停止侵犯专利权申请案件的管辖权。

（3）申请诉前停止侵犯专利权行为应提交的证据

人民法院采取诉前停止侵犯专利权行为措施，会涉及当事人的重要民事权益，因此，人民法院对采取该措施应当特别慎重。对申请人的申请应当既规定一定的条件，又不能妨碍、拖延权利人权利的行使。为此，申请人在提出申请时，必须符合一定的条件。

首先，专利权人或者利害关系人向人民法院提出申请，应当递交书面申请书；申请书应当载明当事人及其基本情况，申请的具体内容、范围和理由等事项。申请的理由包括侵犯专利权行为如不及时制止将会使申请人合法权益受到难以弥补的损害的具体说明。

其次，申请人提出申请时，应当提交下列证据：

① 专利权人应当提交证明其专利权真实有效的文件，包括专利证书、权利要求书、说明书、专利年费缴纳凭证。提出的申请涉及实用新型专利的，申请人还应当提交国务院专利行政部门出具的检索报告。

② 利害关系人应当提供有关专利实施许可合同及其在国务院专利行政部门备案的证明材料，未经备案的应当提交专利权人的证明或者证明其享有权利的其他证据。排他实施许可合同的被许可人单独提出申请的，应当提交专利权人放弃申请的证明材料。专利财产权利的继承人应当提交已经继承或者正在继承的证据材料。

③ 提交证明被申请人正在实施或者即将实施侵犯其专利权的行为的证

据，包括被控侵权产品以及专利技术与被控侵权产品技术特征对比材料等。

在这里，特别需要指出的是，申请人在提出申请、提交证据的同时，必须向法院说明，法院"如不及时制止侵权行为将会使其合法权益受到难以弥补的损害"的情况，并提交相关证据。如果不能说明此情况并提交相关证据，当事人应当按照专利民事诉讼的一般程序提起诉讼，而不能选择申请诉前停止侵犯专利权这一途径，法院也不能盲目支持申请人的请求。

只有当事人的申请符合这些规定的条件，并经过人民法院审查之后，才有可能作出裁定。

此外，当事人对停止侵权行为裁定不服，享有复议权，可以在收到裁定之日起 10 日内申请复议一次。复议期间不停止裁定的执行。在复议程序中，人民法院应当对双方当事人提供的材料及时进行审查。原裁定正确的，通知驳回当事人的申请；裁定不当的，变更或者撤销原裁定。为了统一复议审查的标准，最高人民法院规定了被申请人行为是否构成侵权、是否造成难以弥补损害、申请人担保情况和所采取的措施是否侵害社会公共利益等 4 项复议审查标准。受理申请的人民法院应当在上述 4 个方面认真审查当事人的复议请求。

（4）申请诉前停止侵权行为应当提供担保

TRIPS 规定，向司法机关申请临时措施的申请人应当提供担保。其他国家在执行类似的措施时，也要求申请人提供符合条件的担保，以防止申请人滥用权利。《专利法》第 66 条也规定了采取措施的担保问题。最高人民法院相应的司法解释中，对诉前申请停止有关行为应当提供担保的问题作了具体规定。主要涉及以下内容：

① 人民法院作出诉前停止侵犯专利权行为的裁定内容，应当限于专利权人或者利害关系人申请的范围。

② 申请人提出申请时应当提供担保，申请人不提供担保的，驳回申请。

③ 当事人提供保证、抵押等形式的担保合理、有效的，人民法院应当准予。人民法院确定担保范围时，应当考虑责令停止侵犯专利权行为所涉及产品的销售收入，以及合理的仓储、保管等费用；考虑被申请人停止侵犯专利权行为可能造成的损失，以及人员工资等合理费用支出等因素。

④ 在执行停止侵犯专利权行为裁定过程中，被申请人可能因采取该项措施造成更大损失的，人民法院可以责令申请人追加相应的担保。申请人不追加担保的，解除有关停止措施。

采取诉前停止侵权行为对被申请人正在实施的行为而言，将是一个严重的打击和制裁，一旦出现裁定错误，给被制裁人造成的损失将很大。因此，申请人必须提供一定数额的担保，如果裁定错误，申请人要承担给被申请人造成损失的责任。

当然，停止侵犯专利权行为裁定所采取的措施，不因被申请人提出反担保而解除。这一点同民事诉讼法规定的一般财产保全中的担保不同，由于申请诉前停止侵权行为针对的是行为，这种行为造成的后果有时不能用金钱、财产来弥补。因此，被告即便提供了反担保，也不能停止法院已发出的裁定的执行，更不可以解除裁定。

（5）对诉前停止侵权行为措施的具体实施

根据《专利法》第 66 条的规定，责令停止侵犯专利权行为的措施，是对紧急情况下不采取措施会造成申请人难以弥补损害时所采取的措施，这一措施贵在及时。因此，人民法院接受申请后，应当尽快作出书面裁定，并应当立即开始执行。对一些需要核对有关事实的，可以传唤单方或者双方当事人进行询问，然后再及时作出裁定。这对于法院及时和准确作出裁定，不滥用该项职权都具有意义。

人民法院根据当事人的申请，在诉前作出停止侵犯专利权行为的裁定时，应当从以下几个方面做好审查及具体工作：

① 人民法院接受专利权人或者利害关系人提出责令停止侵犯专利权行为的申请后，经审查符合规定的，应当在 48 小时内作出书面裁定；有特殊情况需要延长的，可以延长 48 小时。裁定责令被申请人停止侵犯专利权行为的，应当立即开始执行。人民法院在 48 小时内，需要对有关事实进行核对的，可以传唤单方或双方当事人进行询问，然后再及时作出裁定。

② 根据 TRIPS 第三部分第 3 节临时措施第 50 条的规定，停止侵权行为可以在开庭前"单方采取"措施后及时通知被申请人。也就是说，为了有效地实施停止侵权行为的措施，不向被申请人走漏风声，人民法院在实施这项措施时可以不同时通知被申请人，而在采取措施后再及时通知被申请人，保障其享有的复议权。根据 TRIPS 的这一规定，人民法院作出诉前责令被申请人停止有关行为的裁定，应当及时通知被申请人，最迟不得超过 5 日。

③ 由于实行停止侵权行为的临时措施与财产保全的内容和适用条件不同，不采取措施造成难以弥补的损害不能简单地仅用金钱赔偿就能解决问题。所以，对诉前停止侵权行为的临时措施的解除裁定，不能因被申请人

提出反担保而作出。否则就失去了设置该项制度的意义。

④ 责令停止侵犯专利权行为裁定所采取的措施，毕竟是一种诉讼程序上的临时措施，是为了使权利人或者利害关系人在事后的侵权诉讼中处于有利的地位而采取的措施。但是，根据 TRIPS 的规定和其他国家的法律规定，申请人申请临时措施被法院裁定支持后的一定期间内不起诉或者起诉失当的，所采取的停止有关侵权行为的措施应当解除，因不起诉或者申请错误给被申请人造成损失的，申请人应当承担赔偿责任。为此，最高人民法院规定，专利权人或者利害关系人在人民法院采取停止有关行为的措施后 15 日内不起诉的，人民法院解除裁定采取的措施。而且，申请人不起诉或者申请错误造成被申请人损失的，被申请人可以向有管辖权的人民法院起诉请求申请人赔偿，也可以在专利权人或者利害关系人提起的专利侵权诉讼中提出损害赔偿的请求，人民法院可以一并处理。

⑤ 对责令停止侵犯专利权行为措施的期限，即裁定的效力一般应维持到生效的法律文书执行时止。人民法院也可以根据案情确定所实施的具体期限。期限届满时，人民法院根据当事人的请求，还可以作出是否继续采取停止侵犯专利权行为的裁定。

此外，为了保障责令停止侵犯专利权行为裁定和所采取相应措施的顺利执行，维护法律的尊严和法制的统一，《最高人民法院关于对诉前停止侵犯专利权行为适用法律问题的若干规定》中，对当事人违反生效裁定的行为，规定了可以依照《民事诉讼法》第 102 条的规定按妨害民事诉讼强制措施予以罚款、拘留等处理；构成犯罪的，依法追究刑事责任。从上述司法解释的规定来看，人民法院采取诉前停止侵权行为这项临时措施条件是严格的、程序是慎重的。从几年来的司法实践看，人民法院对此的执行也是较好的。但是，也有个别地区法院作出的诉前停止侵权行为的裁定过多过滥，有的成为专利权人滥用权利的一种手段，法院对原告提供的证据审查不严，有的并未给专利权人或根本不能给专利权人造成难以弥补的损害，但法院也作出了裁定。有的法院甚至认为，如果原告的权利合法有效，且可以确定被告构成侵权的情况下，可以采用推定原则，推定如不及时制止不法侵权行为则会使原告的合法权益遭到难以弥补的损失。❶ 有的在侵权事实不明的情况下作出了裁定。这些都是值得注意的。

---

❶ 李海荣. 防止申请人滥用权利有效制止不法侵权 [N]. 人民法院报，2003 - 06 - 10.

5.2.3.2　诉讼中的财产保全

近年来，人民法院作出的一些生效判决经常会遇到"执行难"的困扰。主要是因为判决之后，被执行人失踪或者被告无力执行判决。在专利侵权诉讼中，为了解决这一问题，运用好诉讼中的财产保全十分必要。

（1）财产保全

财产保全是指人民法院为了保证民事判决的顺利执行，对当事人的财产或者与本案有关的财物采取一定的强制性措施。在民事诉讼进行中至判决生效前，为了保证将来的判决得到实际执行，人民法院经当事人申请，或者依职权作出裁定，对当事人争议的有关财物，所采取的临时性强制措施，就是诉讼保全。

提起诉讼之前，在紧急情况下，为了保证将来判决得到实际执行，经当事人申请并提供担保，有管辖权的人民法院对发生争议的、与案件有关的财物所采取的临时性强制措施，就是诉前保全。在 2000 年《专利法》中曾经规定了专利诉前财产保全的内容，在 2008 年《专利法》的修改中又删除了这项内容。在专利审判实践中，主要还是运用诉讼中的财产保全。

财产保全既有保证判决执行的积极作用；又有在判决作出前，先对争议标的物作出处理，以减少损失，使生效的判决易于执行的作用。正确运用财产保全的强制措施，对保护债权人的利益、减少社会经济损失、体现人民法院的审判工作在提高社会经济效益方面的作用，是有积极意义的。

但是，也要充分估计到这种强制措施在运用失当时的消极影响。一旦当事人的财产被查封，就不能在生产经营中发挥作用。对一个正当经营的当事人来说，财产保全措施运用不当，有时还会起减少执行能力的反作用。如果审判结果不应由被申请人承担给付责任，或者不该给付那么多，采取保全措施就会给当事人带来额外的不必要的经济损失。有的人民法院对有良好的资信、有足够偿还能力的当事人，对不可能转移的财产，也采取财产保全措施，使可以流转的资金被冻结，可以进行生产的设备、仓库被查封，影响了经济活动的正常进行，增加当事人的损失，这是违背建立这种强制措施制度的立法原意的。

（2）提出财产保全的主体

根据法律规定，提出财产保全的主体有两种：

① 当事人申请裁定财产保全。

② 人民法院认为有必要，依职权主动采取财产保全措施。法律之所以规定"人民法院在必要时也可以裁定采取财产保全措施"，是因为在实践

中常有这样两种情况：一是被告人有转移、隐藏财产的可能，而原告人却因缺乏法律知识和经验，没有及时提出财产保全申请；二是争议标的物有毁损、变质、降质、腐烂的危险，而双方当事人又在互相推诿责任，都不对争议财产积极处理，如人民法院不及时裁定保全，损失将继续扩大，判决后更难执行。

不论属于上述哪一种情况，都要由人民法院审查，认为案件确实存在不能执行或难以执行的可能性，确有采取财产保全措施必要的，才能裁定财产保全。最高人民法院规定，采取财产保全措施应当慎重行事，严格遵守民事诉讼法规定的保全条件和保全范围，没有使法律文书不能执行或难以执行的情况的，不应当采取保全措施。

人民法院在按这条规定作出财产保全的裁定时，要严格掌握"必要时"的条件。在确属不采取强制措施就会发生财产转移或造成更大损失，使争议更难解决，判决更难执行时，才依法裁定采取财产保全措施。当采取财产保全措施的条件确实具备，就应该果断行动；情况紧急的，必须在48小时内作出裁定，并立即开始执行。

（3）适用财产保全的条件

适用财产保全的条件主要有两个：

① 适用财产保全的案件必须是给付之诉。能够采取财产保全措施的诉讼，必须是诉讼请求和将来发生法律效力的判决有财产给付内容的，为了保证将来发生法律效力的判决得以有效的执行，才需要采取财产保全的措施。所以，只有给付之诉才能采取财产保全措施，确认之诉、变更之诉不能采取财产保全措施。

② 案件必须有由于当事人一方的行为或者其他原因使将来的判决不能执行或者难以执行的可能。这种可能来自主观上和客观上的原因，即当事人可能将争议标的物变卖、隐匿、转移、挥霍或者抽逃资金，而使判决生效后无财产可执行；或者当事人争议的标的物由于自然原因变质、损耗、贬值的，使判决不能执行或难以执行。"不能执行"是指标的物或有关的财物已经不存在了，无法执行。"难以执行"是指标的物或者有关的财物已被转移、隐匿，不易查找。

人民法院对财产采取诉讼保全措施，一般应当由当事人提交符合法定条件的申请。只有在诉讼争议的财产有毁损、灭失等危险，或者有证据表明被申请人可能采取隐匿、转移、出卖其财产的，人民法院方可依职权裁定采取财产保全措施。

（4）财产保全的范围

正确理解民事诉讼法及最高人民法院有关财产保全范围的规定，在审判实践中，具有十分重要的意义。

《民事诉讼法》第 94 条明确、具体地界定了财产保全的范围："财产保全限于请求的范围，或者与本案有关的财物"。在这里，"请求的范围"是指当事人请求法院保护的标的物或财物的价值总额。"范围"既包括财产的种类，也包括金额的多少。比如，双方争议的是甲种产品，只要对方的甲种产品能满足请求，就不要对其他类产品进行保全。财产保全的数额应当与本案诉讼请求的数额大体相等，不宜超过，以免扩大另一方的经济损失。"与本案有关的财物"是指被保全的财物是本案的诉讼标的物，或者虽不是诉讼标的物但属于被保全的当事人所有的并与本案有牵连的财物。财产保全不仅只对当事人的财产进行保全，而且只能对与本案有关的财物进行保全。保全的范围不能任意扩大。《最高人民法院关于在经济审判工作中严格执行〈中华人民共和国民事诉讼法〉的若干规定》对财产保全范围中的财产及主体作了进一步限定："人民法院采取财产保全措施时，保全的范围应当限于当事人争议的财产，或者被告的财产。对案外人的财产不得采取保全措施，对案外人善意取得的与案件有关的财产，一般也不得采取财产保全措施。"

上述规定指明了以下原则要求：

① 只能对当事人争议的财产，或者被告的财产进行保全，这是对保全财产主体的限定；

② 被保全财产的价额应和权利请求或者诉讼请求的价额大致相等，这是对财产数额的限定；

③ 只能对本案的诉讼标的物或者与本案诉讼标的物有牵连的标的物采取保全措施，对其他财产不能进行保全，这是对财产性质与范围的限定。

唯有在民事诉讼法和最高人民法院规定的范围内采取保全措施，才能达到财产保全的目的，既能实现判决所确定的当事人权益，又能实现保护当事人双方合法权益的法律要求，避免造成被申请人不应有的损失。但是，在司法实践中，超过法定范围进行财产保全的事情经常发生，如对案外人的财产进行财产保全，保全财产的数额大大超过权利请求或诉讼请求的数额，查封被申请人的经营场所，扣押被申请人的公章、财务章、合同专用章等，这些做法是不妥的。

（5）财产保全的方法

《民事诉讼法》第94条规定，财产保全采取查封、扣押、冻结或者法律规定的其他方法。

诉讼保全的目的在于防止争议的财产被处分或者自然灭失。"被处分"主要指当事人出于恶意将争议的标的物处分，例如变卖、挥霍、转移、隐藏等；"自然灭失"主要指不宜长期保存的物品随时间的增加其价值的灭失。因此，人民法院的保全措施的方法主要是查封、扣押、冻结等。可以看出，这些方法主要是针对有形财产而言的，包括实施专利技术方案后形成的专利产品。而对专利权、专利申请权等无形财产本身却不适用。对专利权、专利申请权本身的诉讼保全措施应通过其他方式，如以人民法院裁定书的形式通知国务院专利行政部门停止办理与该专利有关的一切手续，使该专利申请或者专利权处于真空状态。

《民事诉讼法》中关于财产保全的方法，不再把"责令提供担保"作为财产保全措施的一种方法。因为被申请人提供担保，是为人民法院生效判决的执行提供保障，当人民法院经过审判，判决被申请人败诉、应当履行财产给付的义务时，被申请人保证以其提供的担保财产履行给付义务，或者由有履行能力的担保人履行人民法院生效判决中要求被申请人履行的义务。被申请人提供了担保，就没有必要对其财产采取强制性的保全措施，被申请人除了用于提供担保的财产不能任意处置外，仍可继续对其他财产行使处分权，仍可继续进行生产经营活动。因此，提供担保不是一种财产保全的强制性措施，而是使判决得以执行而提供财产担保的一种保障制度。

值得注意的是，人民法院在财产保全中采取查封、扣押财产措施时，应当妥善保管被查封、扣押的财产。当事人、负责保管的有关单位或个人以及人民法院都不得使用该项财产。

（6）提供担保

《民事诉讼法》第92条第2款规定：人民法院采取财产保全措施，可以责令申请人提供担保，申请人不提供担保的，驳回申请。责令申请人提供担保是为了保护另一方当事人的合法权益，以免因保全错误而给其造成不必要的损失。如果人民法院责令申请人提供担保而申请人不提供的，人民法院有权驳回其申请。按照这款规定，人民法院在决定采取财产保全措施前，为了尽可能避免因采取强制措施可能产生的不利后果，应明确要求申请人在发生申请不当时要承担责任，并可以责令申请人提供担保。

《民事诉讼法》中用的是"可以责令"，在一般专利侵权案件中，当事人是应该做得到的，在有可能因保全不当给对方当事人造成损失时，更应该责令申请人提供担保，申请人不提供担保的，就应该驳回申请；但在有些专利侵权案件中，原告人经济上比较困难，一时又找不到他人为自己提供担保，又非常有必要采取保全措施时，也可以在没有提供担保的条件下，由人民法院作出财产保全的裁定。

人民法院采取财产保全，则必须由申请人提供相当于请求保全数额的担保。担保的条件，依法律规定；法律未作规定的，由人民法院审查决定。

《民事诉讼法》第 95 条规定："被申请人提供担保的，人民法院应当解除财产保全。"当人民法院裁定实施保全措施后，被申请人有权提供担保。被申请人提供了担保，就解除了申请人、人民法院的后顾之忧，又能保护申请人的自身权益。因此，被申请人提供相应数额并有可供执行的财产作担保的，人民法院应当及时解除财产保全。这一点与前面所讲对于在申请诉前停止侵权行为中被申请人提供反担保的处理是不同的。

人民法院对有偿还能力的企业法人，一般不得采取查封、冻结的保全措施。已采取查封、冻结保全措施的，如该企业法人提供了可供执行的财产担保，或者可以采取其地方式保全的，应当及时予以解封、解冻。

(7) 诉前财产保全

在诉讼前，权利人或者利害关系人也可以申请采取财产保全措施，即诉前财产保全。与诉讼保全不同，它是指利害关系人在来不及起诉的时候，由于情况紧急，为保护其合法利益免受不可弥补的损失，保证将来的判决可以执行，向人民法院提出请求并提供担保，人民法院经审查，可以作出诉前财产保全的裁定。

请求诉前财产保全应当满足 3 个条件：一是情况紧急，不能立即提起诉讼，专利权人或者利害关系人的合法权益即将受到损害，如得知对方正在准备放弃发生争议的专利权，为阻止其行为，专利权人或者利害关系人可申请诉前保全；二是申请人必须提供担保。拒绝提供担保的，人民法院有权驳回其申请；三是保全申请必须在正式提起诉讼前提出。

诉前财产保全的法律依据是《民事诉讼法》第 93 条的规定，利害关系人因情况紧急，不立即申请财产保全将会使其合法权益受到难以弥补的损害的，可以在起诉前向人民法院申请采取财产保全措施。申请人应当提供担保，不提供担保的，驳回申请。

人民法院接受申请后，必须在 48 小时内作出裁定；裁定采取财产保全措施的，应当立即开始执行。

在实践中，有时专利权人或者利害关系人发现了被告的侵权行为，且对侵权物如不及时采取强制措施加以控制，就可能被转移。遇到这类情况，当事人想申请人民法院采取财产保全的强制措施，但收集材料、办理起诉需花费一定时间。如果等办好手续、提起诉讼后再申请财产保全措施，可能就会发生财产被转移分散的情况而产生难以弥补的损失。在这种情况下，专利权人或者利害关系人在碰到紧急情况时，可以在起诉前申请财产保全。这是一种应急保全的制度，目的是保护利害关系人不致遭受无法弥补的损失，是对利害关系人权益的重大保护措施。

但如果措施不当，又有可能给对方当事人造成损失，损害被申请人的正当权益，所以，专利权人或者利害关系人在提出诉前保全申请时应该十分慎重，要承担如有申请不当要向被申请人赔偿损失的责任。因此，申请人应当提供担保，如果申请人不提供担保，人民法院就应驳回申请，就不能采取诉前保全措施。

诉前财产保全既然是起诉前采取的一种应急措施，利害关系人仍必须尽快提起诉讼，使有关财产争议能在诉讼过程中经过人民法院的审判得到公正合法的解决，以有法律效力的判决来最终确定双方当事人的权利义务关系。提起诉讼是诉前保全的必要后续条件。如果利害关系人迟迟不提起诉讼，被裁定采取财产保全措施的资金或财物，就处在无法通过法定程序确定其归属的状态，将给被申请人带来损失。因此，《民事诉讼法》第93条规定，申请人在人民法院采取财产保全措施后15日内不起诉的，人民法院应当解除财产保全。

(8) 财产保全错误造成损失的承担

人民法院裁定采取财产保全措施后，除作出保全裁定的人民法院自行解除和其上级人民法院决定解除外，在财产保全期内，任何单位都不得解除保全措施。

诉讼中的财产保全裁定的效力一般应维持到生效的法律文书执行时止。可见，财产保全是一项十分严厉的临时措施。为了防止该措施的滥用，《民事诉讼法》第96条规定，申请有错误的，申请人应当赔偿被申请人因财产保全所遭受的损失。这一规定的目的在于防止申请人权利的滥用。

根据有关司法解释规定，受诉人民法院院长或者上级人民法院发现采取财产保全或者先予执行措施确有错误的，应当按照审判监督程序立即纠正。因申请错误造成被申请人损失的，由申请人予以赔偿；因人民法院依职权采取保全措施错误造成损失的，由人民法院依法予以赔偿。

错误申请财产保全以致给他人造成损失的行为，实质上是一种侵权行为。确认错误申请财产保全所造成的损失，须紧扣两个要件：一是确有实际损失的存在；二是损失的出现与错误的财产保全申请有因果关系。只有两者同时具备，方可认定是申请人的过错造成的损失。

在实践中，因错误申请财产保全造成损失的情况主要有以下几种：

① 申请人对被申请人的资金、实物、账户申请保全措施，影响被申请人的正常生产经营活动，使其在利润上遭受损失；

② 由于财产保全，扣押、查封了被申请人的财物或产品，使得被申请人不能履行与他人的合法合同，而致使其承担违约责任遭受损失；

③ 申请人申请对某项特定物进行财产保全，使被申请人无法从事某项特定活动而造成损失；

④ 申请人故意或者过失申请对案外人的财产进行保全，从而造成了案外人的财产损失；

⑤ 因错误地申请财产保全，致使被申请人在商业信誉、企业形象上遭受损失。

在查明了错误申请财产保全的损失后，就要依法确定申请人的民事责任。人民法院在确定这种责任时，应严格贯彻过错原则和等价有偿原则。在判令申请人赔偿损失时，赔偿的数额应与损失结果相适应。

5.2.3.3　诉讼中的先予执行

先予执行这项临时性措施与诉前停止侵权行为的临时措施很相似，只是这两种临时措施中，一个发生在诉讼之前，一个发生在诉讼之后、判决之前；一个仅针对正在实施的侵权行为，一个既针对行为又针对财物。

（1）先予执行

先予执行是人民法院在对某些案件作出判决前，先行裁定责令被告履行一定的义务，给付一定的金钱或者财物，以解决原告生活或者经营的某些需要的一种临时性措施。人民法院责令被告给付的财物，应该是将来人民法院作出的生效判决中的一部分。

先予执行是为了保障当事人的合法权益而采取的暂先执行，不是审理民事案件的必经程序。

先予执行应当在案件受理后、终审判决作出前采取。

（2）先予执行的适用范围

《民事诉讼法》第 97 条规定，人民法院对下列案件，根据当事人的申请，可以裁定先予执行：

① 追索赡养费、扶养费、抚育金、抚恤金、医疗费用的；

② 追索劳动报酬的；

③ 因情况紧急需要先予执行的。

这一规定与 1982 年实行的《民事诉讼法（试行）》相比，增加了"根据当事人的申请"的内容。即人民法院要根据当事人的申请，才可以裁定先予执行。并把第③项改为"因情况紧急需要先予执行的"。这种改动主要是针对经济纠纷案件审判中的新情况作出的规定。这里的"紧急情况"包括：

① 需要立即停止侵害、排除妨碍的；

② 需要立即制止某项行为的；

③ 需要立即返还用于购置生产原料、生产工具货款的；

④ 追索恢复生产、经营急需的保险理赔费的。

在专利侵权纠纷案件中，专利权人或者利害关系人指控被告侵犯了其专利权。在诉讼程序开始后，为了使侵权损失不再继续扩大，人民法院可以根据原告人的申请，裁定被告先停止实施专利权的行为，这实际上也是一种先予执行。

最高人民法院有关司法解释规定，先予执行应当限于当事人诉讼请求的范围，并以当事人的生活、生产经营的急需为限。

人民法院作出先予执行的裁定，应当由当事人提出书面申请，并经开庭审理后作出。在诉讼管辖权尚未确定的情况下，不得裁定先予执行。

（3）先予执行的条件

《民事诉讼法》第 98 条规定：人民法院裁定先予执行的，应当符合下列条件：

一是当事人之间权利义务关系明确，不先予执行将严重影响申请人的生活或者生产经营的。这里实际上提出了两个方面的问题：

① 当事人之间在权利义务关系方面没有争议，事实和法律关系是清楚的，不存在任何不确定的因素。被申请人是应该承担某种确定的义务的，如果双方当事人之间对权利义务关系还有不同意见，就不符合这个条件，人民法院就不能裁定先予执行。

② 申请人的生活和生产经营确实存在严重困难，不先予执行将对申请人的生活和生产经营产生严重影响。对生活产生严重影响一般容易掌握，对生产经营产生严重影响则要从严掌握。债务没有清偿一般都会给债权人的生产经营活动产生影响，一般情况下应采取加速审判，尽快用生效判决来确定债权人和债务人之间的权利义务关系，并尽快执行，使经济活动开

始恢复正常运行。

最高人民法院曾在一项司法解释中强调：人民法院对当事人申请先予执行的案件，只有在案件的基本事实清楚，当事人之间的权利义务关系明确，被申请人负有给付、返还或者赔偿义务，先予执行的财产为申请人生产、生活所急需，不先予执行会造成更大损失的情况下，才能采取先予执行的措施。

二是被告有一定履行能力，有能力给付人民法院裁定先予执行的金钱或财产，如果被申请人没有履行能力，则人民法院作出先予执行的裁定实际上也无法执行。

只有具备上述两个条件，人民法院才可以裁定先予执行。

（4）申请先予执行的责任

《民事诉讼法》第 98 条规定，人民法院可以责令申请人提供担保，申请人不提供担保的，驳回申请。申请人败诉的，应当赔偿被申请人因先予执行遭受的财产损失。这里明确了申请先予执行的申请人应当承担的两方面责任：一是人民法院应当责令申请人提供担保；二是申请人败诉的，要赔偿给对方造成的经济损失。这是要加重申请人的责任，使申请人慎重对待，不滥用法律赋予申请人的申请权。如果申请人败诉，如被申请人不该负担给付的义务，或者应该给付的数额小于裁定先予执行的数额，则被申请人由于被先予执行而遭受的财产损失，就应该由申请人赔偿。为了保护被申请人的合法权益和限制申请人滥用权利，人民法院可以责令申请人提供担保。因为申请人一般是在存在严重困难时才申请先予执行的，一旦申请人败诉，往往无力赔偿被申请人遭受的损失，所以人民法院在作出先予执行的裁定前，可以责令申请人提供担保，以保护被申请人的合法权益。

在裁定先予执行时，人民法院对先予执行给付的金额也要注意从严掌握，一般以最紧急的需要为限，尽量避免出现先予执行的金额超过生效法律判决规定的给付金额的情况，以避免给双方当事人带来不必要的经济损失。

人民法院采取先予执行措施后，申请先予执行的当事人申请撤诉的，人民法院应当及时通知对方当事人、第三人或者有关的案件人。在接到通知至准予撤诉的裁定送达前，对方当事人、第三人及有关的案外人对撤诉提出异议的，应当裁定驳回申请人的撤诉申请。

（5）先予执行的复议

《民事诉讼法》第 99 条对先予执行的复议作出规定。规定当事人对先予执行的裁定不服的，可以申请复议一次，复议期间，不停止裁定的执行。当事人对裁定不服申请复议，应该充分陈述不服裁定的理由。人民法院对申请复议的裁定，也应该认真审查，申请复议有理的，应变更原裁定，申请无理的，给予驳回。

5.2.3.4 诉前证据保全制度

《专利法》第67条规定了专利侵权诉讼的诉前证据保全制度。

诉前证据保全是指，依当事人的申请，法院对有可能灭失或者以后难以取得的证据，在当事人起诉前加以固定和保护的制度。对于侵犯专利权的临时救济，2000年《专利法》第61条规定了诉前停止侵权行为和诉前财产保全的措施，但没有规定诉前证据保全的措施。我国《民事诉讼法》第74条规定了起诉后的证据保全措施，但未规定起诉前的证据保全措施。

在专利侵权案件中，往往会出现如果不在起诉前进行证据保全，证据就有可能灭失或者难以取得的情况，例如被控侵权人转移侵权产品等。为了解决这一问题，最高人民法院在2001年颁布的《最高人民法院关于对诉前停止侵犯专利权行为适用法律问题的若干规定》中规定，人民法院执行诉前停止侵犯专利权行为的措施时，可以根据当事人的申请，参照《民事诉讼法》第74条的规定，同时进行证据保全。为完善专利诉讼制度，更为有效地保护专利权人的合法利益，《专利法》第67条对专利侵权案件的诉前证据保全问题作了规定，即"为了制止专利侵权行为，在证据可能灭失或者以后难以取得的情况下，专利权人或者利害关系人可以在起诉前向人民法院申请保全证据。人民法院采取保全措施，可以责令申请人提供担保；申请人不提供担保的，驳回申请。人民法院应当自接受申请之时起四十八小时内作出裁定；裁定采取保全措施的，应当立即执行。申请人自人民法院采取保全措施之日起十五日内不起诉的，人民法院应当解除该措施。"

根据这一规定，诉前证据保全的条件是证据可能灭失或者以后难以取得。与申请诉前停止侵权行为必须提供担保不同，诉前证据保全的申请人是否提供担保由法院决定。也就是说，仅仅要求保全广告、合同、发票、账册以及价值不大的样品等证据的，法院可以不要求申请人提供担保。

5.2.4 反诉专利权无效与中止诉讼

作为专利侵权的抗辩之一，在企业被诉侵犯专利权后，可以提起反诉专利权无效的程序，进而根据案件的具体情况，要求正在审理侵权案件的法院中止侵权诉讼，等待专利无效案件的结果。

专利权是由国家专利局依据法定的程序审查后批准产生的。而在专利局的审批过程中，不可能做到绝对全面严格的审查。例如，在审查一项发明的新颖性时，就不可能做到对国内外的有关出版物进行无一遗漏的检索。又如，对实用新型和外观设计专利申请，并不进行全面的实质审查，而只进行初步审查（形式审查）。同时还有其他一些主客观原因，使得在已批准的专利权中有极少数不符合我国专利法规定的条件，这是在所难免的。可以说，专利局的授权过程仅仅是在一定的审查程序后，推定某一发明创造符合法律规定的授权条件，然后，授予专利权。显然，这种由法律推定而存在的财产权，其稳定性不及一般有形财产。在这种情况下，为了确保社会公众的利益，各国专利法都规定了补救措施，即专利权无效宣告程序。因此，在侵权诉讼中被控侵权的人如果能够运用好无效程序，不仅会使自己变被动为主动，维护自身合法权益，而且还可以维护公众使用公知技术的权利。

5.2.4.1　反诉专利权无效

（1）何为反诉专利权无效

专利侵权诉讼往往伴随着反诉专利权无效，各国情况几乎都是如此。在越来越多的专利侵权诉讼中，被告大多采用反诉专利权无效以图从根本上否定他人的专利权效力，从而达到侵权诉讼不成立的目的。对于被告人的这种做法，从法律角度讲，是无可挑剔的，因为根据专利法的规定，这是被告的权利。

专利法中规定无效宣告程序，其目的在于：通过公众的监督，保证专利权的质量，维护公众的利益。因为专利权这种财产权的法律状态，不如其他有形财产权那样稳定。

一项发明创造要取得专利权，必须符合专利法规定的授予专利权的条件。然而，专利权是由国务院专利行政部门依据法定的程序审查后批准产生的。而在国务院专利行政部门的审批过程中，不可能做到绝对全面严格的审查。例如，在审查一项发明专利申请的新颖性时，就不可能做到对国内外的有关出版物进行无一遗漏的检索；又如，对实用新型和外观设计专利申请，并不对其进行全面的实质审查，而只进行初步审查或称形式审查。再加上其他一些主客观原因，使得在已批准的专利权中有少数不符合专利法规定的条件，这是在所难免的。可以说，国务院专利行政部门的授权过程仅仅是在完成一定的审查程序后，推定某一发明创造符合了法律规定的授权条件，然后授予专利权。显然，这种由法律推定而存在的财产权，其稳定性不及一般有形财产。在这种情况下，为了确保社会公共的利益，各国专利法都规定了补救措施，即专利权无效宣告程序。我国专利法也不例外。因此，在侵权诉讼中，被指控侵权的人如果能够运用好反诉专利权无效程序，不仅会使自己变被动为主动，维护自身合法权益，而且还可以维护公众使用公知技术的权利。可以说，为了保证专利的质量，必须设置专利权无效宣告程序，借助公众的力量，避免不符合专利条件的发明创造被授予专利权，以损害社会及公众的利益。

既然法律上设立了无效宣告请求审查程序，就不能怕启动它，尤其是在侵权诉讼中，通过反诉的形式提起无效程序，不能一律视为"钻法律空子"和"为了拖延侵权诉讼"，不能以偏概全，只看到无效程序消极的一面，而看不到它积极的一面。而应当正确有效地运用无效程序，保护各方当事人的合法权益。

（2）反诉专利权无效的特点

在侵权诉讼中，被指控侵权的被告提出反诉专利权无效，与一般民事诉讼中的被告提出的反诉不同，它主要有以下几个特点：

① 当事人的诉讼地位不发生变化

当专利侵权诉讼中的被控侵权人即被告提起反诉专利权无效时，就原来的侵权诉讼而言，反诉人仍处于被告的地位，专利权人或者利害关系人也仍然是侵权诉讼的原告。这与一般民事案件的反诉不同，在一般民事纠纷案件中，被告人提出反诉，这时反诉的提起会使得原诉当事人的诉讼地位发生变化，即本诉的被告变成了反诉的原告，本诉的原告变成了反诉的被告。

② 对反诉管辖的法院不同

专利侵权诉讼的被告提起专利权无效的反诉，并不是向受理侵权诉讼的人民法院提出，而是向专利复审委员会提出。由专利复审委员会进行审查，然后作出该专利权是否有效的审查决定。如果当事人对该决定不服，可以在法定期限内向北京市第一中级人民法院提起专利行政确权诉讼。一般审理专利侵权案件的法院并不直接审理专利权是否有效的专利行政确权案件。而在一般的民事纠纷案件中，被告人提出反诉是向同一个人民法院直接提起，并由同一个人民法院管辖。

③ 反诉专利权无效的诉讼与专利侵权诉讼不能合并审理

人民法院受理反诉的目的，在于简化程序，节省人力、物力和时间，避免在相关联的问题上作出相互矛盾的判决。为此，在一般的民事诉讼中，反诉只能向受理本诉的人民法院提起，反诉与本诉通常是合并审理的；但对专利侵权案件而言，就有所不同了。根据最高人民法院的有关规定，一方面，专利侵权诉讼应向各省、自治区、直辖市人民政府所在地的中级人民法院以及经最高人民法院特批的中级人民法院提起；另一方面，反诉专利权无效和请求宣告专利权无效或者部分无效的，又只能向专利复审委员会提出请求。对专利权是否有效和是否侵犯专利权这两类案件不可以合并审理。这是因为，专利侵权诉讼一般属于民事诉讼范畴，而请求宣告专利权无效的结果，引起的是一场专利行政诉讼。对这两类案件的审理所适用的诉讼程序法是不同的。

这种情况也并非仅存在于我国，世界上许多实行专利制度的国家都是如此。这样做的主要目的是保证在授予专利权及把握专利权是否有效的标准上更加统一。至少在我国目前的情况下，仍然将这两类纠纷性质作了区分，对这两类案件的审理所适用的诉讼程序法是不同的，所以还不可能合并审理。

（3）提出反诉有无期限限制

一项发明创造被授予专利权后，要宣告其无效一般是没有时间限制的。根据专利法的规定，自国务院专利行政部门公告授予专利权之日起，任何单位或者个人认为该专利权的授予不符合专利法有关规定的，都可以请求专利复审委员会宣告该专利权无效。由此可见，请求宣告专利权无效无时间限制，任何时候均可以提出。但是，在专利侵权诉讼中，被告反诉专利权无效是否有期限限制，在法律上无明文规定。

不过，在司法实践中，人们有一种普遍的认识，这就是在侵权诉讼中，被告如果反诉专利权无效，应当尽快提出，以供人民法院决定对专利侵权纠纷案件是否中止审理。否则，被告人在侵权诉讼中随时提起反诉，将会影响人民法院办案速度，还有可能被个别被告人利用，成为其拖延诉讼、继续侵权的保护伞。

根据最高人民法院相关司法解释的规定，在专利侵权诉讼中，被告若反诉专利权无效，最好的时机是在答辩期间内提出。也就是说，人民法院受理专利侵权案件后，会向被告送达起诉状副本，这时被告如欲请求宣告该项专利权无效，须在答辩期间内向专利复审委员会提出。并在答辩期间内，及时将专利复审委员会发出的立案通知书一并交至法院。明确一个反诉专利权无效提起时间，其目的并不是要限定被告人只能在此期间提出请求专利权无效，而主要是为了防止侵权人利用请求宣告专利权无效的手段，故意拖延专利侵权诉讼，继续实施侵权行为，使法院的审判工作陷入被动。

在答辩期间内，被告提起的专利权无效的反诉，将引起一系列法律后果，如法院将有可能中止侵权诉讼案的审理，专利复审委员会将启动无效审查程序等。如果在答辩期间内，被告不提出反诉，法院可能将不中止对侵权诉讼案件的审理，并作出判决。如果认定被告侵权，该生效判决已执行，这时被告再提出专利权无效宣告请求，法院将不予受理。

在实践中，有时可能在侵权诉讼发生前，被告或者其他人已经就争议专利权提起了无效宣告请求，并在专利复审委员会审查之中。这时，在专利侵权诉讼中的被告只需将相关证据提交法院即可，其法律后果与前述在答辩期内提出专利权无效是相同的。

在有些情况下，由于一些客观原因，如调查搜集证据有困难，被告人未能在答辩期内及时提出宣告专利权无效，而在诉讼的其他阶段才提出专利权无效，如果其宣告专利权无效的证据充足，也应得到与前述相同的法律后果。

（4）反诉请求向谁提出

在专利侵权诉讼中反诉专利权无效，与一般民事侵权案件中被告提出反诉不同，前者不是向进行本诉的法院提出，也不是本诉与反诉合并审理，而是与一般情况下请求宣告一项专利权无效一样，本诉在人民法院审理，而反诉则应当向专利复审委员会提出。

但是，在审判实践中，有的被告出于种种考虑，常常不愿去专利复审委员会提出无效宣告请求，而是向人民法院或者管理专利工作的机关提供证据，证明专利权人手中的专利已不符合专利条件，如指出该专利早已是公知技术，不符合专利性，国内外早已生产销售等，要求法院或管理专利工作的机关在侵权诉讼中认定该专利权无效，或作出因该专利权不应当予以保护，因此被告使用相同技术的行为不构成侵权的判决或决定。对于怎样处理这类问题，实践中有不同的认识和做法。

可以说专利权的保护范围不得及于公知技术的观点是正确的。但是，能否就此在专利侵权诉讼中得出一条结论，即当查明原告的专利权的保护范围是一项公知技术时，审理专利侵权诉讼的法院就直接认定它不应当获得保护，或者说，当被告举证证明自己被指控的侵权物为公知技术时，法院就直接认定被告的行为不侵权？

在近几年的司法实践中，有的人民法院在审理专利侵权纠纷案件中，在确认一项专利权的保护范围时，不仅看它的保护范围是什么，还看它该不该得到保护，看它的独立权利要求是否符合专利法规定的新颖性、创造性、实用性或其他授权条件；一旦发现专利权的保护范围包括了或已经是公知技术，便得出不予保护的结论，从而以不侵权结案。这种在专利侵权诉讼中采取实际上不承认该项专利权有效的做法，是值得斟酌的。

第一，专利侵权诉讼是要解决是否侵权的问题，一项有效的专利权当然是侵权诉讼的前提。专利权人针对一项发明创造或者外观设计获得了专利权，当这项专利权受到他人侵害时，就有权提起侵权诉讼，请求法律保护。此时，如果侵权人认为该专利权已失去新颖性或者不具备授予专利权的其他条件，应当走无效宣告程序。如果没有人提起无效程序，无论是人民法院，还是管理专利工作的机关，都只能承认该专利权有效，并在其权利要求保护的范围内对侵权物作出是否侵权的判断。

第二，判断对一项发明创造或者外观设计申请是否应当授予专利权，是国务院专利行政部门的法定职责；对一项已获得专利权的发明创造是否符合专利性条件，是否应予宣告无效或者维持其有效、部分有效作出判断，是专利复审委员会的法定职责。依据专利法的规定，对专利复审委员会的具体行政执法行为即具体的行政决定，由专门的法院即北京市中级、高级人民法院进行司法监督。在授予专利权和宣告专利权无效的程序中，专利权的保护范围不得及于公知技术应当是作为一项原则遵守的。当然也难免出现漏网的情况，尤其是对实用新型和外观设计专利而言。

但是，"各司其职""各负其责""不得越权"这些基本的行政法律原则是不得随意突破的。设想如果全国有专利案件管辖权的近 80 个中高级人民法院在处理专利侵权纠纷中，都可以对专利权的效力作出认定，那么必将造成司法的混乱。如果数量众多的管理专利工作的部门在处理专利侵权纠纷中也如此效仿，造成的结果将更加混乱。因为这种认定不仅涉及公知技术，而且涉及明显违反法律法规的技术、明显不属于专利法保护范围的技术等。所以说，专利权的保护范围不得及于公知技术的原则是正确的，但这个原则不能在专利侵权纠纷中由管理专利工作的部门或者人民法院随意、普遍加以适用。在专利侵权诉讼中，被控侵权人提出原告专利权应当被宣告无效等问题，不应属于本案本诉中应当解决的问题。

当然，有的被控侵权人虽然掌握对方专利权无效的有力证据，但为了不伤和气，表示"你不告我侵权，我也不请求宣告你专利权无效"，在此前提下，请求人民法院帮助调解侵权纠纷，这是可以的。但这里调解解决的仅仅是专利侵权纠纷，并不是调解专利权有效还是无效的纠纷。

（5）提起反诉专利权无效程序，应当注意的问题

第一，证据要充分。证明一项被授予专利权的发明创造无效可以有各种不同的证据，最常见、最普遍的是证明其不具备新颖性、创造性、实用性。如果能列举出专利权人在专利申请日之前，已公开过该专利的技术内容，反诉就有获胜的可能。

第二，把握提起反诉的时机。在侵权诉讼中设立反诉专利权无效程序，目的是用于抵消专利权人对其侵权的指控，因此，被指控侵权人在搜集到足够的证据的，如果不能与专利权人就侵权问题达成和解或调解协议，当专利权人提起侵权诉讼后，应及时提出反诉；而不应将反诉作为一种拖延侵权时间的战略，即为了延长侵权时间，而在尽量晚的时候才提出反诉，或干脆无理找理，编造谎言，以使无效审查时间无限期拖延，以达到侵权之目的。

第三，不得滥用反诉。反诉专利权无效，将会引起一个复杂的无效审查程序。我国《专利法实施细则》规定了无效宣告请求人应当履行的义务，即向专利复审委员会提交请求书，说明理由，必要时应当附有关文件。这项义务至关重要，直接关系到无效请求的成败。因此，在侵权诉讼中，被告人慎重对待启动反诉无效程序是十分重要的。

在我国的司法实践中，经过当事人提起反诉、专利复审委员会审查后，最终被宣告专利权无效的案件占有一定比例。但是在没有充分证据的情况下，贸然提出反诉的做法是不可取的，以免盲目反诉，造成更大损失。

5.2.4.2 中止侵权诉讼

（1）中止诉讼的法律依据

《民事诉讼法》第 136 条第 1 款第（5）项规定，当出现本案必须以另一案的审理结果为依据，而另一案尚未审结的情形时，人民法院可以中止对本案的诉讼。可以说，《民事诉讼法》第 136 条是民事纠纷案件中止的法律依据，也是专利侵权诉讼中止的法律依据。

根据 20 多年来的专利司法实践，发明、实用新型和外观设计被授予专利权后，权利人便可能提起侵权诉讼。此时，被告一旦反诉专利权无效，人民法院便处于两难境地，如果不中止对侵权案件的审理，直接作出判决，由于实用新型和外观设计专利未进行实质审查，很可能最终被宣告无效，造成对被告的不公平；如果中止诉讼，等待专利无效的审查，结果专利权无效的审查时间又会很长，尤其是经过实质审查的发明专利，本来已过了较长的时间，又要等待很长时间，使专利侵权纠纷无休止地拖延，造成对

专利权人的不公平。尽管如此，目前大多数法院还是根据最高人民法院的相关司法解释，采取慎重的态度，中止了对大多数侵权诉讼的审理，因此，专利侵权案件便被搁置，有的一拖多年，不仅对专利权保护不力，而且影响了司法信誉。此问题虽已讨论多年，但仍无解决良策。

根据 2000 年修改后的《专利法》的规定，法院可以要求提起专利侵权诉讼的实用新型专利权人提供一份检索报告，对其专利权的专利性在诉讼前先拿出依据，在专利诉讼中，即便被告反诉专利权无效，法院也不必作出中止审理的裁定。而一旦作出了侵权判决，专利权又被宣告无效的，法院也不必惊慌，还有《专利法》第 47 条作后盾。即在后被宣告无效的专利权对在先已经作出并已执行的侵权判决无追溯力，从而可以大大提高审理专利侵权案件的速度。

但在实践中，当事人及法官仍希望对中止诉讼问题作出更加明确、具体的规定，以有利于在实践中操作。

(2) 相关司法解释规定

① 最高人民法院在 1985 年 2 月 16 日发布的《关于开展专利审判工作的几个问题的通知》中规定：专利侵权的诉讼过程中，遇有被告反诉专利权无效时，受理专利侵权诉讼的人民法院，应当告知按照专利法的规定，通过无效程序解决。在此期间，受理专利侵权诉讼的法院，可根据《民事诉讼法》第 136 条第 (5) 项的规定中止诉讼，待专利权有效或无效的问题解决后，再恢复专利侵权诉讼。

根据这一规定，在专利制度建立初期，受理专利侵权案件的人民法院在得知已有相应的专利权无效宣告请求提出之后，一般都对侵权诉讼采取中止审理的做法，待无效程序结束后再恢复审理。

在我国专利制度建立初期，最高人民法院规定，在专利侵权诉讼中被告反诉专利权无效的，专利侵权诉讼可以中止审理，主要是为了慎重起见。各级法院在执行这一司法解释时则更加慎重，几乎全部采取了中止诉讼的做法。经过几年的审判实践，在这方面人民法院已经积累了一些经验，结合外国的一些做法，在中止审理侵权诉讼时，司法解释中出现了一些灵活的做法。

② 在 1992 年 12 月 29 日《最高人民法院关于审理专利纠纷案件若干问题的解答》中，专门解答了关于专利侵权诉讼因侵权人请求宣告专利权无效而中止审理的问题。其中指出："在人民法院审理专利侵权案件时，经常发生侵权人利用请求宣告专利权无效故意拖延诉讼，继续实施侵权行

为。为了有效地依法保护专利权人的合法权益，避免侵权损害的扩大，特规定如下：

"（一）人民法院受理实用新型或外观设计专利侵权案件后，在向被告送达起诉状副本时，应当通知被告如欲请求宣告该项专利权无效，须在答辩期间内向专利复审委员会提出。

"被告在答辩期间内请求宣告该项专利无效的，人民法院应当中止诉讼。专利权人提出诉讼保全申请并提供担保的，人民法院认为必要时，在裁定中止诉讼的同时责令被告停止侵权行为或者采取其他制止侵权损害继续扩大的措施。

"被告在答辩期间内未请求宣告该项专利权无效，而在其后的审理过程中提出无效请求的，人民法院可以不中止诉讼。

"（二）人民法院受理的发明专利侵权案件或者经专利复审委员会审查维持专利权的实用新型专利侵权案件，被告在答辩期间请求宣告该项专利无效的，人民法院一般可以不中止诉讼。"

这一司法解释出台后，正巧 1992 年修改后的《专利法实施细则》也于 1993 年 1 月 1 日实施，于是又出现了许多新的情况及问题。例如，1992年《专利法》在专利权授予后的 6 个月内增加了撤销程序，而该司法解释只讲了专利权无效程序而未提及撤销程序，那么，对被告反诉要求撤销专利权的要不要中止侵权诉讼？

又如，按该司法解释的规定，被告只有在答辩期反诉专利权无效的，法院才可能中止侵权诉讼；而在其后审理过程中提出无效请求的，则可以不中止侵权诉讼。如果反诉无效的时间仅过了答辩期几天，或者无效的理由及证据很充分，仅仅因为请求无效的时间过了答辩期，法院就不中止侵权诉讼，那么这种判决结果对被告是否公平？

又如，该司法解释只讲了反诉专利权无效的情况，而未讲非被告提起的专利权无效的情形，如侵权诉讼中的被告明知他人已就同一专利权提出了专利权无效申请，这时法院是否可以中止侵权诉讼？

再如，对发明专利权而言，被告反诉专利权无效时，才提供了较充足的理由和证据，是否也不中止侵权诉讼？对实用新型专利权经过一次无效程序被维持有效之后，被告再反诉无效时，法院可以不中止侵权诉讼，这一规定是否适用于外观设计专利？如果被告提出了新的无效理由、提供了新的证据，是否也不考虑中止侵权诉讼？

当然，实践中还出现许多其他问题。在此之后，最高人民法院曾对各个案件的中止问题作过批复或者答复。但对于在专利侵权诉讼中遇到被告反诉专利权无效时，到底要不要中止侵权诉讼的问题，始终没有一个统一的答案。

③ 2000 年，《专利法》再次进行了修改；在其实施之前的 2001 年 6 月 19 日，最高人民法院发出《关于审理专利纠纷案件适用法律问题的若干规定》的司法解释，规定对专利侵权诉讼中被告反诉专利权无效的，涉及诉讼中止问题时，应从以下几个方面考虑是否中止：

第一，侵犯实用新型专利权纠纷案件的原告，为证明其权利的稳定性，避免中止诉讼，最好在起诉时就向人民法院出具由国务院专利行政部门作出的检索报告。有了检索报告，且未发现导致实用新型专利丧失新颖性、创造性技术之文献的，法院一般可以不中止诉讼。

第二，侵犯实用新型、外观设计专利权纠纷案件的被告请求中止诉讼的，应当在答辩期间内对原告的专利权提出宣告无效的请求。人民法院受理的侵犯实用新型、外观设计专利权纠纷案件，被告在答辩期间内请求宣告该项专利权无效的，人民法院一般应当中止诉讼，但具备下列情形之一的，可以不中止诉讼：

a. 原告出具的检索报告未发现导致实用新型专利丧失新颖性、创造性的技术文献的；

b. 被告提供的证据足以证明其使用的技术为公知公用的；

c. 被告提供的证据或者依据的理由明显不能构成宣告该项专利权无效的事实依据和理由的；

d. 人民法院认为不应当中止诉讼的其他情形。

第三，人民法院受理的侵犯实用新型、外观设计专利权纠纷案件，被告在答辩期间届满后请求宣告该项专利权无效的，人民法院不应当中止诉讼，但是，经审查认为有必要中止诉讼的除外。

第四，人民法院受理的侵犯发明专利权纠纷案件或者经专利复审委员会审查维持专利权的侵犯实用新型、外观设计专利权纠纷案件，被告在答辩期内请求宣告该项专利权无效的，人民法院可以不中止诉讼。

此外，专利权人或者利害关系人在人民法院决定中止诉讼时请求责令被告停止有关行为或者采取其他制止侵权损害继续扩大的措施，并提供了担保，人民法院经审查符合有关法律规定的，可以在裁定中止诉讼的同时一并作出有关裁定。

④ 2001 年司法解释在总结经验的基础上，对中止侵权诉讼问题作出了

比较详细的规定。但是，在实践中仍不断有新的问题出现。

例如，2002 年 11 月 15 日，江苏省高级人民法院向最高人民法院请示，当宣告专利权无效或者维持专利权的决定已被提起行政诉讼时相关的专利侵权案件是否应当中止审理。

江苏高院审理陈某诉三能公司、大余公司专利侵权上诉一案，在案件审理中因被控侵权人三能公司和大余公司就涉案的实用新型专利权向专利复审委员会提出宣告专利权无效的请求，专利复审委员会作出宣告专利权部分无效的决定，即权利要求 1 被宣告无效，在权利要求 2 的基础上维持专利权有效。三能公司和大余公司对专利复审委员会的决定不服，立即向北京市第一中级人民法院提起行政诉讼。为此三能公司和大余公司以侵权案件必须以行政案件的审理结果作依据为由向江苏高院提出侵权案件中止审理的请求。

对于本案三能公司和大余公司提出的中止审理请求，江苏高院认为应当中止审理。理由是：由于原有的专利权已经被专利复审委员会的决定作出新认定，原有的专利授权已经不能独立具有专利权利证明作用，故法院审理专利侵权案件不能单纯依据原有专利授权；同时由于专利复审委员会的决定经过行政诉讼后可能出现两种不同结果，现有决定实际处于不稳定状态，故法院审理侵权案件也不宜依据尚不稳定的行政决定进行事实判定；因此应当待行政诉讼结束后专利权利状态稳定时，再恢复侵权案件的审理。

最高人民法院民事审判第三庭于 2003 年 4 月 15 日作出批复："人民法院在审理侵犯专利权民事案件过程中，当事人不服专利复审委员会有关宣告专利权无效或者维持专利权的决定，在法定期间内依法向人民法院提起行政诉讼的，该侵犯专利权民事案件可以不中止诉讼。但是，根据现有证据材料，受理该侵犯专利权民事案件的人民法院认为继续审理与相关专利行政案件的判决结果可能发生冲突的，经当事人书面申请，也可以中止诉讼。

你院请示中所说的陈某诉三能公司和大余公司专利侵权上诉一案是否中止诉讼，由你院根据上述处理原则并结合本案的具体情况决定。"

由此可见，专利侵权诉讼中止问题十分复杂，很难靠司法解释逐一作出明确规定，必须由法官根据个案的具体情况作出决定。

（3）中止与不中止的运用

通过上述分析可见，在专利侵权诉讼中遇到反诉专利权无效的情况，要不要中止专利侵权诉讼是一个十分复杂的问题。

首先，是否中止侵权诉讼，其法律依据是《民事诉讼法》第 136 条的规定。法院一旦作出裁定，当事人不可以上诉和申诉，且对双方当事人利益影响较大。

其次，对于前述最高人民法院对相关问题所作的司法解释，在适用时不应断章取义，应作全面理解，并结合具体案情，不宜机械僵化地照搬。

再次，在具体作出中止侵权诉讼的裁定时，法院会考虑以下因素：

① 发明专利侵权案件中，被告反诉专利权无效的，一般可以不中止诉讼。但被告向人民法院提交的反诉专利权无效的请求文件副本证据及理由明显可以推翻该专利权效力的，或者法院经过对专利权效力进行判断，对其结果把握不准的，可以中止侵权诉讼。

② 实用新型专利侵权案件中，专利权人提供检查报告，该报告无明显瑕疵的，被告在答辩期内反诉专利权无效，一般可以不中止侵权诉讼的审理。但是，被告反诉专利权无效的理由及证据明显可以证明该专利权应当被宣告无效的，应当中止侵权诉讼。

③ 外观设计专利侵权案件中，被告人反诉专利权无效的，一般应当中止侵权诉讼；而反诉专利权无效的理由及证据明显站不住脚的，可以不中止诉讼。

④ 侵权诉讼中的专利权已经过无效审查的，如果被告反诉专利权的理由及证据无新的变化，对侵权诉讼可以不中止审理；但如果被告每次反诉专利权无效有新的证据，并足以宣告该专利权无效的，应当中止侵权诉讼。

⑤ 在专利侵权诉讼中，被告反诉专利权无效的理由与其进行不侵权抗辩无直接关系的，如被告认为自己的产品与专利技术根本不同，不构成侵权，又以该专利无专利"三性"为由反诉专利权无效，经审查被告抗辩理由可以成立的，可以不中止侵权诉讼。

以上均是在决定是否中止专利侵权诉讼时考虑的一些因素，最重要的是要结合具体案件、具体案情，考虑被告反诉专利权所提出的理由及证据是否有理有力，这就要求法官对双方当事人的意见认真考虑。而具体在案件中遇到一审未中止专利侵权诉讼，二审是否可以中止及被告未提反诉专利权无效，其他人早已提出反诉无效是否也可以导致中止侵权纠纷等问题，都不应当一刀切，要看具体情况。

（4）管理专利工作的部门如何执行

根据法律规定，管理专利工作的部门在处理专利侵权纠纷中，遇到反诉专利权无效问题时，与人民法院中止诉讼的条件似有不同，如《专利法实施细则》第82条规定，在处理专利侵权纠纷过程中，被请求人提出无效宣告请求并被专利复审委员会受理的，可以请求管理专利工作的部门中止处理。管理专利工作的部门认为被请求人提出的中止理由明显不能成立的，可以不中止处理。从这一规定可见，管理专利工作的部门在决定是否中止处理程序时，条件似乎更宽松、执法人员的自由裁量权更大。其实，在对具体案件处理中，在决定是否中止处理程序时，管理专利工作的部门也应当依据上述司法解释的具体内容作出决定。

（5）对以反诉为手段拖延侵权诉讼行为的对策

专利权无效宣告请求，本是对专利权进行公众监督的一种权利，其目的是维护社会公众的利益。但在个别人手中，反诉专利权无效成了一种拖延侵权诉讼、继续实施侵权行为的"武器"。

第一，专利复审委员会和北京市中级、高级人民法院应当采取措施，加快对无效案件的审查速度，尤其是对在侵权诉讼中反诉无效的，专利复审委员会应配合人民法院或者管理专利工作的部门，从快审查，缩短审查周期。在现行法律允许的范围内，尽量简化程序、减少重复浪费，使专利权状态尽快稳定。就目前的无效宣告案件审查时间来看，审查周期仍显过长，使专利权不稳定状态持续时间过长，给侵权人以可乘之机。

第二，受理侵权纠纷的人民法院或者管理专利工作的部门，应加强与专利复审委员会的联系，对提起反诉专利权无效的实质性理由及证据可以作些了解，对专利权的稳定性从证据上作一些判断，对一些有把握的专利侵权案件和可以认定侵权人是以反诉为手段拖延诉讼时间的，尽量不中止对侵权纠纷的审理。

在专利权效力稳定的前提下，既然已查明侵权人是故意用反诉的手段拖延诉讼期间，继续实施侵权，就应当及时采取必要措施，抓紧审理，及时作出判决或决定。

第三，积极利用财产保全措施。根据最高人民法院有关司法解释的规定，专利权人提出诉讼保全申请并提供担保的，人民法院认为必要时，在裁定中止诉讼的同时，责令被告停止侵权行为或者采取其他制止侵权损失继续扩大的措施。在专利权人对自己的专利权效力有把握、侵权行为可以初步认定的情况下，如果被告提出反诉专利权无效，且侵权诉讼应当中止的，可以由专利权人提供担保，由人民法院作出财产保全裁定，甚至可以作出停止侵权行为的先予执行裁定，以免专利权人最终胜诉而无法执行，或给专利权人造成损失过大，难以弥补。

5.2.4.3　专利权无效对在先生效判决的效力

专利权是一种可变化的权利，是一种不稳定的特权。因此，法院作出侵权判决之后，有时会由于专利权效力的变化，在先判决失去依据，变成一份"错误判决"。针对这种情况，专利法作出了一种特殊规定。

《专利法》第 47 条规定，宣告无效的专利权视为自始即不存在。宣告专利权无效的决定，对在宣告专利权无效前人民法院作出并已执行的专利侵权的判决、调解书，已经履行或者强制执行的专利侵权纠纷处理决定，以及已经履行的专利实施许可合同和专利权转让合同，不具有追溯力。但是因专利权人的恶意给他人造成的损失，应当给予赔偿。

依照《专利法》第 47 条第 2 款的规定，专利权人或者专利权转让人不向被许可实施专利人或者专利权受让人返还专利使用费或者专利权转让费，明显违反公平原则的，专利权人或者专利权转让人应当向被许可实施专利人或者专利权受让人返还全部或者部分专利使用费或者专利权转让费。

《专利法》第 47 条第 2 款中所称的不具有追溯力，就是对已经执行的判决、调解书和决定和已经履行的合同不发生影响，不产生作用，不用执行回转。就好像专利权没有被宣告无效一样。这主要是指因专利侵权而付给专利权人或者利害关系人的损失赔偿费，因履行合同而付给合同转让方的专利使用费、专利权转让费，已经提供的技术资料、技术服务，后续改进以及为后续改进所支付的费用等，都不需要再返还对方。至于停止侵权行为，因为专利权已被宣告无效，如果原来被认定的侵权人愿意再实施该过去受保护的专利技术，现在已经变成公知公用的技术，法律上是不应当禁止的。

为什么在专利法中要规定专利权无效对在先生效的法律文书不具有追溯力的条款呢？这是因为人民法院或者管理专利工作的部门在专利侵权纠纷处理时，所依据的专利权是有效的。判决、裁定和决定的处理也是正确的。而且，在侵权纠纷处理时，侵权人如果认为该专利权应当无效，本来是可以请求宣告专利权无效的；但是，由于他没有及时提出这种请求，或者虽然提出了请求但因理由不足、证据不充分、提出请求的时机太晚而没有及时将该专利权无效掉，人民法院或者管理专利工作的部门已经作出判决、裁定或者决定，并且已经生效执行，之后，该专利权又被宣告无效，那么，为稳定社会经济秩序，对过去已经发生的事情、已经了结的诉讼不宜再重新审理，不宜总翻旧账。

当然，根据法律规定，因专利权人的恶意给他人造成的损失，应当给予赔偿。例如，有人故意利用实用新型专利权授权前不进行实质审查的规定，以公开的出版物中记载的一项技术方案向国务院专利行政部门申请而获得了实用新型专利权，以后将该专利权转让与他人，获得了专利权转让费。他明知自己的实用新型是从公开出版物上抄来的，很有可能被宣告专利权无效或者根本就不应该得到专利权，却仍然与他人签订合同或者起诉他人侵犯专利权，并保证自己是该技术的合法拥有者，从而使自己在合同纠纷诉讼或者专利侵权诉讼中获胜，并得到了非法利益。之后专利权又被宣告无效，在这种情况下，可以说，原专利权人依据法院生效判决获得的利益，实际上是专利权人的恶意给他人造成的损失，专利权人应当给予赔偿。

2000 年修改后的《专利法》对专利权无效不影响人民法院在先作出并已执行的专利侵权的决定、裁定的内容未作改动，只是从原《专利法》的第 50 条改为第 47 条。从多年的专利司法实践看，人民法院在判决中援引专利权效力溯及力条款的案例寥寥无几。其根本原因在于，法院在审理侵犯专利权的案件时，一旦被告反诉专利权无效，绝大多数法院采取了中止侵权诉讼、等待专利权是否有效的终局决定作出后再恢复审判侵权诉讼的稳妥做法，因此，专利权效力溯及力条款形同虚设。

近年来，专利权人对法院审理专利侵权诉讼中止过多而使案件久拖不决意见极大。2000 年修改后的《专利法》根据实用新型、外观设计授权基本采取形式审查而不进行实质审查的特点，规定涉及实用新型专利侵权时，法院可以要求专利权人出具由国务院专利行政部门作出的检索报告。实用新型专利权人在提起专利侵权诉讼时，一旦出具了检索报告，法院便把它与经过"三性"审查的发明专利一样对待。这时，即使被告再反诉专利权无效，法院也无须一律中止侵权诉讼，而可以径行审判并及时作出判决。在这种情况下，专利权效力溯及力条款便显得十分重要了。如果任由恶意的权利人利用法律和司法程序的漏洞，就本来不该得到专利权保护的技术方案取得专利权，而之后又恶意起诉他人侵犯专利权，通过司法程序制止他人侵权，又得到损失赔偿，则会使这种明显不公平的现象蔓延。因此，法院必须熟练地掌握和运用 2000 年修改后《专利法》第 47 条的规定，在公平原则下依法保护专利权。在这里，不仅涉及中止程序的合理运用，还涉及对专利权人恶意取得专利权的理解，注意不能让恶意取得专利权的人在专利侵权诉讼中占到便宜，侵害公众的合法利益。

5.2.4.4　关于专利权评价报告

《专利法实施细则》第 56 条第 1 款规定："授予实用新型或者外观设计专利权的决定公告后，《专利法》第六十条规定的专利权人或者利害关系人可以请求国务院专利行政部门作出专利权评价报告。"

《专利法》第 61 条第 2 款规定："专利侵权纠纷涉及实用新型专利或者外观设计专利的，人民法院或者管理专利工作的部门可以要求专利权人或者利害关系人出具由国务院专利行政部门对相关实用新型或者外观设计进行检索、分析和评价后作出的专利权评价报告，作为审理、处理专利侵权纠纷的证据。"

这表明在实用新型专利和外观设计专利侵权诉讼中，当事人可以提供评价报告。

（1）专利权评价报告的由来

2000 年第二次修改《专利法》时增加了实用新型专利检索报告制度，使检索报告成为实用新型专利权人针对侵权行为寻求救济，法院和专利管理机关审理案件、处理纠纷时的重要参考。新修改的《专利法》对这一制度加以完善。

① 将检索报告的名称修改为"专利权评价报告"，并对报告的内容适当扩充，不仅依靠检索到的文献信息对实用新型专利是否具备新颖性、创造性进行分析评价，而且对实用新型专利权是否满足授予专利权的其他实质性条件，例如说明书的公开是否充分、权利要求是否得到说明书的支持、修改是否超范围等进行分析评价。

② 基于外观设计专利也没有经过实质审查而授权的情况，并考虑到随着计算机技术和信息技术的快速发展，国家知识产权局已经具备对外观设计进行检索、分析和评价的能力，将作出专利权评价报告的范围扩大到外观设计专利，以更有利于外观设计侵权纠纷的解决，使外观设计专利权人在行使权利时更为慎重，并有效维护公众利益。

③ 考虑到根据修改后的《专利法》第 60 条的规定，利害关系人可以单独提起专利侵权诉讼或者请求处理专利侵权纠纷，因此在需要出具专利权评价报告的主体中增加了利害关系人。这意味着除了专利权人，有权单独依法提起专利侵权诉讼或者请求处理专利侵权纠纷的利害关系人也可以请求国家知识产权局作出专利权评价报告。

（2）专利权评价报告的性质和作用

根据专利法的规定，专利权评价报告只是作为法院审理专利侵权案件或者管理专利工作的部门处理专利侵权纠纷的证据。具体而言，对法院和管理专利工作的部门来说，专利权评价报告的主要作用在于供受案法院或者行政机关判断相关专利权的稳定性，以决定是否因被控侵权人提起的专利权无效宣告请求而中止相关程序。如果该报告在提供相关证据并进行充分说理基础上得出结论，认为该专利权不符合法定授权条件，且被控侵权人于答辩期内提出的无效宣告请求被专利复审委员会受理的，受案法院或者管理专利工作的部门应当中止诉讼或者侵权纠纷的处理，等待无效宣告程序的结果，以避免产生认定侵权成立后专利权又被宣告无效的矛盾；相反，如果评价报告的结论是没有发现该专利权不符合法定授权条件的情况，则表明该专利权具有一定的稳定性，即使被控侵权人提出的无效宣告请求被专利复审委员会受理，受案法院或者管理专利工作的部门也可以根据《专利法实施细则》的规定或者相关司法解释，酌情采取不中止诉讼或者处理的做法，以避免因被控侵权人提出无效宣告请求而不适当地拖延对侵权纠纷的审理或者处理，为专利权人提供及时的法律保护。总之，专利权评价报告既不是行政决定，也不是对专利权有效性的正式判定，只是国家知识产权局出具的关于实用新型和外观设计专利权稳定性的证据。专利权是否有效，只能由无效宣告程序来确定。

应当指出的是，专利权评价报告的作用并非仅仅在于帮助法院或者管理专利工作的部门确定是否中止审理或者处理专利侵权纠纷案件，还体现在：第一，可以帮助专利权人正确认识其获得的实用新型和外观设计专利权的法律稳定性，避免盲目采取行使其专利权的不适宜的行为，从而避免对其自身利益造成损害；第二，可以帮助其他单位或者个人正确认识有关实用新型和外观设计专利权的法律稳定性，避免就不符合专利法规定的授权条件的实用新型和外观设计专利权进行没有价值的交易行为，例如受让专利权、订立专利权许可实施合同、接受以专利权人入股投资等，从而维护公众的利益不受损害。从某种意义上说，上述两方面的作用是专利权评价报告最为重要的作用。❶

仔细分析可见，专利权评价报告实际上仅是在专利侵权诉讼中，当被告反诉专利权无效时，供法官决定是否中止诉讼的一份证据而已。作为实用新型或外观设计专利的权利人，是否提交评价报告，其后果将在法院审理专利侵权案件中显现。如果被告反诉专利权无效，法院可依此决定是否中止对本案的审理，等待专利复审委员会的无效审查结果。

5.2.5　专利侵权诉讼中的鉴定

5.2.5.1　鉴定的提起

在很多专利侵权案件中，遇到复杂的技术问题时，一方当事人多倾向于委托一些单位鉴定后，向法院提交该鉴定结论，作为证据由法院决定是否采信。这种情况下，双方当事人委托鉴定机构作出并提交法院的技术鉴定结论往往会截然相反，或者一方当事人提交的鉴定结论，另一方当事人提出异议，从而使法庭无法采信，又使当事人浪费精力、财力。1998 年 6 月，最高人民法院在有关司法解释中明确规定，鉴定结论作为证据应由人民法院调查收集，也就是说，在专利诉讼中是否需要对专业技术问题进行鉴定，应当由法院决定。当然，为了使判决结果客观公正，当事人也有权提出进行技术鉴定的请求，而且，在司法实践中也主要由当事人申请技术鉴定，法院才去委托有关机构做技术鉴定，但最终决定权在法院。

5.2.5.2　鉴定事项

在专利侵权案件中，涉及专业技术问题，需要借助本领域专业技术人员的判断。技术鉴定应当仅仅围绕专业技术问题进行，对法律问题的认定是法官的职责，而不能交由技术鉴定机构进行鉴定。对专业技术问题的鉴定目的，是为了让法官理解技术事实，有利于法官查清案件事实，准确适用法律，而并不能代替法官判案。

在请求法院进行技术鉴定时，当事人也可以提出请求鉴定的事项，以供法院参考。

5.2.5.3　鉴定机构

根据《民事诉讼法》第 72 条的规定，人民法院对专门性问题认为需要鉴定的，应当交由法定鉴定部门鉴定。目前，对专利案件而言，由于它涉及科学技术的各个领域，其中一些属于科技前沿问题，又具有国际或国内新颖性。因此，至今没有也不可能有统一的法定鉴定部门。经过多年实践探索，目前法院主要从三个方面确定鉴定机构：一是当事人协商选择的机构；二是人民法院指定的机构；三是由相关技术领域的专家组成鉴定组，通过召开专家鉴定会的方式进行鉴定。

另外，应当注意的是，1998 年最高法院发布的《全国法院首次知识产权工作座谈会纪要》中明确提出政府机关不宜作为技术鉴定单位。在侵权案件中，法院应委托独立的鉴定机关将专利独立权利要求与被控侵权产品的技术特征进行比对，就技术特征是否等同出具鉴定结论。

鉴定机构应当有严格的程序规则，鉴定部门和鉴定人员对鉴定的技术内容负有保密义务。同时，当事人有权要求鉴定人员回避。

5.2.5.4 鉴定结论的使用

未经法庭质证的证据不能作为人民法院裁判的依据。鉴定结论既然是证据的一种，法院必须要经过质证才能决定是否采信，不经质证的证据不能直接采信。

质证是在诉讼中，当事人对证据的真实性、合法性提出质疑，以供法官决定该证据是否应该被采信。质证内容包括：鉴定机构是否是由法院指定的；鉴定程序、规则是否公开、公正；鉴定中有无违反程序问题、不正之风问题；同意或者不同意鉴定结论的理由。质证可以是当庭质证，也可以在庭下进行；可以是口头质证，也可以书面质证。当然，当事人在质证过程中表示不同意鉴定结论，不等于法庭没有组织当事人质证。

那么，经过质证的鉴定结论，是否就一定被法院采信呢？作为一份证据，经过质证是否采信由法庭决定，这与鉴定的真实性、合法性，以及鉴定结论的证据力均有很大关系。法院最终判决结果与鉴定结论相一致，不一定就采信了鉴定结论；相反，也不一定就没采信鉴定结论，也可能采信了鉴定结论中的某一部分。

对鉴定结论应当如何采纳，举例来说，最高人民法院在宁波市东方机芯总厂与江阴金铃五金制品有限公司侵犯专利权纠纷案民事判决书中指出，被控侵权产品和方法是否与专利技术等同，涉及专业技术问题，需要借助本领域专业技术人员的判断。等同替代或者称等同物替换，应属技术事实问题，即专利权利要求中的必要技术特征与被控侵权产品的相应特征相比，在技术手段、功能和效果方面是基本相同的；二者的互相替换对本领域普通技术人员来说是无须经过创造性劳动即能实现。人民法院在认定二者是否属于等同物替换时，有时需要借助本领域专业技术人员的判断。等同物替换并非都构成专利侵权，在判断是否构成专利侵权时，仍须考虑其他构成要件。因此，就等同物替换本身认定是否构成侵犯专利权，方系法律问题，应当属于人民法院的职权范围。❶

委托鉴定无论是依据当事人申请还是法院依职权决定，其鉴定费用应当由败诉方当事人负担。

随着司法审判制度的改革和我国全社会诚信的增强，技术鉴定这项工作应当逐步走向由当事人自行进行，使鉴定结论真正像其他诉讼证据一样，

---

❶ 最高人民法院（2001）民三提字第 1 号民事判决书。

由当事人将鉴定结果提交法庭进行质证，或者由专家证人出庭，对解决专利行政诉讼中的专业技术问题可能会更好。

委托专业部门对技术问题进行鉴定的方式确实有助于解决侵权案件中所涉及的技术问题，但目前在我国，技术鉴定也存在一些问题，首先，目前我国的知识产权鉴定机构还存在着管理无序；没有相应的鉴定规则和鉴定程序；鉴定人鉴定资格没有统一标准等问题，各知识产权司法鉴定机构之间彼此独立、各自为政现象严重，这就出现对一个技术问题，各家鉴定机构会出现不同的鉴定结论，当事人对此鉴定结论争论不已，造成一些案件久拖不决。其次，一些法官习惯于简单地将所有技术内容全部推给鉴定部门，不经实质性审查判断，无条件地将鉴定结论直接引用，作为审判的基础。

因此，在专利侵权纠纷案件中，委托专业部门进行技术鉴定时，首先应当向法院提出鉴定申请，由法院主持选择鉴定机构；其次，应当慎重选择鉴定机构及具体参与鉴定的专家，选择在本领域内真正权威的机构及专家，以使鉴定机构作出的结论有权威性，不易于被对方当事人提出异议，从而易于被法院采信；最后，应当让专家充分理解鉴定的技术内容及鉴定的事项，确保专家理解其应当完成的工作，保证鉴定结论的科学性。

本章思考与练习

1. 如何理解专利侵权诉讼时效？
2. 新产品制造方法专利的举证责任是怎样分配的？
3. 适用诉前停止有关行为的临时措施应注意什么问题？